Marco Mezzadri   Paolo E. Balboni

Rete! 1

Corso multimediale d'italiano per stranieri
guida insegnante

Guerra Edizioni

Autori
Marco Mezzadri, Paolo E. Balboni.
Hanno curato le sezioni di Fonologia *Marco Cassandro*
e di Civiltà *Giovanna Pelizza.*

Le sezioni di valutazione e autovalutazione
sono a cura di *Mario Cardona.*

Progetto grafico
Keen s.r.l.
Silvia Bistacchia.

Copertina
Keen s.r.l.
Hibiki Sawada.

Impaginazione
Keen s.r.l.
Silvia Bistacchia, Andrea Bruni.

Ricerca iconografica
Keen s.r.l.
Nicola Vergoni.

Disegni
Francesca Manfredi.

Fotografie
Foto Quattro s.r.l. - Perugia.

Stampa
Guerra guru s.r.l. - Perugia.

In collaborazione con: *Èulogos®*

I edizione
© Copyright 2000 Guerra Edizioni - Perugia

II edizione
© Copyright 2001 Guerra Edizioni - Perugia

ISBN 88-7715-572-8

Proprietà letteraria riservata.
I diritti di traduzione, di memorizzazione elettronica, di riproduzione e di adattamento totale o parziale, con qualsiasi mezzo (compresi microfilm e le copie fotostatiche), sono riservati per tutti i paesi.

Gli autori e l'editore sono a disposizione degli aventi diritto con i quali non è stato possibile comunicare nonché per involontarie omissioni o inesattezze nella citazione delle fonti dei brani o immagini riprodotte nel presente volume.

I disegni della sezione fonologia sono tratti dal libro "Pronunciare l'italiano"
di Lidia Costamagna - Guerra Edizioni 1996.

Guerra Edizioni
via Aldo Manna, 25 - Perugia (Italia) - tel. +39 075 5289090 - fax +39 075 5288244
e-mail: geinfo@guerra-edizioni.com - www.guerra-edizioni.com

Rete!
introduzione
CORSO MULTIMEDIALE D'ITALIANO PER STRANIERI

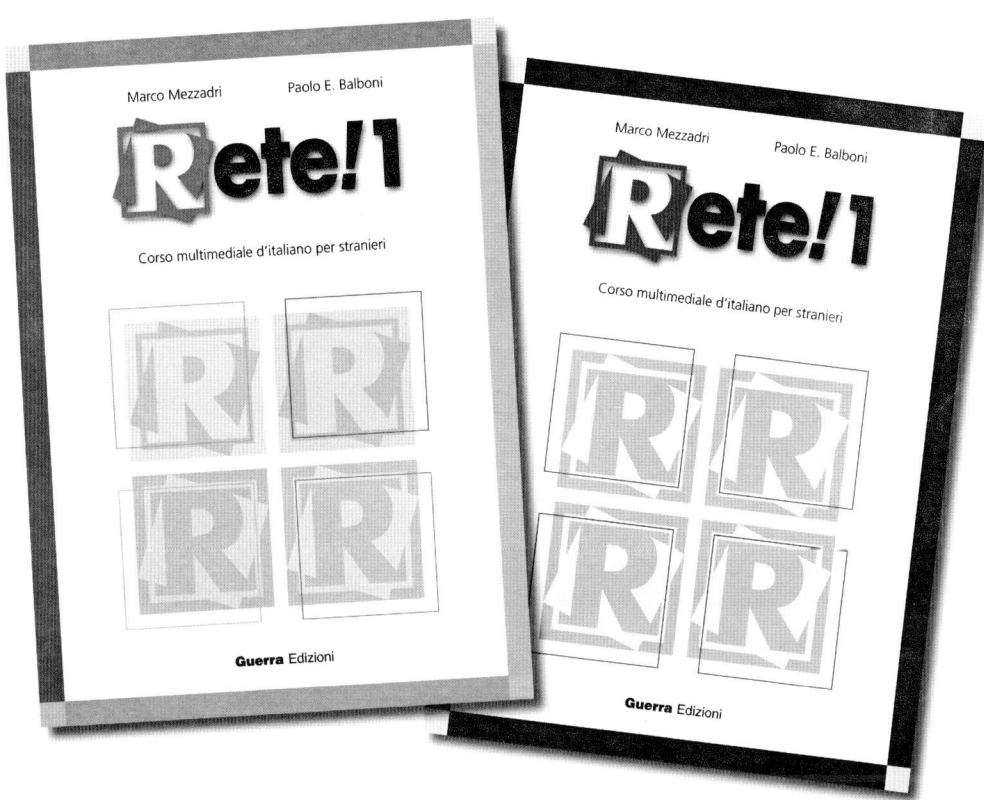

Perché una "Rete!"

Questo manuale nasce dall'intersezione tra tre forze:
a. da un lato esso nasce nell'alveo della tradizione di didattica dell'italiano: è organizzato in unità didattiche monotematiche, attribuisce un ruolo chiave alla scoperta della complessità della nostra grammatica, affianca testi della vita quotidiana e testi letterari, offre largo spazio alla cultura e civiltà del nostro variegato Paese, e così via;
b. d'altro canto esso trasporta questa tradizione su uno sfondo europeo, facendo proprie le lezioni della didattica dell'inglese, del francese e del tedesco: il curricolo è progettato con riferimento al Livello Soglia del Consiglio d'Europa ed è basato su un impianto "multisillabo", cioè sull'interazione e l'equilibrio di un sillabo grammaticale/strutturale, uno nozionale/funzionale, uno lessicale, uno relativo allo sviluppo delle abilità di ascolto, parlato, lettura e scrittura, un sillabo situazionale, uno fonetico, uno culturale; tutti questi sillabi, che l'insegnante ha a disposizione in un'ampia sinossi, richiedono circa 300 ore per condurre ad un livello intermedio/avanzato e si realizzano sul piano metodologico per mezzo di un approccio basato sulla soluzione di problemi e sul "fare con" piuttosto che "lavorare su" la lingua;
c. infine, si mettono in pratica alcune delle linee più avanzate della ricerca glottodidattica italiana: l'approccio induttivo alla grammatica, che viene scoperta dallo studente sotto la guida dell'insegnante; il fatto che l'accuratezza della forma ha pari dignità della capacità meramente pragmatica, comunicativa; l'invito a riflettere su quanto si è appreso (ogni unità si conclude con una sintesi in cui lo studente traccia un bilancio facendo preciso riferimento contrastivo con la propria lingua madre). L'autovalutazione, sebbene guidata e controllata dal docente, è ritenuta essenziale per cui ogni UD ha una scheda di autovalutazione da compilare, ritagliare, consegnare all'insegnante.

Queste tre direttrici agiscono sullo sfondo creato dal vorticoso mutare degli strumenti: se da un lato si tratta di un manuale "tradizionale", in tre volumetti per la classe e altrettanti quaderni per casa, con cassette, ecc., dall'altro si colloca nel mondo nuovo in cui è possibile fornire:
- floppy con esercizi supplementari;
- collegamenti in rete per approfondimento dei temi trattati nelle unità (indicati con un simbolo), in modo che lo studente che ha accesso a un computer possa approfondire i temi usando l'italiano in rete, oltre che studiandolo sul libro, e costruire, insieme alla propria classe, all'insegnante o autonomamente, scambi con altri studenti e classi sulla base di progetti didattici stimolati dagli argomenti trattati in **RETE!**;
- una banca dati presso il sito Guerra per l'aggiornamento dei materiali di civiltà, per ulteriori attività, esercizi, ecc., con cui integrare il libro base;
- un "luogo comune" in rete in cui gli insegnanti che usano **RETE!** possono fare commenti, suggerire alternative, fornire integrazioni, dialogare tra di loro e con gli autori.

Per queste sue caratteristiche, per il fatto di essere il risultato di una rete dei fili che hanno percorso la glottodidattica italiana ed europea in questi anni e di essere il centro di una rete di connessioni virtuali tra studenti e docenti di italiano di tutto il mondo, il titolo **RETE!** non è solo un omaggio al momento più entusiasmante dello sport preferito degli italiani (uno sport che è ambasciatore di italianità in tutto il mondo, dove anche chi non conosce Dante e Goldoni sa mormorare Baggio o Maldini), ma è l'essenza stessa del progetto, costruito sulla trama della tradizione e l'ordito dell'innovazione.

La struttura di "Rete!"

L'opera si compone di:
- libro di classe
- guida per l'insegnante
- libro di casa
- cassette audio
- applicazioni per Internet
- una serie di materiali collaterali che, anno dopo anno, allargheranno la possibilità di scelta di materiali integrativi.

Il libro dello studente è la parte principale del testo per l'utilizzo in classe. E' suddiviso in unità con ognuna un tema unificante, che permette di presentare gli elementi dei vari sillabi. Ogni unità conterrà poi pagine ben definite, dedicate ad esercizi per lo sviluppo di grammatica, lessico, quattro abilità, fonologia. Inoltre, c'è una sezione dedicata alla civiltà, presentata in chiave contrastiva. Gli argomenti trattati in questa sezione intendono fornire agli studenti strumenti idonei per capire la realtà italiana contemporanea, senza trascurare gli aspetti storici e culturali più importanti, eredità del nostro passato, che determinano la ricchezza del nostro presente. Alla fine di ogni unità lo studente trova un riassunto grammaticale, funzionale e lessicale del materiale incontrato, impostato con riferimento alla sua lingua materna, e trova anche una sezione di autovalutazione progressiva: lo studente esegue queste attività a casa, quindi potendo recuperare nell'unità le informazioni che ancora gli sfuggono e implicitamente procede ad un'autovalutazione, poi consegna la scheda all'insegnante che rapidamente (le chiavi sono nella guida didattica) può dare allo studente un feedback che conferma il risultato o lo mette in guardia invitandolo ad approfondire l'unità appena conclusa.
Ogni unità è suddivisa tra una sezione da svolgere in classe, nel volume a colori, ed una da svolgere a casa per il lavoro autonomo di rinforzo, esercitazione, approfondimento - ma anche con cruciverba e altri giochi che mettono "in gioco" il lessico e la grammatica presentate nell'unità.
Il libro di casa si chiude con una sezione dedicata alla civiltà, strutturata per schede tematiche a colori che permettono di utilizzare **RETE!** come testo di lingua e di civiltà in quei contesti scolastici in cui la civiltà necessita di particolare spazio. Questa sezione è un ulteriore strumento a disposizione di studenti e insegnanti per partire all'esplorazione della rete Internet attraverso gli innumerevoli collegamenti indicati sul sito dedicato al testo.
La guida dell'insegnante è uno strumento pratico con note e suggerimenti per ogni unità, con idee per attività opzionali aggiuntive, con test progressivi di verifica da fotocopiare e somministrare ogni tre unità per effettuare dei "compiti in classe". Le cassette audio sono parte integrante dello sviluppo del sillabo dell'ascolto e servono per il lavoro in classe e a casa.

Questi tre volumi richiedono circa 300 ore di lavoro guidato dal docente, cui va aggiunto quello autonomo, sia di completamento (studio individuale, esercitazioni, ecc.) sia di espansione (navigazione nei siti internet consigliati, ecc.), e si giunge ad un livello "intermedio/alto", secondo la terminologia del Consiglio d'Europa, o "avanzato" secondo la nostra tradizione.

Chi lancia la rete

Questo manuale, che di anno in anno si evolverà in una costellazione di materiali didattici tra cui l'insegnante potrà scegliere, è originale per un ultimo motivo: esso non nasce da un singolo autore o da un gruppo stabile, collaudato da anni di produzione, radicato in un luogo. Al contrario, per poter trarre vantaggio dalla pluralità delle esperienze italiane, per non rischiare di ricalcare cliché localistici o di reiterare in nuove forme impianti pre-esistenti, esso è il prodotto di una nuova rete di autori e centri di progettazione:

- la progettazione glottodidattica è condotta a Ca' Foscari, cui migliaia di docenti sono ricorsi per formazione o certificazione didattica: Paolo Balboni, direttore del Progetto ItaLS, ha coordinato l'impianto di **RETE!**;
- la delicatissima fase della realizzazione delle unità didattiche è avvenuta in una città che non rientra nel canonico asse Perugia-Siena-Venezia, ma la cui Università ha istituito un prestigioso Centro Linguistico dove si insegna l'italiano a stranieri: Parma. Lì opera Marco Mezzadri, insegnante e autore di molti materiali didattici per l'italiano, che ha impostato in tandem con Paolo Balboni l'impianto glottodidattico e ha curato i sillabi; sempre a Parma lavora Giovanna Pelizza, autrice di vari prodotti multimediali per l'insegnamento dell'italiano, che ha curato le sezioni di civiltà e seguito la realizzazione delle unità;
- a uno dei poli tradizionali per l'insegnamento dell'italiano, l'Università per Stranieri di Siena, appartiene Marco Cassandro, che ha curato il sillabo e i materiali per la fonologia;
- il centro di progettazione e realizzazione operativa invece è a Perugia, dove ha sede l'altra Università italiana per Stranieri, e si avvale dell'esperienza maturata in decenni di produzione di testi d'italiano per stranieri;
- a Ca' Foscari ha operato anche Mario Cardona, responsabile per il testing nel Progetto ItaLS, che ha realizzato le schede valutative di **RETE!**.

Unità 1 — in viaggio

Funzioni Affermare. Negare. Salutare. Presentarsi. Chiedere e dire la nazionalità e la provenienza. Chiedere e dire il nome. Chiedere e dire come si scrive una parola. Ringraziare. *Scusa/scusi*. Chiedere di ripetere. *E tu? E Lei?*

Grammatica Pronomi personali soggetto: *io, tu, lei/lui. Lei* forma di cortesia. Presente indicativo singolare dei verbi: *essere, studiare* e *chiamarsi*. Singolare maschile e femminile degli aggettivi in o/a. Aggettivi in e. Forma affermativa, negativa e interrogativa.

Lessico Nomi, nazionalità. Alfabeto. Saluti. *Di dove? Come?*

Civiltà Le città. Alcuni monumenti famosi.

Fonologia I suoni delle vocali. L'accento nelle parole (vocale tonica).

Unità 2 — all'aeroporto

Funzioni Chiedere e dire come si dice. Chiedere e dare il numero di telefono. Chiedere e dare l'indirizzo. Chiedere l'età e rispondere. Esclamare. Esprimere meraviglia. Chiedere e dare spiegazioni. Chiedere dove si trova una località. Chiedere quando si svolgerà una determinata azione. Dire cosa c'è in un luogo. Dire che non si conosce la risposta. Rispondere quando si è interpellati.

Grammatica Presente indicativo dei verbi: *essere, studiare, avere, prendere, restare*. Presente indicativo plurale del verbo *essere. C'è, ci sono. Perché, cosa, quando, quanti, qual è?*. Plurale degli aggettivi in -o, -a. Singolare e plurale dei nomi maschili e femminili in -o e -a; numeri 0 a 20. Ordine della frase. Preposizioni semplici: *in* e *a* di luogo; Revisione: frase negativa con *non*. *Non lo so*. Introduzione ai possessivi: *il tuo*.

Lessico Numeri da 0 a 20.

Civiltà L'Italia fisica. Le regioni e i capoluoghi. Le città più abitate.

Fonologia Suoni /p/ /b/. Contrasto tra intonazione interrogativa (ascendente) e intonazione affermativa/negativa (discendente).

Unità 3 — il lavoro

Funzioni Presentarsi in modo formale. Presentare un'altra persona in modo formale. Chiedere e dire lo stato civile. Chiedere e dire il significato. Revisione: chiedere e dire l'età, la nazionalità, il numero di telefono, l'indirizzo, l'identità, chiedere e dire quante lingue si conoscono. Chiedere e dire cosa si sa fare. Chiedere e dire che lavoro si fa. Riempire formulari.

	Chiedere il significato di una parola. Esprimere un'opinione con *secondo me*.
Grammatica	Presente indicativo dei verbi delle tre coniugazioni. Verbo *sapere*, verbo *fare*. Ripasso preposizioni: *in* e *a*; *per* di durata. *Chi*? Ripasso degli interrogativi: *che?*, *che cosa?*, *cosa?*, *dove?*, *che tipo di?*, *cosa vuol dire?* Introduzione: articoli determinativi singolari.
Abilità	Strategie d'apprendimento: il dizionario.
Lessico	Mestieri, domande personali.
Civiltà	Il lavoro. I principali settori lavorativi.
Fonologia	Suoni e ortografia di /tʃ/ /dʒ/ /k/ /g/.

Unità 4 la famiglia

Funzioni	Esprimere legami familiari. Parlare di abilità. Parlare di conoscenze. Chiedere di ripetere. Invitare e suggerire. Accettare l'invito. Presentare altre persone. Parlare del possesso. Chiedere il possessore. Chiedere qualcosa gentilmente. Chiedere della salute di qualcuno e rispondere. Chiedere come procede qualcosa e rispondere positivamente. Localizzare nello spazio. Esprimere accordo. Chiedere il permesso e acconsentire. Rispondere al telefono. Presentarsi quando si telefona a qualcuno.
Grammatica	*Voi* di cortesia. Revisione plurali dei nomi e aggettivi. Nomi in *tà*, articoli determinativi plurali. *Questo/a/i/e*. Verbo *andare*. *Andare + a/in*; verbo *potere* (permesso: *posso andare in bagno*?) (*può/puoi ripetere*?). Ripresa di *sapere* per abilità. Possessivi singolari con nomi di famiglia. *Molto* con aggettivi. Preposizione *di*. *Perché non...*
Abilità	Strategie d'apprendimento: prevedere.
Lessico	La famiglia: *padre*, *madre*, *uomo*, *donna*, *genitori*, *fratello*, *sorella*, *figlio*, *figlia*. Aggettivi per la descrizione fisica: *giovane*, *vecchio*, *alto*, *basso*, *magro*, *grasso*, *carino*. Numeri da 21 a 99; Lessico della classe: alcuni sostantivi.
Civiltà	La famiglia. I tipi di famiglia. I matrimoni. Genitori e figli.
Fonologia	Suoni /n/ /m/.

Unità 5 la casa

Funzioni	Descrivere la casa. Localizzare gli oggetti nello spazio. Dire il mese e il giorno del mese. Parlare della provenienza con *di* e *da*.
Grammatica	Preposizioni articolate. Ripasso *c'è*, *ci sono*. Ripasso articoli determinativi e indeterminativi se in contrasto. Nomi femminili in -o e tronchi. Verbi irregolari: *venire da* e *dire*. *Da* e *in* con i mesi. *Di* per la provenienza. *Abbastanza* + agg.
Abilità	Strategie d'apprendimento: prevedere 2.
Lessico	Le stanze e i mobili. *Vicino*, *davanti*, *di fianco a*, *di fronte a*, *dietro*, *su*, *sotto*, *tra/fra*. I mesi e il giorno del mese. Le date. *A destra* e *a sinistra*. Alcuni colori.
Civiltà	La casa. Le tipologie abitative. Il problema della casa. L'interno della casa.
Fonologia	Suoni /t/ /d/. Intonazione negativa e affermativa (II).

Unità 6 — la vita quotidiana

Funzioni Parlare delle proprie abitudini. Esprimere la frequenza. Chiedere con che frequenza si fanno determinate azioni. Dire con che frequenza si fanno determinate azioni. Chiedere l'ora. Dire l'ora. Chiedere la data. Dire la data. Chiedere che giorno è oggi. Dire che giorno è oggi. Chiedere a che ora si compie una determinata azione. Dire a che ora si compie una determinata azione.

Grammatica Verbi irregolari: revisione di *andare* e *fare*. *Uscire*. Verbi di routine. Persone plurali dei riflessivi. Avverbi di frequenza. L'ora. Possessivi plurali. Aggettivi e pronomi. Aggettivi dimostrativi. *Questo* e *quello*. *Andare in/a*. Preposizioni con le date.

Abilità Strategie d'apprendimento: comprensione globale.

Lessico Avverbi di frequenza: *sempre, quasi sempre, di solito, spesso, a volte, raramente, quasi mai, mai*. Verbi di routine: *svegliarsi, alzarsi, lavarsi, fare colazione, uscire di casa, cominciare a lavorare, pranzare, finire di lavorare, fare la doccia, cenare, guardare la tv, andare a letto. Lunedì, martedì*, ecc. *Quanti ne abbiamo oggi?* Date.

Civiltà I locali pubblici. Orari di apertura di bar, musei, banche, uffici postali, ristoranti. I nomi delle vie.

Fonologia Suoni /r/ /l/. Messa in risalto di un elemento nella frase.

Unità 7 — il cibo, al ristorante

Funzioni Parlare del cibo in diversi paesi. Fare la lista della spesa. Ripasso: chiedere ed esprimere l'appartenenza. Esprimere quantità. Raccontare una storia. Chiedere ciò che si vuole mangiare o bere. Chiedere qualcosa da bere, da mangiare o il menù. Chiedere il conto. Chiedere conferma. Chiedere delle necessità. Parlare delle necessità. Offrire.

Grammatica *Vorrei*. *Volere* presente indicativo. Ripasso e ampliamento dei possessivi, dimostrativi e *di chi?*. Il partitivo *del/dei*/ecc. *Aver bisogno di*. Numeri ordinali. Altri plurali: *macellaio, zio, amico, virtù, crisi*.

Abilità Strategie d'apprendimento: comprensione dettagliata.

Lessico *Primo (piatto), secondo (piatto), antipasto, contorno, frutta, dolce,* il *conto*. Alcuni cibi italiani, termini indicanti cibi frequenti per la lista della spesa.

Civiltà I pasti. Gli orari, le abitudini. I vari tipi di ristorante.

Fonologia Suoni e ortografia di /ɲ/ /ʎ/ /ʃ/. Accento nelle parole (II).

Unità 8 — in negozio, i soldi

Funzioni I soldi. Chiedere il prezzo. Dire il prezzo. Dire cosa si desidera. Chiedere la quantità. Dire la quantità. Mostrare. Consegnare. Prendere tempo per riflettere. Chiedere quanto si spende. Dire quanto di spende. Chiedere se si vuol comprare ancora qualcosa. Dire che non si vuol comprare più niente. Esprimere preferenza. Esprimere dovere. Chiedere cosa si sta facendo. Dire cosa si sa facendo. Modificare aggettivi, verbi, sostantivi e avverbi.

Grammatica Revisione: *da (me, Carlo). Dal macellaio* vs. *in macelleria. Quanto costa?* + risposta. *Stare* + gerundio. *Dovere*. Verbi irregolari: *conoscere, dare, preferire* (revisione: modello *finire* e *dormire*). *Un po' di, poco/i, troppo/i, molto* con i sostantivi, avverbi e agg.

	Numeri da 100 a un milione.
Abilità	Strategie d'apprendimento: predire, comprensione globale e dettagliata.
Lessico	Oggetti vari da supermercato. I numeri da 100 a un milione. *Informatico, grafico, manager, cassiera, autista, controllore, parrucchiere*.
Civiltà	Le spese.
Fonologia	Suoni /f/ /v/ /s/ [z].

Unità 9 — a scuola

Funzioni	Descrivere oggetti. Parlare della scuola. Indicare gli oggetti. Chiedere e dire come si dice una parola o espressione. Chiedere e dire come si scrive una parola o espressione. Chiedere e dire cosa significa una parola o espressione. Esprimere accordo in frasi affermative e negative. Esprimere la durata. Esprimere il fine. Esprimere disappunto o sorpresa.
Grammatica	Aggettivi e pronomi dimostrativi completi (*questo* e *quello*). Pronomi personali diretti atoni: *mi, ti, ci, vi, lo, la, li, le. Ce l'ho*. Revisione: *per* (finale). Dalle 1 alle 2.
Abilità	Strategie d'apprendimento: indovinare il significato di parole sconosciute. Compilare un modulo d'iscrizione a una scuola.
Lessico	Oggetti della scuola. Terminologia metalinguistica: *spiegare, pronunciare*, ecc.
Civiltà	Il sistema scolastico.
Fonologia	Suoni /ts/ /dz/. Intonazione per esprimere stati d'animo: *rabbia*.

Unità 10 — i vestiti e i colori

Funzioni	Chiedere e dire ciò che piace. Esprimere preferenze. Descrivere l'abbigliamento di una persona. Parlare di vestiti. Parlare di colori. Parlare di forme e modelli per i vestiti. Chiedere e dire la taglia. Esprimere il momento finale di un'azione che dura nel tempo.
Grammatica	Pronomi personali atoni indiretti. Verbo *piacere*. *Fino a* (tempo).
Abilità	Strategie d'apprendimento: inferire.
Lessico	I colori; i vestiti; aggettivi su vestiti. *Dunque*.
Civiltà	L'Italia dei colori. Come telefonare. I mezzi pubblici della città.
Fonologia	Dittonghi, trittonghi e loro ortografia, intonazione per esprimere stati d'animo: *sorpresa*.

Unità 11 — il tempo libero

Funzioni	Parlare di eventi passati. Chiedere informazioni sul passato. Parlare del tempo libero. Collegare frasi. Chiedere e dare informazioni sul mezzo di trasporto. Indicare i mesi, le stagioni, gli anni, i secoli. Dire quando si è svolta un'azione nel passato.
Grammatica	Participio passato di verbi regolari e irregolari. Passato prossimo con *essere* e *avere*. *Nel* + anno, *in* + stagioni. *In* + mezzi di trasporto.

Abilità	Strategie d'apprendimento: collegare le frasi. Scrivere una storia.
Lessico	Espressioni di tempo passato. Gli anni e le stagioni. Attività del tempo libero. Lessico per descrivere sensazioni legate al tempo libero. *Poi, prima*.
Civiltà	Il tempo libero. Passato e presente.
Fonologia	Suoni intensi /mm/ /nn/ /rr/ /ll/.

Unità 12 — le vacanze

Funzioni	Parlare delle vacanze. Narrare eventi al passato. Chiedere informazioni sulle vacanze trascorse. Esprimere ammirazione.
Grammatica	Passato prossimo: l'accordo con *avere* e con *lo/la/li/le*. Passato prossimo dei verbi riflessivi.
Abilità	Strategie d'apprendimento: inferenze (2).
Lessico	Lessico dei luoghi di vacanza. Scrivere cartoline.
Civiltà	Gli italiani in vacanza.
Fonologia	Suoni intensi /ff/ /vv/ /ss/.

Unità 13 — il tempo

Funzioni	Descrivere il tempo meteorologico. Chiedere del tempo meteorologico. Esprimere accordo o disaccordo. Fare ipotesi. Accettare o esprimere accordo enfatizzando. Esprimere preoccupazione. Esprimere ammirazione e invidia. Esprimere commiserazione. Chiedere e dire la temperatura. Chiedere e dire le previsioni del tempo. Parlare dei punti cardinali.
Grammatica	Pronomi personali tonici. *Anche a me; a me no; neanche a me; a me sì*. *Se* + presente + presente.
Abilità	Strategie di apprendimento: la coesione del testo. Scrivere un fax formale.
Lessico	Lessico del tempo. Aggettivi, verbi, sostantivi relativi al tempo. *Nord/est/sud/ovest*. *Nel centro/nell'Italia centrale*. *In* + regioni. *Sì, volentieri*.
Civiltà	Il clima. Clima e stereotipi.
Fonologia	Suoni intensi /pp/ /bb/ /tt/. Intonazioni per esprimere stati d'animo: *preoccupazione*.

Unità 14 — sulla strada!

Funzioni	Chiedere e dare informazioni stradali. Chiedere e dire dove si trovano luoghi pubblici, ecc. Interpellare, richiamare l'attenzione. Esprimere dispiacere. Chiedere e dire quanto tempo occorre. Chiedere e dire cosa/quanto occorre per fare qualcosa. Chiedere e dire la distanza. Prendere tempo per riflettere.
Grammatica	*Si* impersonale. *Ci* di luogo. *Mi dispiace*.
Abilità	Strategie di apprendimento: imparare parole nuove 1.

Lessico	Lessico relativo a luoghi pubblici, localizzazione (*di fianco*, *davanti*, ecc.). Lessico delle strutture viarie. *Fino a* di luogo.
Civiltà	Italiani famosi di ieri e di oggi.
Fonologia	Suoni intensi /kk/ /gg/ /dd/. Intonazione per esprimere accordo/disaccordo.

Unità 15 — progetti futuri

Funzioni	Parlare del futuro. Fare previsioni. Fare promesse. Fare proposte, invitare. Accettare un invito. Rifiutare un invito. Fare ipotesi. Esprimere una probabilità.
Grammatica	Presente indicativo con valore di futuro. Il futuro semplice: verbi regolari e irregolari. Verbi in *-ciare* e *-giare*. *Hai voglia? Ti va? Perché non…? Magari (forse). Se* + futuro + futuro, periodo ipotetico della realtà.
Abilità	Strategie di apprendimento: imparare parole nuove 2.
Lessico	Lessico relativo a proposte e inviti: *perché non…? Ti va…? Hai voglia…? Verso le 10. Fino a* di tempo.
Civiltà	L'Italia dei festival.
Fonologia	Suoni intensi /tts/ /ddz/ /ttʃ/ /ddʒ/.

- Le chiavi degli esercizi del libro di casa sono inserite in ogni unità in successione.
- Ogni tre unità è inserito un test riassuntivo le cui chiavi si trovano in fondo al volume.

Questo simbolo rimanda al sito internet di **Rete!** www.rete.co.it. È un modo nuovo di intendere la civiltà, una possibilità in più per voi e i vostri studenti. Lì troverete, inoltre, collegamenti a siti relativi agli argomenti trattati nelle unità e attività didattiche per lo sviluppo della lingua attraverso gli elementi di civiltà che i siti web offrono.

 ascoltare

 parlare

 leggere

 scrivere

In questa unità si procede a una comprensione elementare, non certo analitica, e le nozioni di grammatica che si presentano sono più che altro per familiarizzare lo studente. Si dovrebbe invece prestare attenzione al lessico: un buon bagaglio lessicale è essenziale per imparare una lingua.

 1 Ascolta il dialogo e trova la risposta corretta.

E' la prima attività del libro ed è importante da subito cercare di dare allo studente alcune indicazioni su come utilizzare il testo. Ad esempio, in questo caso si può far notare come le immagini siano estremamente importanti per aiutare la comprensione: esse consentono di prevedere i contenuti del testo che si sta per ascoltare.
La necessità di utilizzare le immagini risulta importante a maggior ragione in esercizi come questo dove uno dei quesiti riguarda il luogo in cui sono i personaggi.
Spieghi agli studenti che la capacità d'ascolto è un'abilità su cui bisogna fare molto allenamento e che leggere il testo prima di ascoltare annullerebbe l'effetto dell'esercizio, poi faccia coprire il testo del dialogo per concentrarsi sull'ascolto e sulle risposte seguenti.

Chiavi: 1 c; 2 a; 3 b.

 3 Adesso chiedi il nome a due tuoi compagni.

Si può utilizzare questo testo in vari modi, anche se noi consigliamo di seguire il percorso che abbiamo suggerito nel libro. Se lo crede opportuno, tuttavia, si può a volte passare direttamente dalla fase di presentazione della lingua a quella di riflessione e pratica nella sezione della grammatica, che in questo caso riguarda le forme del singolare del verbo chiamarsi.
E' fondamentale che gli studenti capiscano da subito l'importanza del lavoro a coppie e in gruppo come tecnica per sfruttare al meglio i tempi dedicati alla comunicazione; lei può decidere di correggere gli errori avvicinandosi a ogni gruppo oppure con tutta la classe durante l'attività seguente.

 4 Di' alla classe i nomi dei tuoi compagni.

 5 Lavora con due compagni…

Incoraggi gli studenti che si presentano a stringersi la mano, quando dicono "piacere", come si usa in Italia con persone che non si conoscono. Si può anche spiegare che quando ci si incontra tra amici talvolta ci si danno due baci sulla guancia partendo da quella destra, o a volte ci si abbraccia.

 6 Ascolta e ripeti le parole.

Faccia ascoltare e ripetere la prima volta senza leggere le parole che sono trascritte nell'attività 7 e poi con le indicazioni per l'attività 7 ripeta l'ascolto. Se vuole seguire un percorso diverso da quello proposto, può passare alla sezione grammaticale per la parte sugli aggettivi in o/a ed e.

 7 ▶▶ **Alla scoperta della lingua.** **Ascolta e metti le terminazioni o, a oppure e.**

Questa sezione è molto importante! Si ritroverà in tutte le unità del libro e ha un fine ben preciso: dare allo studente il piacere (e quindi la motivazione!) di essere lui a "scoprire" la grammatica, a dare un po' di ordine al caos di una lingua sconosciuta. Così facendo, lo studente impara anche a riflettere sulla lingua, impara ad imparare (slogan spesso scritto in molti manuali, ma mai realmente perseguito come finalità educativa); come avrà certamente notato, abbiamo pensato ad una grammatica essenziale finalizzata all'uso e non alla descrizione delle regole.

8 Lavora con un compagno.
A turno uno chiede il nome e la nazionalità di una persona e l'altro risponde.

Può introdurre a questo punto il problema dell'omissione del pronome personale soggetto, che viene trattato poi nella sezione grammaticale.

▶▶ Alla scoperta della lingua.

Questi riquadri hanno la funzione dei post-it gialli autoadesivi che spesso usiamo per stendere un appunto veloce. Li useremo in tutto il libro per focalizzare l'attenzione su alcuni meccanismi morfologici, sintattici, lessicali o altre osservazioni di diversa natura, che conviene anticipare rispetto alla sezione grammaticale, oppure che si troveranno in unità successive ma sono utili fin da ora.
Di solito questi post-it sono di tipo induttivo: è lo studente che deve trovare la regola.

 9 Ascolta e completa il dialogo.

Sarà probabilmente necessario far ascoltare il dialogo due volte. E poi fare recitare il dialogo a tre studenti a turno, mentre lo leggono.

Hostess: Buongiorno; tutto bene?
         Lei è italiano?
Sandro: Tutto bene, grazie. Sì, sono italiano.
Hostess: E Lei?
Maria: No, non sono italiana.
Hostess: Di dov'è?
Maria: Sono argentina.
Hostess: Come si chiama?
Maria: Maria Caballero.
Hostess: Maria. Scusi, come si scrive il cognome, per favore?
Maria: C.a.b.a.l.l.e.r.o.
Hostess: Perfetto. Va in Italia per turismo?
Maria: No, studio italiano all'Università.
Hostess: Bene,...studia italiano. Grazie e arrivederci.
Maria: Prego. Buongiorno.
Sandro: Perché queste domande?
Hostess: Per una statistica sui passeggeri Alitalia.

 Oltre al momento fondamentale di riflessione sulla civiltà, rappresentato dalla sezione specifica, la civiltà in **RETE!** è "dispersa" in tutte le attività. Tuttavia oggigiorno sono talmente tanti gli stimoli che la società dell'informazione ci offre che abbiamo ritenuto indispensabile trarne vantaggio dando vita a un sistema di interazione tra il testo su carta e le potenzialità di espansione, di approfondimento degli argomenti trattati attraverso Internet. Non si tratta di un percorso fondamentale per il buon utilizzo di **RETE!**, ma di una possibilità in più che offriamo da sfruttare, se si può o si vuole, insieme agli studenti in classe oppure come lavoro indipendente, ecc.
Quando incontrerà questo simbolo saprà che sul sito Internet dedicato a **RETE!** ci sarà un collegamento ad altri siti il cui contenuto è attinente a quanto si sta facendo su carta. In questo caso è il sito dell'Alitalia. Troverà poi attività specifiche per cogliere meglio gli aspetti linguistici e culturali legati ai siti.
Non perda l'opportunità di conoscere questa parte del testo, è un modo nuovo di intendere la civiltà!

▶▶ **Alla scoperta della lingua**

E' fondamentale che gli studenti colgano le nozioni di "formale" e "informale"; ci sono forse più problemi per gli studenti anglofoni che non distinguono la formalità con un pronome, o con quelli ispanofoni e lusofoni che usano pronomi speciali per la formalità.

 10 Ascolta e ripeti le lettere dell'alfabeto.

Gli studenti ascoltano e ripetono senza leggere le lettere. Poiché l'italiano è di solito la seconda o terza lingua straniera studiata, si presuppone che anche studenti cinesi, indiani, arabi, russi, ecc. abbiano già familiarità con l'alfabeto latino avendo presumibilmente studiato almeno l'inglese.
Si dovrà tuttavia far notare che alcune lettere (vedi attività 12), pur essendo usate in italiano, non compaiono nell'alfabeto classico.

 11 Ascolta nuovamente e leggi l'alfabeto.

Se lo ritiene opportuno faccia ripetere in vario modo le lettere per aiutarne la memorizzazione.
Ecco alcune tecniche di ripetizione:
1 far ripetere a uno studente la prima lettera, al seguente la seconda e così via in successione;
2 far ripetere a uno studente una lettera, il secondo studente ripete quella del primo e poi aggiunge la lettera successiva e così via ripetendo sempre tutte le lettere già dette dai compagni precedenti;
3 far ripetere a gruppi di tre le lettere in successione, seguendo l'ordine degli studenti;
4 le tre tecniche sopra, ma cambiando continuamente l'ordine degli studenti;
5 le tecniche sopra a mo' di gara tra gli studenti.

 12 Ascolta e leggi le altre lettere.

Può utilizzare la registrazione per far ripetere le 5 lettere.

13 Ascolta i dialoghi e scrivi i nomi e i cognomi.

Come sempre in questi casi, un solo ascolto può rivelarsi insufficiente, ma è meglio non fare più di tre ascolti!

1:
Donna1: Come si chiama?
Donna 2: Yoko Ito.
Donna1: Come si scrive il nome?
Donna 2: Y.o.k.o.
Donna1: E il cognome?
Donna 2: I.t.o.
Donna1: Grazie.
Donna 2: Prego.

2:
Donna 1: Buongiorno.
Donna 2: Buongiorno.
Donna 1: Lei come si chiama?
Donna 2: Patricia Smith.
Donna 1: Il nome è Patricia; come si scrive il suo cognome?
Donna 2: S.m.i.t.h.
Donna 1: Benissimo, arrivederci.
Donna 2: Arrivederci.

 14 A coppie fate dei dialoghi simili...

Si può riproporre il problema del registro formale e informale, utilizzando se necessario gli esercizi della sezione di grammatica. Se l'esercizio risulta troppo complesso inizialmente l'insegnante potrà invitare gli studenti a consultare il testo trascritto facendo loro una fotocopia o trascrivendo i testi alla lavagna.

 15 Provate a dettare alcune parole.

In questo corso abbiamo voluto accentuare molto il lavoro di coppia per tre ragioni:
a. gli studenti ci sono abituati, perché è molto diffuso nell'insegnamento dell'inglese (che presupponiamo sia avvenuto): in questo modo trovano una tecnica didattica cui sono abituati;
b. è uno dei modi per far parlare gli studenti in italiano;
c. toglie l'insegnante dal ruolo unico e monopolizzatore di "fonte", di colui che dice cosa fare e come fare, che detta, ecc.

abilità

Dopo una prima parte di approccio globale, ogni unità muove alle fasi di approfondimento dei singoli sillabi che costituiscono il curricolo. La prima di queste fasi di approfondimento riguarda sempre lo sviluppo del "saper fare lingua", cioè delle abilità.

 1 Ascolta e abbina i dialoghi alle figure.

 2 Ascolta nuovamente i dialoghi e completa la tabella.

I testi sono nelle trascrizioni su questa pagina; potrebbe essere opportuno farli leggere dopo aver eseguito gli ascolti per fare l'esercizio 4.
Si propongono tre attività di ascolto in modo da giustificare il fatto di tornare più volte sullo stesso dialogo. Le attività sono molto semplici non solo perché siamo nella prima unità, ma perché lo scopo non è quello di umiliare e demotivare con attività inutilmente difficili, quanto piuttosto quello di rendere comprensibile un certo input in modo da mettere in movimento il processo mentale di acquisizione dell'italiano.

Chiavi: 6; 4; 3.

1
Donna: Buongiorno.
Uomo: Buongiorno; ho prenotato una camera singola per una notte.
Donna: Lei è il Signor?
Uomo: Giacomo Flick.
Donna: Scusi? Giacomo?
Uomo: Giacomo Flick.
Donna: Come si scrive il suo cognome, per favore?
Uomo: Flick; F.l.i.c.k.
Donna: Grazie, ecco qua! Stanza 286. Ha un documento?

2
Ragazzo 1: Ciao Paola.
Ragazza: Ah, Franco, ciao. Ti presento Sam.
Ragazzo 1: Piacere, Franco! Sam, tu non sei italiano, vero?
Ragazzo 2: No, sono sudafricano.

3
Poliziotto: Passaporto, per favore.
Passeggero: Ecco.
Poliziotto: Lei si chiama?
Passeggero: Sarah Rizza.
Poliziotto: E' inglese?
Passeggero: Sì.
Poliziotto: La sua famiglia è inglese?
Passeggero: No, italiana.
Poliziotto: Vive a Londra?
Passeggero: No a Rainham.
Poliziotto: Come scusi? Come si scrive?
Passeggero: R.a.i.n.h.a.m.

 3 Quale dialogo è formale e quale informale?

Chiavi: 1 f; 2 i; 3 f.

 4 Metti in ordine i due dialoghi.

Chiavi:	FORMALE		INFORMALE
	8	Buongiorno	7 Ciao, Luca.
	15	Buongiorno, Dottore.	12 Ciao Antonella, come va?
	4	Questo è il Signor Meyer.	17 Bene, grazie. Ti presento Kevin, un amico di Evanston.
	5	Piacere, Mi chiamo Poletti.	2 Scusa? Di dove sei, Kevin?
	13	Scusi?	6 Sono americano, di Evanston vicino a Chicago.
	3	Poletti. Lei è inglese?	14 Sei in Italia per turismo?
	11	No, sono tedesco.	1 No, studio all'università.
	10	Grazie.	9 Bene, ci vediamo all'università, allora. Ciao. Ciao Luca.
			16 Ciao. Prego e arrivederci.

 5 Leggi la pagina del diario di Sandro e completala con le informazioni che hai.

Chiavi: 1 argentina; 2 Maria Caballero; 3 italiano; 4 Perugia.

 6 E tu? Scrivi alcune frasi con informazioni personali.

Ovviamente in questa unità la scrittura è ridotta al minimo – ma non abbiamo voluto dimenticarla!

grammatica

Questa sezione dell'unità è fondamentale: se è vero che l'impianto grammaticale di **RETE!** viene dato in maniera induttiva, facendo scoprire le regole, è altrettanto vero che la mente dello studente giovane/adulto è abituata alla sistematizzazione: ha bisogno di schemi, di risposte alle sue domande di chiarezza, di una riflessione esplicita.

L'importante è che la riflessione sia il coronamento di un percorso che, come indica la neurolinguistica, parte dall'intuizione, dalla globalità, per muovere ad una analisi e, come in queste pagine, approdare ad una sintesi. Gli schemi presentati non sono completi. Mentre la mente dello studente giovane/adulto richiede una sistemazione, è la mente di noi insegnanti che ci spinge a cercare la completezza. Diamo tempo al tempo: le parti mancanti verranno date nelle unità seguenti!

1 Completa le frasi con il soggetto.

Consigliamo vivamente di non approfondire l'uso del pronome soggetto, in questo momento è tutt'altro che indispensabile e mal si sposa con la filosofia del testo che si basa sull'idea di una grammatica pedagogica essenziale.

E' importante inoltre fare chiarezza in classe affinché gli studenti capiscano che lo studio della grammatica è solo una parte del percorso e quindi eventuali approfondimenti, individuali o di classe, potranno essere effettuati su un testo di grammatica di riferimento. In classe sarà possibile correggere e rivedere il lavoro svolto a casa e dedicare eventuali spazi aggiuntivi limitati allo studio della grammatica.

> Chiavi: 2 scusi, Lei è francese? 3 Lui è brasiliano, ma lei è italiana. 4 Scusa, tu ti chiami Giacomo?

2 Completa le frasi con il verbo *essere*.

> Chiavi: 2 di dov'è Matteo? 3 Io sono italiana. E tu? 4 Scusa, ti chiami Ernesto, ma sei argentino o italiano?

Può utilizzare questi spazi per appunti suoi su come utilizzare il testo. E' una possibilità in più per personalizzare l'uso di Rete! e non disperdere eventuali idee didattiche.

3 Completa le frasi con il verbo *studiare* o *chiamarsi*.

> Chiavi: 2 lui si chiama Kevin e lei si chiama Ann. 3 John non studia italiano. 4 Io studio inglese, ma tu non studi cinese?

Le frasi 3 e 4 usano la forma "studiare + lingua", senza l'articolo prima di quest'ultima. In effetti in italiano parlato si può anche sentire la forma "studio l'inglese", "studio il cinese", ma la forma corretta non prevede l'articolo.

4 Riordina le frasi.

> Chiavi: 2 scusi, lei di dov'è? 3 Tu non studi italiano? 4 Lei è argentina e si chiama Claudia. 5 Scusi, lei si chiama Hassan?

Le frasi 2 e 5 potevano anche essere scritte con "Lei" anziché "lei", ma si tratta di una forma che sta sparendo dalla comunicazione scritta quotidiana, rimanendo solo in testi abbastanza formali o nelle occasioni in cui si vuole accentuare il rispetto.

5 Completa le frasi con un aggettivo del riquadro.

> Chiavi: 2 Vladimir è russo. 3 Gal è brasiliana. 4 Eva è tedesca. 5 La Renault è una macchina francese? 6 John è inglese.

lessico

Il sillabo lessicale è fondamentale nella concezione di **RETE!**
La morfologia, la sintassi, la coerenza e la coesione testuali sono la struttura portante di una lingua, sono come le colonne di cemento armato di una costruzione. Ma se non ci sono i semplici, umili mattoni non ci sono i muri – e non c'è neppure la costruzione. Alla fine del volume si trova il lessico che, alla fine di ogni unità, lo studente dovrebbe possedere o che comunque ha incontrato.

 1 Quali di queste parole sono italiane?

Chiavi: mozzarella; opera; ciao.

 2 Fa' una lista delle parole italiane che si usano nella tua lingua.

Si tratta di un'attività fondamentale per raccordare lo studio dell'italiano con la propria esperienza quotidiana ma, soprattutto, per vedere quali parole della madrelingua gli studenti credono italiane e, di converso, quali parole tipicamente italiane lo studente non identifica come appartenenti alla nostra lingua.
Dopo aver dato qualche minuto per scrivere la propria lista, si può chiedere agli studenti di dire ad alta voce le parole che hanno scritto (i primi ne diranno varie, gli altri sempre meno perché le parole tendono a ripetersi): in tal modo non va "sprecato" un lavoro, gli studenti sanno che contribuiscono a un'attività comune, si condividono le conoscenze dei vari membri della classe, si allarga di molto il lessico.

 3 Metti gli aggettivi di nazionalità.

Chiavi: 1 francese; 2 tedesco; 3 giapponese; 4 italiano; 5 brasiliano.

 4 Dividi gli aggettivi di nazionalità che conosci in due liste.

Anche in questo caso si può procedere a condividere le liste individuali come nell'attività 2.

fonologia _ introduzione

Come ha constatato chiunque abbia provato a imparare una lingua straniera, la pronuncia dei suoni è uno dei settori della lingua in cui è più forte l'influenza della lingua nativa. Quando l'interferenza della L1 è particolarmente forte, o divergente dalla L2, essa può compromettere l'interazione con i nativi. In questa sezione di **RETE!** abbiamo cercato di fare qualcosa di più del semplice "migliorare la pronuncia". Abbiamo, piuttosto, cercato di fornire gli strumenti per sviluppare e acquisire stabilmente il sistema fonologico dell'italiano L2 che non è semplicemente un elenco di suoni, ma un sistema di significati. Quando possibile abbiamo fatto riferimenti anche ad alcune lingue straniere e a difficoltà di tipo contrastivo che si possono incontrare nell'articolazione di certi suoni. Tuttavia è impossibile prevedere tutti i punti critici relativamente ad ogni lingua madre. Ciò significa che l'insegnante può decidere di volta in volta di svolgere o non svolgere determinate attività presenti nel testo. Il sillabo di questa sezione è infatti organizzato in maniera modulare e l'insegnante può saltare o cambiare l'ordine di alcune parti senza compromettere la sequenza acquisitiva dell'apprendente. Ciò nonostante occorre fare attenzione a delle false analogie tra i suoni delle varie lingue. Ad esempio, il suono rappresentato dalla lettera "r" presente in italiano, francese, inglese, spagnolo ecc. può essere in realtà realizzato diversamente in ciascuna di queste; l'elenco di queste false analogie potrebbe essere molto lungo.
Per quanto riguarda le caratteristiche intonative dell'italiano, diversamente dall'elenco dei fonemi che formano un sistema circoscrivibile, non è possibile prevedere l'infinita gamma delle sfumature intonative che costituiscono, appunto, una lista aperta. Abbiamo perciò stabilito un repertorio costituito dalle intonazioni fondamentali (*interrogativa, conclusiva, sospensiva*) e/o dalle intonazioni più frequenti e importanti (*rabbia, sorpresa ecc.*) in modo da fornire all'apprendente non solo la realizzazione di singoli suoni o di frasi, ma di un intera funzione linguistica, indipendentemente dalle dimensioni. Inoltre, abbiamo cercato di ridurre al minimo la terminologia tecnico-scientifica sia nel libro dell'insegnante e, a maggior ragione, anche nel libro dello studente. In quest'ultimo abbiamo usato soltanto termini intuitivi o facilmente spiegabili come sordo/sonoro, suoni brevi/intensi ecc. Anche se ciò può apparire una banalizzazione dei contenuti, va ricordato che l'obiettivo principale è rendere tali contenuti facilmente fruibili e applicabili da parte degli insegnanti e degli studenti. In questa ottica va anche visto l'uso del sistema di trascrizione dei suoni IPA (*International Phonetic Association*) che a prima vista può sembrare fonte di ulteriori difficoltà.

>>>continua (guida di pag 21)

fonologia • I suoni delle vocali; • l'accento nelle parole (vocale tonica).
In questa unità lo studente familiarizza con i suoni vocalici. Si ricordi che gli italiani accettano tranquillamente pronunce diverse. Quindi è inutile ricercare ora una pronuncia perfetta, soprattutto per quanto riguarda la differenza tra [e/ɛ] "e aperta/chiusa" e [o/ɔ] "o aperta/chiusa". Questi suoni, infatti, sono distintivi, oltre che nella pronuncia standard, solo nelle regioni centrali: Lazio, Umbria, Toscana, Marche.

1 Ascolta e ripeti le vocali.

Si ascoltano delle sequenze di suoni che gli studenti devono ripetere. Dopo, faccia riprodurre i suoni agli studenti, in coro e/o in coppia. Segua i suoni rappresentati nel triangolo vocalico del LIBRO DELLO STUDENTE come una mappa per visualizzare l'innalzarsi del dorso della lingua. Se necessario, spieghi l'articolazione dei suoni. Si assicuri, inoltre, che gli studenti capiscano le parole *bocca*, *labbra*, *lingua*, *dorso*. I suoni vocalici articolati nella zona anteriore della bocca si chiamano *suoni palatali* (/i/ /e/ /ɛ/); quelli pronunciati con il dorso della lingua spostato verso la parte posteriore (velo) suoni velari: /u/ /o/ /ɔ/. Faccia attenzione alle posizioni di /a/ /i/ /u/, le usi come riferimento nella pronuncia degli altri suoni. Il suono /a/ è prodotto con la lingua completamente appiattita sul fondo della bocca aperta. I suoni /i/ ed /u/ con la lingua che si spinge verso l'alto ma senza toccare la parte superiore della bocca. Le opposizioni /e/ vs. /ɛ/ e /o/ vs. /ɔ/ sono il punto di passaggio dai suoni alti, ai suoni bassi. I parlanti di alcune L1 (ad esempio gli anglofoni) tendono a confondere /i/ ed /e/ in unico suono. Altri elementi importanti sono la posizione delle labbra e il grado di apertura della bocca. Più ci spingiamo verso i suoni alti, più la bocca tende a chiudersi. Inoltre, nei suoni palatali gli angoli delle labbra sono tanto più arretrati e chiusi, quanto più è alto il suono che produciamo. Invece, nei suoni velari, le labbra tendono ad arrotondarsi e a spingersi in fuori, quanto più pronunciamo un suono alto (cfr. disegno). Abitui gli studenti a controllare e coordinare i movimenti della lingua e delle labbra.
È importante esercitarsi anche a casa, passando dalle posizioni di base agli altri suoni. Se dispone di un laboratorio linguistico, può far registrare le prestazioni degli studenti e poi lavorare sul confronto e l'autovalutazione.

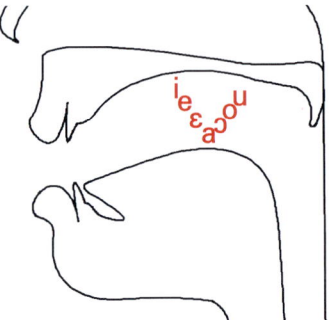
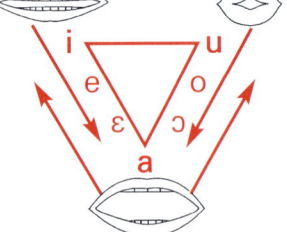

> **Chiavi: 1** /i/ /e/ /ɛ/ /a/ /ɔ/ /o/ /u/ **2** /u/ /o/ /ɔ/ /a/ /ɛ/ /e/ /i/ **3** /i/ /u/ /e/ /o/ /ɛ/ /ɔ/ **4** /i/ /o/ /u/ /e/ /ɛ/ /a/ /ɔ/ **5** /a/ /i/ /u/ /a/ /ɛ/ /e/ /a/ /ɔ/ /o/.

2 Ascolta le parole e fa' un segno nella colonna corretta.

Dopo essersi esercitati con i suoni delle vocali, gli studenti devono allenarsi a riconoscere i suoni. L'attività consiste in un dettato di parole monosillabiche: quindi di senso compiuto. Tuttavia, il significato delle singole parole è un obiettivo secondario. L'attività può essere eseguita più volte, si consiglia almeno tre, con confronto prima in coppia fra studenti e poi con l'insegnante.

> **Chiavi:** /i/ **gli (6) mi (16) il (21);** /e/ **queste (10) se (11) re (19);** /ɛ/ **gel (1) re (la nota musicale) (3) c'è (8);** /a/ **fatta (9) gas (14) papà (18)** /ɔ/ **sol (2) tot (5) po' (12);** /o/ **rosso (7) col (13) lo (15);** /u/ **un (4) fu (17) sul (20).**

3 Ascolta le parole e sottolinea l'accento principale.

L'obiettivo è imparare a distinguere l'accento nelle parole. In italiano l'accento è libero, cioè può trovarsi su qualsiasi vocale. La vocale accentata (o *tonica*) è quella su cui cade l'accento principale della parola. La sillaba che contiene la vocale accentata è riconoscibile sia perché è pronunciata con maggiore intensità rispetto alle altre sillabe, sia perché si allunga la durata dell'intera sillaba. Tuttavia, se si tratta di una parola accentata sull'ultima sillaba (*nazionalità*, *però*) non c'è allungamento. Nelle trascrizioni fonetiche l'accento è rappresentato dal simbolo ['] prima della sillaba accentata e la durata del suono con il simbolo [:] dopo la sillaba. Ad esempio: americano /ameri'ka:no/ caffè /kaf'fɛ/ Francia /'fran:tʃa/.
Se possibile, faccia notare che in italiano l'accento principale di una parola viene trascritto ortograficamente solo nel caso di parola accentata sull'ultima sillaba: *città, nazionalità, più*, ecc.
Inoltre, faccia osservare che, benché la posizione dell'accento non sia prevedibile, le parole derivate tendono ad avere accenti in posizione regolare. Ad esempio: *messicano*; *americano*; *italiano* ecc.

> **Chiavi: 2** nazionalit**à**; **3** franc**e**se; **4** It**a**lia; **5** Mar**o**cco; **6** brasili**a**no; **7** Am**e**rica; **8** americ**a**no; **9** Fr**a**ncia; **10** marocch**i**no.

civiltà

Questa pagina può essere affrontata in due modi:

a. usando solo il libro. In tal caso l'operazione di abbinamento dell'attività 1 è abbastanza semplice e l'insegnante può aggiungere – nella lingua materna degli allievi, visto che siamo ancora nell'unità 1 – informazioni sull'Italia, ad esempio facendo notare quanto sia montagnosa e quindi come sia naturale che per secoli sia stata divisa in piccoli stati; quale sia la presenza di monumenti antichi come quelli riprodotti nelle foto (il 25% dei patrimoni artistici del mondo si trova in Italia!); si possono leggere insieme alcune parole della cartina intuendone il significato, come nel caso di mare, Sicilia, ecc.

b. come vede dal simbolo posto a destra sotto le foto questa pagina ha un collegamento in rete. In questo caso si tratta di alcuni siti dei Comuni delle città rappresentate nelle immagini. Da questi siti si può partire alla scoperta di tanti altri riguardanti Roma, Pisa, Milano, ecc.

 1 Abbina le foto alle città.

In questa fase è possibile ampliare le informazioni con l'ausilio di cartoline/poster (forse già presenti in classe)/immagini dell'Italia/video (anche senza audio, si tratta solo di riconoscere luoghi) di documentari sull'Italia o quant'altro l'insegnante o gli studenti hanno a disposizione. E' possibile inoltre chiedere agli studenti che città, posti, monumenti, ecc. hanno visitato o conoscono.

> **Chiavi:** 1 Roma, Colosseo; 2 Venezia, Piazza San Marco; 3 Pisa, Torre di Pisa; 4 Siena, Piazza del Campo; 5 Firenze, Campanile di Giotto; 6 Milano, Duomo di Milano.

fonologia _ introduzione >>>continua (da guida di pag 19)

Riteniamo invece che l'uso di questa trascrizione possa aiutare gli studenti a stabilire un nesso tra il suono come entità fonetica astratta, la sua articolazione, la sua realizzazione ortografica e infine la sua collocazione in un contesto di suoni più ampio e significativo. Inoltre l'uso del sistema IPA, seppure limitato ai singoli suoni, ci consente di mettere in luce le ambiguità del sistema ortografico che possono creare confusione nell'apprendente. Un esempio per tutti, il sottosistema di suoni /k/ /g/ /tʃ/ /dʒ/ che pur essendo presente in molte lingue è realizzato ortograficamente in modo diverso dall'italiano, si pensi all'inglese e allo spagnolo che trascrivono il suono /tʃ/ con il nesso grafico -ch- (*much, mucho*) là dove in italiano questo rappresenta il suono velare opposto: /k/. Anche in questo caso, tuttavia, l'insegnante può decidere di servirsi del sistema IPA più approfonditamente, utilizzando anche i suggerimenti di volta in volta presenti nel LIBRO DELL'INSEGNANTE, oppure utilizzare i simboli IPA per il minimo indispensabile nella presentazione dei suoni.

Un'ultima precisazione riguarda il modello linguistico di riferimento, senz'altro la scelta più complessa dal punto di vista teorico. La decisione riguardava soprattutto i due poli del modello *standard* e del *neo-standard* (o *italiano dell'uso medio*). Come è noto si tratta in entrambi i casi di due modelli ugualmente alti, ma mentre il primo deriva dalla prestigiosa tradizione letteraria italiana, il secondo è di recente formazione e accoglie anche quei tratti linguistici substandard esclusi dal modello standard. L'esempio maggiormente noto è senz'altro la mancata opposizione tra "e" aperta/chiusa [ɛ/e] e "o" aperta/chiusa [ɔ/o]. La scelta è stata, almeno in questo primo volume, per il modello standard, tuttavia per controbilanciare eventuali tendenze conservatrici e per fornire un modello di pronuncia aggiornato, saranno utilizzate delle brevi note nella GUIDA DELL'INSEGNANTE, in cui faremo riferimento alle diverse realizzazioni di suoni sia nel modello neo-standard, sia nei vari italiani regionali. Ancora una volta all'insegnante la scelta di descrivere, o almeno menzionare altre possibilità, altrettanto valide dal punto di vista comunicativo.

Sintetizzando possiamo dire che l'obiettivo principale di questo sillabo non è tanto il fedele e mnemonico apprendimento di un sistema complesso di suoni (processo che impegnerà l'apprendente per lungo tempo) ma piuttosto fornire all'apprendente i mezzi per sviluppare questo nuovo sistema di suoni.

sommario

Lo studente ha a questo punto l'opportunità di fare un bilancio sugli atti comunicativi ("affermare", "negare" ecc.) e sulle espressioni che li realizzano nella comunicazione quotidiana: è fondamentale proprio per consentirgli di riflettere, di rendersi conto di quali aspetti funzionali verranno ritenuti ormai acquisiti - ma anche del fatto che questo corso non si esaurisce con la grammatica morfosintattica e fonologica, cui ha dedicato le ultime ore dell'unità, ma che l'aspetto fondamentale, quello su cui vale la pena di tirare un bilancio, è quello comunicativo.

Abbina le frasi o espressioni alla descrizione sotto. In questa unità abbiamo imparato a…

In alcune versioni mirate a pubblici linguistici specifici gli atti comunicativi sono dati nella lingua materna dello studente; chi usa la versione internazionale, invece, trova accanto alla definizione italiana dell'atto comunicativo uno spazio in cui far scrivere quella nella lingua materna, in modo che il bilancio abbia un senso.
L'attività, a seconda del tipo di edizione in uso, può essere condotta in tre modi:
1. segnando il numero dell'espressione accanto all'atto comunicativo corrispondente, come nel primo esempio;
2. trascrivendo negli spazi, accanto agli atti comunicativi, le varie espressioni;
3. facendo entrambe le cose.
Il fatto di trascrivere viene ritenuto "offensivo" da alcuni studenti, ma andrebbe spiegato: permette alla mente di rallentare, di percepire quell'espressione sia con l'intelligenza verbale, sia con quella visiva, sia con quella motoria, rafforzando in tal modo l'acquisizione.

> **Chiavi:** b no; c buongiorno, arrivederci; d ciao; e piacere; f di dov'è?; g di dove sei?; h sono italiano; i come si chiama?; l come ti chiami?; m mi chiamo….; n come si scrive…?; o grazie; p prego; q come, scusi?; r come, scusa?

la foto

La foto mostra la celebre scalinata della chiesa di Trinità dei Monti, che probabilmente gli studenti hanno visto in alcuni film. Si può spiegare loro nella lingua materna che:
a. si tratta di uno dei "salotti" di Roma;
b. è molto vicina alla zona delle boutique, cioè via Condotti, ecc. ci si fanno infatti delle sfilate d'alta moda, che spesso sono diffuse in mondovisione;
c. si notano esempi di architettura rinascimentale, sia negli edifici a destra e sinistra sia in quello in fondo;
d. nel piazzale davanti alla chiesa c'è uno dei tanti obelischi portati a Roma dall'Egitto durante i secoli dell'impero romano. Portare un obelisco, che è di granito ed è costituito da un unico blocco di pietra, era un'impresa mastodontica quando l'unica forza motrice era quella dei muscoli, non c'erano gru, ecc.;
e. c'è una palma: Roma infatti è una città abbastanza calda; è difficile trovare palme a nord di Roma;
f. siamo su una collina. Roma è costruita su sette colline originali, cui si sono aggiunte enormi periferie anche queste caratterizzate, come quasi tutte le città dell'Italia peninsulare, dal fatto di non essere in piano, ma tutte fatte di salite e discese.

TEST

Valutazione, autovalutazione e testing sono aspetti spessissimo trascurati dalle grammatiche e dai metodi di italiano per stranieri. Al massimo si possono trovare appendici con batterie di item per lo più di ispirazione strutturalistica scisse da un organico percorso didattico. **Rete!** è concepito invece sulla base di unità didattiche complete e, nell'ottica di un approccio comunicativo, recupera la fase di testing e valutazione collocandola alla fine di ogni unità didattica. Questo test è impostato in modo integrato. Mira infatti a verificare la competenza linguistica nella sua totalità, non solo quindi sotto il profilo morfosintattico, ma anche lessicale e socio-pragmatico, privilegiando il concetto di attività a quello di esercizio, laddove la prima si rifà ad una esperienza globale e cognitiva, mentre il secondo a una semplice applicazione deduttiva delle strutture linguistiche.
Nella nostra idea, il test va eseguito a casa. Lo studente ha così tutto il tempo di fare le cose con calma: se fa errori, non sono ascrivibili allo stress! Si tratta di un bilancio accurato che lo studente può fare circa quello che ha appreso nell'unità, ed è con questo spirito che gli va proposto il test: quasi una forma di autovalutazione, in cui l'insegnante interviene alla fine solo per sancire, con la sua professionalità, il giudizio che uno studente dovrebbe già essersi dato. Se lei lo ritiene opportuno, comunque, può fare eseguire il test in classe. Tuttavia, ogni tre unità viene presentato un test che potrà fotocopiare e fare eseguire in classe, in modo da avere una verifica più accurata del livello dell'acquisizione. La pagina indica, con il tratteggio e la sagoma della forbice, che dopo aver eseguito il test lo studente deve tagliarla e consegnarla a lei. Al momento della correzione lei potrà utilizzare dei riquadri, come i due posti a destra vicino alla striscia colorata: nei puntini si scrive quante soluzioni sono corrette, e la cifra stampata indica il punteggio massimo. Fatto questo per tutti gli esercizi, anche sulla pagina seguente, si fa la somma e si ottiene il totale di punti effettivi rispetto ai 30 punti possibili.

1 Abbina le vignette al dialogo...

Chiavi:	A	F	G
	C	E	-
	B	D	-

2 Trova le espressioni di saluto.

```
A U S K B C L O M A B T R H
B A U A R R I V E D E R C I
A N A R I C A S T I V A R A
I A O B U O N A N O T T E L
S R E U S T E G D L I B D L
C I A O O T I L E R I N N A
F A R N A T E R V J U D I F
U T E A L P I A C E R E D
C U N S I L O M E D R O A B
E U N E S S E T I L E M I U
U O O R T E Z Z L D G B V O
P U C A T E R A L I A N O T
N R O S I T I L O R E N O T
C O N E B U O N G I O R N O
```

3 Osserva la risposta e scrivi la domanda corretta in modo formale e informale.

Chiavi: buongiorno, come si chiama?	Ciao, come ti chiami?
Buongiorno, da dove viene?	Ciao, da dove vieni?
Buongiorno, dove studia?	Ciao, dove studi?

4 Completa il cruciverba con gli aggettivi di nazionalità.

Chiavi: 1 inglese; 2 italiana; 3 tedesca; 4 americana; 5 francese; 6 russa.

5 Abbina le frasi come nell'esempio.

Chiavi:

6	5	2	1	4
B	C	D	E	F

Come affrontare queste attività di ascolto

Faccia leggere i quesiti dopo aver spiegato il significato delle parole "vero" e "falso" (o, in altre unità, fate comprendere il senso del compito).

Faccia poi ascoltare una prima volta la registrazione incoraggiando gli studenti a non leggere il testo che è riportato nell'attività seguente. La soluzione migliore è coprire il testo dell'esercizio 2. Se necessario spiegate il perché, dicendo che se si legge prima il testo non si sviluppa l'abilità d'ascolto, perché le informazioni giungono al cervello per l'83% attraverso gli occhi e solo per il 10% attraverso l'udito e quindi se si guarda il testo si capisce con gli occhi, ma non si impara a capire con l'orecchio.

Quasi tutte le attività di questo libro sono basate su compiti da eseguire, è dunque fondamentale che gli studenti capiscano che non devono comprendere tutte le parole, ma che devono concentrarsi su ciò che è richiesto loro: in questo caso devono indicare se certe affermazioni sono vere o false. Spieghi eventualmente che quando si ascolta anche nella propria madrelingua difficilmente lo scopo è capire tutte le parole, ma piuttosto si ascolta in maniera selettiva per rispondere a determinati bisogni comunicativi.

 1 Ascolta e rispondi alle domande.

> Chiavi: 1 F; 2 F; 3 V; 4 F.

 2 E' difficile? Ascolta nuovamente il dialogo e leggi il testo.

Alcuni studenti tendono a demotivarsi se non capiscono da subito. Per questo abbiamo scelto un titolo non rituale per l'esercizio: può essere la scusa per una discussione.
Con molta cautela, facendo riferimento a quanto detto sopra, inviti gli studenti a leggere il testo ascoltando.

 3 Abbina le figure alle parole.

Oltre alla lingua, questo libro presenta molti spunti culturali attraverso testi e immagini finalizzati a favorire una conoscenza moderna dell'Italia. Conoscere la cultura italiana, non solo quella con la "C" maiuscola, ma la cultura in senso lato, la vita in Italia, è indispensabile per migliorare l'efficacia della comunicazione linguistica.

> Chiavi: 1 ristorante; 2 telefono; 3 bar; 4 WC (toilette, servizi) 5 ufficio postale; 6 stazione FS; 7 ufficio informazioni; 8 banca; 9 uscita.

 4 Ci sono molti servizi all'aeroporto. Leggi il testo e completa la tabella.

> Chiavi: l'esercizio può avere molte soluzioni.

Appunti:

5 ▶▶ Alla scoperta della lingua — Completa la tabella.

Se lo ritiene utile e conforme alla sua metodologia d'insegnamento è possibile anticipare l'attività 7 della sezione della grammatica. Spesso troverà questa indicazione. In realtà noi non incoraggiamo questo tipo di approccio perché siamo convinti che la fase di globalità dell'unità didattica vada rispettata e attraverso di essa i ritmi e la scansione di un apprendimento il più naturale possibile. E' per questo che la riflessione sulla lingua viene posticipata alla sezione grammaticale dove a questa prima fase della globalità tendente all'acquisizione naturale si abbina una parte dedicata all'apprendimento più sistematico.

6 Sai contare in italiano?, 7 Ora ascolta e leggi i numeri, 8 Quali numeri senti?

Faccia ripetere i numeri varie volte, se necessario, e lavorare sulla pronuncia prima che gli studenti leggano come sono scritti. Per la ripetizione può utilizzare le tecniche presentate nell'unità 1. Quando gli studenti avranno nell'orecchio la pronuncia (es. 6) e già in parte memorizzato i numeri, faccia leggere i numeri ascoltando la registrazione (es. 7 e 8).

Chiavi: 3; 5; 10; 0; 15; 8; 18; 20; 7.

9 Scrivi in lettere 5 numeri su un pezzo di carta e poi dettali a un compagno.

La seguente attività ("Battaglia navale") può essere utilizzata per ulteriore pratica dei numeri. Basterà fare una fotocopia dello schema per ogni studente. Ogni studente della coppia scrive 5 parole (l'insegnante può variare il numero delle parole a seconda del tempo disponibile) orizzontalmente o verticalmente nello schema. A turno, chiamando le coordinate di un quadratino ("A7", C20", ecc.) ogni studente deve cercare di scoprire le parole dell'avversario. L'insegnante può suggerire come rispondere: NON C'E' NIENTE\VUOTA, C'E' LA LETTERA…, HAI INDOVINATO LA PAROLA L'insegnante può decidere quale tipo di lessico o di struttura grammaticale utilizzare nel gioco: a questo livello del libro si può anche chiedere agli studenti di utilizzare tutte le persone del verbo essere e le prime tre persone dei verbi: studiare, chiamarsi, restare, prendere, abitare, studiare. Inoltre questa attività può essere utilizzata con altre strutture o classi semantiche di lessico anche nelle unità successive.

	1	2	3	4	5	6	7	8	9	10	11	12	13	14	15	16	17	18	19	20	21
A																					
B																					
C																					
D																					
E																					
F																					
G																					
H																					
I																					
L																					
M																					
N																					
O																					
P																					
Q																					
R																					
S																					
T																					
U																					
V																					
Z																					

11 Sai qualcosa sulla geografia dell'Italia?

Spieghi come funzionano queste attività che rimandano lo studente a pagine più avanti nel libro. Li inviti a non guardare le pagine del compagno in modo da non perdere la motivazione che è mantenuta alta se l'informazione non viene scoperta in modo non lecito.
Questo tipo di attività risulta essere fortemente comunicativo e per questo viene spesso utilizzato.

12 Ascolta il dialogo e scegli ogni volta tra A), B), C) e D).

L'esercizio, facile in sé, si presta per una considerazione culturale legata al post-it sui prefissi telefonici.
In Italia, come in Europa, è in corso una ristrutturazione dei sistemi telefonici, per cui le informazioni che conosciamo oggi possono non essere vere tra pochi mesi. Anzitutto si sta pensando a eliminare i prefissi internazionali (0039 per l'Italia, tanto per comprenderci) all'interno dell'UE; in secondo luogo si pensa di uniformare in Europa le reti delle varie compagnie di cellulari della terza generazione; una delle soluzioni allo studio è quella di indicare con il primo numero il tipo di telefono: ad esempio, 8 indicherebbe i "telefoni verdi", cioè gratuiti per chi chiama, 2 quelli a forte pagamento (ad esempio certe linee erotiche), 3 i cellulari, 0 i telefoni fissi, e così via. La terremo informata e aggiornata!

> Chiavi: b; a; d; d; a.

 13 Abbina le domande alle risposte.

Questi esercizi, che paiono elementari, vanno spiegati agli studenti nella loro funzione cognitiva: servono non solo per esercitare la lingua, ma per costringerli a non procedere parola per parola – il che non aiuta a comprendere – ma a procedere globalmente: per rispondere alle domande della colonna a sinistra bisogna avere il panorama completo delle risposte a destra.

> Chiavi: 2 con c; 3 con a; 4 con e; 5 con b; 6 con g; 7 con d.

 14 Tocca a te.

Inviti gli studenti a registrare la propria voce su nastro se possibile.
- *Sono Paolo Vescovi. Tu come ti chiami?*
- *Piacere!*
- *Ti devo fare alcune domande: di dove sei?*
- *Quanti anni hai?*
- *Studi o lavori?*
- *E dove abiti?*
- *Qual è il tuo indirizzo?*
- *E il numero di telefono?*
- *Bene, grazie, è tutto. Ciao.*

abilità

 1 Ascolta gli annunci all'aeroporto e completa la tabella.

In questa sezione i testi d'ascolto e di lettura, così come i compiti di produzione orale e scritta sono più "difficili", più basati su materiali autentici o semiautentici, più tendenti a una produzione libera. Tuttavia, già a partire dalla prossima unità, l'enfasi è soprattutto posta sullo sviluppo di abilità d'apprendimento utili al superamento delle difficoltà testuali. Qui, invece, si è inteso permettere di praticare ulteriormente l'ascolto selettivo incontrato nella prima e seconda attività dell'unità.

1 Annuncio: la TWA annuncia la partenza del proprio volo numero T,W tre, sei, otto, destinazione Los Angeles. Uscita numero 19.
2 Ultima chiamata per il volo A,F nove, uno, due destinazione Parigi. Uscita numero 13. Ripeto...
3 I Signori passeggeri Nicola Pinto e Sandra Valenti in partenza per Praga sono pregati di recarsi urgentemente all'uscita 7.
4 Volo Iberia numero I,B sei, due, due uno destinazione Madrid, imbarco immediato, uscita numero 11.

2 Ascolta i dialoghi e completa la tabella.

1 Uomo: Numero di telefono, per favore.   *Donna: 0, 9, 6, 1 - 6, 7, 2, ...4, 5, 0*
  Uomo: Indrizzo?   *Donna: Via Gibertini 4. Gibertini, con una sola b.*
2 Donna: Ciao Flavio. Davvero hai una nuova casa?   *Uomo: Sì, ce l'ho; perché non vieni a trovarmi?*
  Donna: Qual è il tuo indirizzo?   *Uomo: Piazza Roma 16.*
  Donna: E il numero di telefono?   *Uomo: 0, 5, 2, 1 - 20, 12, 04.*
3 Donna 1: Signora, dove abita, per favore.   *Donna 2: In Piazza XX Settembre, numero 10.*
  Donna 1: Ha il telefono?   *Donna 2: Sì, 0, 2 - 2, 1, 8, ...1, 5, 0, 9.*

 **3 Leggi l'annuncio.**

 4 Scrivi una lettera alla Signora Caffi con informazioni personali.

Gli studenti devono essere indotti a comprendere come con poco lessico, quanto in effetti hanno in loro possesso, possono già comprendere un messaggio completo e poi scriverne uno che parli di loro!

lessico

 1 Che cosa sai sulla geografia degli altri paesi ? Abbina le città ai paesi.

Non insista troppo sugli aspetti culturali di quest'attività specialmente se nota che qualche studente è in difficoltà.

Chiavi: b con 3; c con 2; d con 6; e con 1; f con 8; g con 5; h con 7.

 3 Dove troviamo le seguenti cose? Completa la tabella.

Questi esercizi di abbinamento sono fondamentali per sviluppare la capacità di comprensione globale. Vediamo meglio di cosa si tratta.
Noi comprendiamo anzitutto con il cervello destro, che vede globalmente la situazione, tiene un po' tutto in memoria, e poi passa i dati all'emisfero sinistro che li analizza.
Ora, gli studenti che affrontano una lingua straniera tendono spesso a basarsi soprattutto sull'analisi (e dobbiamo dire che buona "colpa" di questo vizio è di noi insegnanti!), per cui si fermano alla prima parola che non conoscono con precisione, si bloccano senza rendersi conto che magari una riga dopo trovano la chiave che apre la comprensione anche di ciò che non si conosce.
Gli esercizi di abbinamento (ne abbiamo avuto uno anche sopra) servono per abituare la mente a procedere globalmente: non si può eseguire il compito se non si vede un po' tutto nel complesso, globalmente, per sapere che cosa c'è nell'elenco, cosa nelle figure...

Chiavi:	
Ristorante	Pasta, vino, caffè, acqua minerale, pizza, gelato
Banca	Carta di credito, soldi
Ufficio postale	Francobollo, lettera, cartolina
Stazione ferroviaria	Biglietto del treno.

Appunti:

4 Abbina le figure agli aggettivi del riquadro.

Gli studenti possono non sapere tutte le parole necessarie, ma l'importante è che riescano ad associare un aggettivo a un disegno. E' importante associare coppie di opposti ("grande – piccolo", "brutto – bello", ecc.) perché la memoria conserva i dati quando garantiscono completezza: "bello" da solo non basta, serve anche "brutto" perché la memoria incameri il concetto di aggettivi che indicano la bellezza.

> **Chiavi: 2 vecchia macchina da scrivere; 3 pesce grande; 4 pesce piccolo; 5 bel mazzo di fiori; 6 mazzo di fiori brutto.**

Attività supplementare
Se si vuole rafforzare questa serie di tre coppie di opposti si può disegnare alla lavagna rapidamente lo schema del cruciverba qui sotto, che include le tre coppie… ma con una sfida: trovare quale delle coppie è incompleta (per la precisione: grande/piccolo: c'è solo il primo dei due aggettivi) e quindi quale altra parola è stata ripetuta due volte (si tratta di bello).

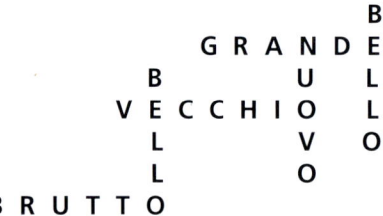

 5 Tocca a voi. Come si dice in italiano?

 6 Tocca a voi. Come si scrive?

Si tratta di due esercizi che spesso gli studenti non gradiscono, ritenendoli "banali", per cui è forse bene investire qualche minuto per far notare come questi due atti comunicativi – chiedere e dire come si dice o come si scrive una parola, un oggetto, ecc. – siano fondamentali per la comunicazione quotidiana con stranieri.

civiltà
L'ITALIA FISICA
Suggeriamo di iniziare questa sezione utilizzando tutte le immagini presenti sia per elicitare il lessico che gli studenti già conoscono che per raccogliere le informazioni di cui gli studenti possono essere già in possesso sull'Italia, le sue regioni e città.
Queste parti di civiltà, che possono anche essere utilizzate all'inizio della lezione come fase di motivazione, possono risultare difficili se affrontate in italiano. Spetterà a lei decidere un giusto dosaggio di italiano e, dove possibile, lingua degli studenti.

1 Quali sono le città più popolate d'Italia?

Si tratta di cogliere delle informazioni già presenti nel grafico nella pagina precedente.

> **Chiavi: Roma 2.653; Milano 1.303; Napoli 1.036; Torino 915; Palermo 688; Genova 648; Bologna 384; Firenze 380; Catania 342; Bari 334; Venezia 294; Messina 262; Verona 255.**

Ci sono molti elementi culturali che possono essere notati in questa pagina:

a. "Comune", che si trova sopra il grafico a canne d'organo. Il concetto di comune è particolare in Italia, e quindi anche la popolazione delle città è in realtà quella del comune, non quella dell'area urbana. Napoli, ad esempio, ha un comune di 1.020.000 abitanti, ma chi è stato nella capitale del Sud sa bene che tra Napoli, Ercolano, Portici, Somma Vesuviana, Ottaviano, Pompei, e così via non esiste una differenziazione, per cui in realtà la città di Napoli ha almeno 2.500.000 abitanti

b. rapporto tra monumenti e abitazioni: nelle foto di Milano, Torino e Bologna si vede chiaramente come il monumento di rinomanza mondiale non sia estraneo al tessuto urbano: è circondato da abitazioni, è vissuto quotidianamente dal passante, non solo dal turista; ciò differisce, ad esempio, da quello che avviene in molte aree americane del nord e del sud, dove l'area monumentale, il palazzo presidenziale, ecc., sono in qualche modo isolati.

fonologia • I suoni /p/ Na**p**oli e /b/ a**b**itare   • Contrasto tra intonazione interrogativa (ascendente) e intonazione affermativa/negativa (discendente).

 1 Ascolta le parole e fa' un segno nella colonna corretta.

Si ascoltano le parole: Albania; Poletti; opera; libro; completa; Caballero; brasiliano; campanile; prenotazione; abbastanza.

Questa attività ha come obiettivo far osservare allo studente la differenza tra i suoni /p/ e /b/. La prima fase, in particolare, consiste nel riconoscimento dei suoni. Di solito questa coppia non crea problemi nell'articolazione; tuttavia, tenga presente che alcune lingue come l'arabo, non distinguono tra /p/ sordo e /b/ sonoro e in altre come lo spagnolo, l'articolazione può essere diversa. Perciò la fase di riconoscimento e percezione riveste in questi casi una notevole importanza. Consigliamo almeno tre ascolti. Nel primo faccia solo ascoltare, nel secondo faccia eseguire l'attività. Prima del terzo ascolto faccia fare una verifica tra studenti, successivamente faccia ascoltare per la terza volta.

> **Chiavi: 2/p/; 3/p/; 4/b/; 5/p/; 6/b/; 7/b/; 8/p/; 9/p/; 10/b/.**

Richiami l'attenzione degli studenti sulla distinzione *sordo/sonoro*.
I suoni come /b/ sono chiamati suoni «sonori» perché sono prodotti con la vibrazione delle "corde vocali".
I suoni come /p/ che non hanno questa vibrazione sono chiamati suoni «sordi».
Li inviti a verificare il differente suono, provocato dalla vibrazione delle corde vocali che si avverte appoggiando la mano sulla gola. Si assicuri che gli studenti capiscano questa distinzione perché in italiano è molto importante e sarà ripresa più volte. Altri esempi di suoni sonori sono [b/d/g], mentre i corrispondenti suoni [p/t/k/] sono prodotti senza vibrazione (sordi). Se necessario, può spiegare più in dettaglio l'articolazione dei suoni /p/ e /b/, i quali sono prodotti con la stessa articolazione; le labbra si chiudono impedendo il passaggio dell'aria: la loro improvvisa riapertura genera i due suoni.
La differenza è causata dalla vibrazione, o non vibrazione delle corde vocali (cfr. disegno).

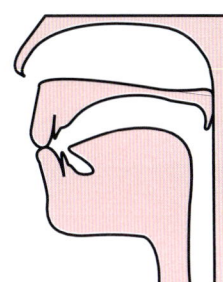 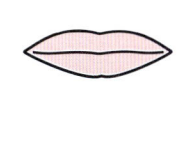

Suoni /p/ /b/

In questa pagina e nella successiva ci sono dei manifesti originali di due delle opere più celebri di Giacomo Puccini, il grande compositore nato a Lucca nel 1858 e morto a Bruxelles nel 1924. E' l'autore di opere quali: Manon Lescaut, La Bohème, Madama Butterfly, Turandot. La musicalità della lingua italiana, la sua armonia hanno permesso, tra gli altri fattori, il fiorire di esperienze musicali a livello mondiale.

2 Ascolta le parole e scrivile nella colonna corretta.

In questa seconda attività gli studenti continuano a lavorare sulla percezione delle differenze tra i due suoni. Faccia fare almeno tre ascolti. Nel primo faccia solo ascoltare, dal secondo scrivere; fra il secondo e il terzo ascolto faccia controllare gli studenti tra di loro, poi, effettui il terzo ascolto. Tenga presente che l'obiettivo è lo sviluppo della percezione di questi due suoni e non l'ortografia delle parole; tuttavia, alla fine dell'attività è necessaria una fase di correzione collettiva, condotta da Lei alla lavagna.

Chiavi: /p/ spaghetti; ripetere; spiegare; capito. /b/ Berlino; Lombardia; Fabrizia; francobollo; abilità.

 3 Leggi al compagno le parole che hai scritto.

In questa fase gli studenti provano a riprodurre leggendo le parole che hanno scritto nell'attività precedente. Le consigliamo di far lavorare in coppia, magari cambiando compagno più di una volta.

4 Ascolta le frasi e indica nella colonna corretta se l'intonazione della frase è ascendente o discendente.

Si ascoltano le frasi: 1 Come ti chiami? 2 Vivo a Perugia. 3 Non sono spagnolo! 4 Di dove sei? 5 Sono di Roma. 6 Sei inglese? 7 Come si scrive Peter? 8 Come, scusi? 9 Non mi piace! 10. Come si pronuncia?

È il primo approccio all'intonazione in italiano. Si assicuri che gli studenti abbiano compreso le parole *ascendente/discendente*. Se necessario, faccia notare i disegni delle frecce nel libro studente. L'intonazione ascendente è tipica soprattutto delle domande. L'intonazione conclusiva (o discendente) è la stessa, sia nelle frasi affermative sia in quelle negative. In questa prima fase è sufficiente stimolare lo studente a riconoscere e a percepire la differenza. Tenga in considerazione che, malgrado queste due intonazioni siano presenti in quasi tutte le lingue, in italiano esse rivestono un'importanza particolare, perché a volte sono l'unico modo per distinguere una domanda da una affermazione. Faccia ascoltare almeno due volte con una fase di correzione intermedia tra studenti. Se crede, può far ripetere le frasi facendo attenzione all'intonazione. Tenga comunque presente che un'attività di produzione/ripetizione è già prevista nelle attività per casa.

Chiavi: ascendenti: 4; 6; 7; 8; 10; discendenti: 2; 3; 5; 9.

grammatica

 1 Completa le frasi con il verbo *essere*.

Chiavi: 2 siamo, 3 sono, 4 siete, 5 sono, 6 sei, 7 è, 8 sono.

Appunti:

2 Completa le frasi con il verbo *avere*.

Chiavi: 2 no, non ce l'ho, 3 sì, ce l'ha, 4 no, non ce l'ha.

 3 Completa le frasi con un verbo.

Chiavi: 2 Cristina ha un indirizzo nuovo.
3 Di dove siete?
   Io sono di Istanbul, lui è di Tunisi.
4 Quanti anni hai?
   Ho 25 anni.
5 A Parma c'è una stazione ferroviaria.
6 Noi siamo francesi e voi di dove siete?

 4 Completa le frasi con un verbo del riquadro.

Chiavi: 2 lavora; 3 studia; 4 scrive; 5 si chiama; 6 vivi.

Attività supplementare
Può rapidamente tracciare alla lavagna lo schema che include tutti i verbi dell'esercizio:

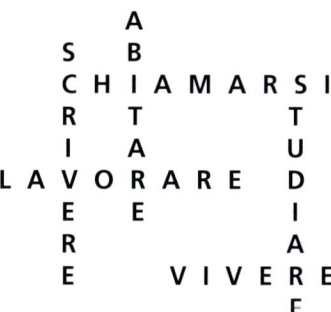

```
        A
        B
S       B
C H I A M A R S I
R       T       T
I       A       U
L A V O R A R E D
E       E       I
R               A
E       V I V E R E
                E
```

 5 Metti le frasi alla forma negativa.

Chiavi: 2 loro non abitano a Parigi.
3 Io non abito in Via Garibaldi 17.
4 Cristina non ha un indirizzo nuovo.
5 Non ho una casa bella.
6 Fabrizia non ha un numero di telefono.
7 Maria non studia italiano all'università.
8 John non scrive una lettera a David.

6 Metti l'articolo indeterminativo.

L'illustrazione affiancata all'esercizio non ha uno scopo ornamentale, ma serve per una riflessione linguistica: in italiano e in francese le parole "caffè" e "café" indicano sia la bevanda, come nella prima frase dell'esercizio, sia il locale in cui si può prendere un caffè, un tè, della birra, ecc.; in altre lingue questo non avviene. Seconda riflessione: pur essendoci la parola "caffè" a disposizione, sempre più spesso si impone l'inglese "bar", che viene ormai sentita come parola italiana, e che quindi non ha plurale, come tutte le parole straniere importate in italiano. L'anglomania fa sì che in una cittadina del centro Italia si possa scattare la foto che abbiamo riprodotto qui accanto…

> Chiavi: 2 un'; 3 un; 4 una; 5 un; 6 una; 7 un; 8 una; 9 uno; 10 uno.

 7 Completa le parole.

> Chiavi: 2 a scuola ci sono tre studenti russi e due tedeschi.
> 3 Karl ha un indirizzo nuovo.
> 4 Molte ragazze italiane sono belle.
> 5 Il tuo libro non è brutto.
> 6 All'aeroporto ci sono due banche e cinque agenzie Rent-a-car.
> 7 Ana e Paula sono due ragazze portoghesi.
> 8 A Bologna c'è un piccolo ristorante francese.

 8 Guarda le figure e fa' delle frasi.

> Chiavi: 2 Carlo vive a Roma in Italia.
> 3 Maria vive a Rio de Janeiro in Brasile.
> 4 Pilar vive a Barcellona in Spagna.
> 5 David vive a Londra in Inghilterra.

autoformazione

Questa è una pagina che rimanda alla pluralità culturale; dal Dizionario di glottodidattica di Paolo E. Balboni (Guerra-Soleil, 1999) riprendiamo tre voci che riguardano il ruolo dell'elemento culturale nell'insegnamento linguistico.

- **cultura**

Secondo la definizione di Lévy-Strauss è "cultura" tutto ciò che non è "natura": la natura pone il bisogno di nutrirsi, coprirsi, procreare, ecc., e le varie culture offrono modelli culturali quali il modo di procurarsi, preparare e distribuire il cibo, il modo di creare abitazioni e vestiti, le regole di corteggiamento, la struttura familiare, e così via.
Alcuni modelli culturali possono risultare più produttivi di altri, e costituiscono la civiltà di un popolo, ma per il resto tutte le culture sono egualmente degne. Questo atteggiamento di rispetto e, possibilmente, interesse per la diversità culturale, rappresenta una meta educativa [>] essenziale della glottodidattica e viene definita relativismo culturale (> Culturizzazione).

- **culturale, competenza**

Mentre l'approccio grammaticalistico perseguiva una competenza culturale intesa come accesso ai testi della letteratura, della cultura umanistica in generale, nell'ambito dell'approccio comunicativo "cultura" ha assunto valore antropologico e indica un reticolo di valori, di modi di vivere, di modelli di organizzazione sociale, ecc. La competenza culturale indica dunque la capacità di comunicare in maniera appropriata alla "scena" culturale al cui interno si realizza l'evento comunicativo.
In ambito glottodidattico si preferisce oggi far rifluire la competenza culturale in una categoria più vasta, la competenza socio-pragmatica.

- **culturizzazione**

E' una delle mete educative sia dell'educazione generale sia di quella linguistica.
La culturizzazione si articola in due processi diversi:
- inculturazione, relativa all'acquisizione dei modelli culturali della propria comunità (anche se ogni individuo potrà poi apportare contributi originali e mutare la cultura di appartenenza);
- acculturazione, relativa alle culture straniere. La finalità minima dell'acculturazione è il relativismo culturale, ma in un'educazione linguistica piena il semplice relativismo si dovrebbe trasformare in un interesse positivo, attivo verso l'altro da sé.

9 Completa le domande.

Chiavi: 2 dove; 3 qual; 4 come; 5 di dove; 6 perché; 7 come; 8 quanti.

10 Rendi formale il dialogo.

Chiavi: buongiorno Signor Russo.
Buongiorno Signor Porta. Questo è Karl Ohlendorf.
Piacere Signor Ohlendorf. (Lei) è tedesco?
No sono austriaco.
Perché è in Italia? Studia o lavora qui?
Lavoro a Milano.
Ah, bene. Ora devo andare. Arrivederci!
Arrivederci!

sommario

1 Abbina le frasi o espressioni alla descrizione sotto.

Chiavi: a 2; b 6; c 8; d 9; e 5; f 1; g 7; h 11; i 12; l 4; m 10; n 3.

TEST

1 Osserva le immagini...

Chiavi: 1 carta di credito; 2 indirizzo; 3 vino; 4 cartolina; 5 francobollo; 6 banca; 7 biglietto; 8 pizza; 9 gelato; 10 lettera.

2 Scrivi in lettere i numeri.

Chiavi: 1 azeta undici-zero-due; 2 cinque-tre-diciotto; 3 vino; 4 cartolina; 5 francobollo; 6 banca; 7 biglietto; 8 pizza; 9 gel.

3 Completa...

Chiavi: 1 come ti chiami?
2 Dove abiti?
3 Quanti anni hai?
4 Perché sei stanco?
5 Qual è il tuo indirizzo
6 Dov'è il gatto?
7 Come torni a casa?
8 Di dove sei?

4 Riordina...

Chiavi: 1 non ho il nuovo numero di telefono di Luisa.
2 A Venezia non ci sono molti cinema.
3 John è americano ma abita a Londra.

5 Completa...

Chiavi: Ahmed abita a Roma ma studia all'Università di Perugia, dove ha una piccola casa in affitto con un amico marocchino. Il fine settimana prende il treno e torna a Roma, dove lavora in un ristorante arabo. In treno scrive lettere ai suoi amici in Marocco.

Chieda agli studenti di leggere il titolo dell'unità e di guardare le foto e l'annuncio, per cercare di immaginare i contenuti della lezione. Questa attività di previsione dei contenuti è fondamentale per trasformare la comprensione da attività puramente linguistica ad attività cognitiva, che quindi coinvolge maggiormente la mente e assicura un'acquisizione più semplice e proficua. Quanto ai contenuti, con questa unità – che tratta un argomento particolarmente interessante per degli adulti: la ricerca di un posto di lavoro – **Rete!** Compie un balzo: se le prime due unità erano, in qualche modo, introduttive, qui entriamo nella comunicazione piena. Non si preoccupi dell'apparente incremento di difficoltà: se i testi sono complessi (se devono presentare la comunicazione vera non possono essere i soliti, miseri dialoghetti) le attività sono semplici; non si tratta mai di assimilare tutto l'input fornito, ma solo una sua parte accuratamente selezionata; non si deve comprendere tutto, ma solo cogliere i dettagli richiesti – sui quali poi si lavorerà nel corso dell'unità.

 1 E' un lavoro interessante?

Se si trova di fronte a un gruppo di falsi principianti o si vuole differenziare il lavoro tra studenti deboli e forti, dica agli studenti di trovare da soli delle domande, per poi confrontarle con quelle del libro.

 2 Scrivi le risposte.

> **Chiavi:** 1 tecnico video; 2 alto; 3 un anno; 4 laurea, esperienza, serietà, motivazione, creatività, disponibilità a viaggiare in Italia; 5 Video 2000; 6 non si sa.

 3 Conoscete queste parole?

In classi monolingui l'esercizio è possibile attraverso la traduzione, in classi multilingui attraverso una lingua comune oppure con il supporto dell'insegnante. A questo punto non è pensabile che gli studenti spieghino i significati. Consigliamo di riflettere sul ruolo della traduzione assieme agli studenti: spesso si rischia di eccedere nell'uso della madre lingua, impedendo di mettere in pratica strategie per la scoperta induttiva dei significati. La traduzione va quindi utilizzata quando occorre, ma cercando sempre di portare lo studente alla scoperta del significato delle parole.

 4 Ascolta il dialogo e completa la tabella.

Questa attività può essere svolta in maniera individuale oppure anche a coppie: dopo aver ascoltato, uno studente fa il direttore e uno fa Sandro. Poi faccia fare un ascolto finale con tutta la classe con eventuale ricostruzione del dialogo dopo aver riportato la tabella alla lavagna (anche per controllare l'ortografia).

Nome	*Sandro.*	Cognome	*Anelli.*
Età	*26.*	Nazionalità	*Italiana.*
Stato civile	*Celibe.*	Indirizzo	*Via Imbriani, 8. Perugia.*
Numero di telefono	*075 5226305.*	Titolo di studio	*Laurea in Scienze delle Comunicazioni.*
Lingue straniere	*Inglese e francese.*	Esperienza	*Fa video da alcuni anni e ha lavorato per tre mesi per un'agenzia americana.*
Altro	*Ha la patente, sa usare il computer.*		

Direttore: Buongiorno, mi chiamo Di Napoli. Sono il direttore di Video 2000.
Sandro: Buongiorno.
Direttore: Prego, si può sedere.
Direttore: Allora... Lei è il Signor?
Sandro: Sandro Anelli
Direttore: Quanti anni ha?
Sandro: 26
Direttore: E' sposato?
Sandro: No.
Direttore: Dove abita?
Sandro: A Perugia, in Via Imbriani 8.
Direttore: Ha il telefono?
Sandro: Si, 0,7,5 - 5,2,2,6,3,0,5.
Direttore: Benissimo. Che lavoro fa?
Sandro: Al momento non lavoro.

Direttore: E' molto giovane. Ha avuto qualche esperienza nel nostro settore?
Sandro: Allora... esperienza di lavoro... faccio video da alcuni anni... e poi ho lavorato per tre mesi per un'agenzia americana durante un corso di specializzazione a New York.
Direttore: Interessante; Lei è laureato?
Sandro: Si, in Scienze delle Comunicazioni.
Direttore: Ha la patente?
Sandro: Si.
Direttore: Sa usare il computer?
Sandro: Si, non benissimo, comunque...
Direttore: Quali lingue straniere conosce?
Sandro: Parlo l'inglese e il francese correttamente.
[Squillo di telefono.]
Direttore: Mi scusi un momento.

 **5 Secondo voi, Sandro va bene ...**

Controlli quello che fanno gli studenti avvicinandosi a ogni singolo gruppo, ma non intervenga se non quando gli studenti lo richiedono e non corregga gli errori se non nel caso in cui la comunicazione viene a mancare.
E' opportuno che gli studenti sappiano che si sta lavorando sulla scorrevolezza, sulla fluency e non sulla appropriatezza grammaticale. La correzione è possibile alla fine del lavoro in gruppo, eventualmente con un intervento cui partecipa tutta la classe.

6 Che lavoro fanno?

> **Chiavi:** 1 medico, 2 infermiera, 3 taxista, 4 commessa, 5 macellaio, 6 parrucchiera, 7 poliziotto, 8 cliente, 9 contadino, 10 impiegato, 11 meccanico, 12 muratore, 13 idraulico.

Per cercare di fare gli accoppiamenti gli studenti devono ricorrere a strategie diverse: in alcuni casi si procederà per analogia, come ad esempio con *taxista*, visto che "taxi" compare in tutte le lingue; anche *poliziotto*, se l'insegnante richiama l'attenzione su "polizia", è facile; *meccanico* e *cliente* sono simili all'inglese e *idraulico* si basa sulla radice "hydro…" presente in molte lingue.
Negli altri casi un po' con l'intuito, o dove possibile un po' con l'aiuto di compagni di lingue romanze, si dovrebbero avere altri accoppiamenti.
Per le parole non indovinate servirà l'aiuto dell'insegnante, che può mimare i mestieri.

7 Insieme a due compagni controlla le risposte.

La correzione tra studenti è sempre utile perché toglie l'insegnante dal ruolo di giudice.
Anche nella precedente attività l'insegnante è stato un aiuto, non un controllore.

8 Guarda le figure e con un compagno....

> **Chiavi:** 1 cameriere; 2 meccanico; 3 casalinga; 4 parrucchiere; 6 insegnante.

Casalinga e cameriere (si vede un cameriere anche in una foto dell'esercizio 1 della sezione "abilità" dell'Unità 1) sono due parole introdotte qui per la prima volta, ma che vengono usate altre volte in questa stessa unità. Lasci che gli studenti notino i due termini mancanti e li introduca.

Sulla base del "post-it" di scoperta grammaticale, faccia notare che si possono usare *fare* ed *essere*.
Le foto si prestano anche a commenti culturali:
- Salvatore, stando al nome, viene dal sud. E' un nome non usato al nord;
- Rino è anziano; i giovani che fanno i meccanici sono pochi; ci sono parecchi magrebini che fanno questo mestiere;
- Anna è in cucina, ma non è detto che faccia la casalinga, soprattutto al centro-nord e in zone urbane le donne lavorano;
- Lino è un parrucchiere per signora; è sempre più frequente trovare maschi che fanno questo mestiere;
- Angelo è un carabiniere, cioè appartiene ad un tipo di polizia diffuso capillarmente nel territorio, in ogni paese, in ogni località. Sono coloro che conoscono la gente del quartiere, che sanno i problemi dei piccoli malavitosi, il loro modo di agire, ecc. La polizia, invece, si occupa dei reati maggiori ed è concentrata nelle città;
- Luisa è un'insegnante; fino a qualche tempo fa le insegnanti erano quasi tutte donne, ora sono sempre di più gli uomini che fanno questa professione.

Attività supplementare
Come ha indicato Lozanov, il padre della suggestopedia, tra le forti motivazioni per studiare una lingua c'è anche il gioco di crearsi una vita "alternativa", cioè di usare la lingua nuova per dire quello che si vorrebbe essere.
Si può dunque proporre agli studenti di compilare una loro carta di identità, con le voci che lei può scrivere alla lavagna, usando il nome che avrebbero voluto avere, l'età che si sentono, il mestiere che vorrebbero fare, ecc. Poi si può fare una statistica per vedere quali nomi, età, mestieri sono preferiti.
L'insegnante riceve da questa attività molte indicazioni psicologiche sui suoi allievi, che possono tornargli utili per evitare di creare filtri affettivi e per sostenere la motivazione in futuro.

9 Lavora con un compagno. Uno di voi ...

Per lo studente **A**

Nome	Inge
Cognome	Moeller
Nazionalità	Tedesca
Età	20
Indirizzo	Wichernstrasse 18. Erlangen
Numero di telefono	323569
Lavoro	Parrucchiera
Stato civile	non sposata
Lingue straniere	Francese
Patente	Sì

Nome	Hans
Cognome	Meyer
Nazionalità	Tedesca
Età	19
Indirizzo Wichernstrasse	18
Numero di telefono	323569
Lavoro	Idraulico
Stato civile	non sposato
Lingue straniere	Nessuna
Patente	Sì

Per lo studente **B**

Nome	Pedro
Cognome	Alvarez
Nazionalità	Spagnola
Età	20
Indirizzo	Calle del Puente 3; Granada
Numero di telefono	2456312
Lavoro	Impiegato
Stato civile	non sposato
Lingue straniere	Inglese e portoghese
Patente	No

Nome	Ana
Cognome	Perez
Nazionalità	Spagnola
Età	20
Indirizzo	Calle Colòn 21, Granada
Numero di telefono	67521134
Lavoro	Commessa
Stato civile	non sposata
Lingue straniere	Inglese
Patente	Sì

abilità

 1 Leggi i testi e rispondi alle domande.

Assicurarsi che gli studenti colgano che *che cosa* si usa con gli oggetti e *chi* con le persone, come emerge dal post-it grammaticale. Dopo di che devono leggere le domande per sapere che cosa andare a cercare nei quattro brevi testi, la loro comprensione deve essere mirata a questi dettagli.

> Chiavi: 1 Patrick; 2 Ada; 3 Pete; 4 Diego; 5 Roberto e Maria; 6 Roberto e Maria; 7 Pete; 8 Patrick.

I testi verranno riletti una seconda volta per scoprire il funzionamento dell'articolo, nella pagina seguente.

Appunti:

▶▶ **Alla scoperta della lingua**

Leggi nuovamente i testi e prova a completare la tabella.

Articolo determinativo

MASCHILE	FEMMINILE
il medico	la casalinga
lo studente	l'infermiera
l'impiegato	....

 2 Tocca a voi. Indovinate chi siete! ...

Incoraggi gli studenti a fare delle domande usando quanto conoscono, interrogativi come: *chi? Cosa? Quando? Dove? Quale? Perché?* ecc. e a rispondere senza guardare i testi.

 **Il dizionario**

Le tre "frecce" accanto al titolo indicano che si tratta di un approfondimento riguardante una strategia di studio. Se ne troveranno in quasi tutte le unità, nella convinzione che lo slogan "imparare a imparare" debba essere tradotto in pratica insegnando delle strategie, dei processi.
In questo caso avviciniamo gli studenti all'uso del dizionario di italiano, con tutte le sue sigle, abbreviazioni, ecc. Se gli studenti non hanno un dizionario, può fare la fotocopia del suo dizionario, magari nella pagina in cui compare "medico" per confrontarlo con l'esempio riportato.
Anche il post-it sulla formazione delle parole rientra in questo sforzo di fare apprendere strategie: non conoscono certo "abbreviazione", ma partendo da "breve", "corto", ci si può arrivare – magari con la sua guida!

 3 Leggi la frase e cerca sul dizionario ...

Appunti:

___
___
___
___
___
___
___
___
___
___
___
___
___
___

4 I dizionari usano spesso abbreviazioni...

Questo tipo di attività verrà spesso utilizzato in questo libro perché permette di far scoprire il significato dei termini e di applicare un metodo induttivo anche al lessico.

> Chiavi: 2 con e; 3 con f; 4 con b; 5 con a; 6 con d.

 5 Quali altre informazioni dà il dizionario?

Chiavi:			
2 Diversi significati	no	<u>sì</u>	Il primo significato non si vede. Il secondo è professionista abilitato all'esercizio della medicina. Il terzo riguarda chi viene dalla Media, una regione medio-orientale
3 Etimologia	<u>no</u>	sì	....
4 Proverbi/modi di dire	<u>no</u>	sì	....
5 Esempi di uso della parola	no	<u>sì</u>	Medico condotto, legale, fiscale, di base ecc.

 6 Scrivi un breve testo simile a quelli dell'esercizio 1.

Incoraggi gli studenti a usare il dizionario solo se necessario e mentre lavorano cerchi di controllare come lo utilizzano, osservando ogni studente e soffermandosi a chiedere a ognuno quali informazioni dà il dizionario.

 7 Lavora con due compagni...

lessico

 1 Abbina definizioni e lavori.

E' un'attività dello stesso tipo della 4 sopra.

> Chiavi: 2 con g, 3 con c, 4 con h, 5 con a, 6 con d, 7 con b, 8 con f, 9 con i.

 2 Quale lavoro fanno le persone? Ascolta le registrazioni.

Come si nota, i testi sono complessi, ma l'attività richiesta per il primo impatto è molto semplice.
1. *Mi chiamo Roberto. Dunque....mi sveglio sempre molto presto e lavoro circa 10 ore al giorno. devo andare al mercato a vendere la frutta e la verdura che la gente compra nei negozi. Tutti i contadini cominciano a lavorare presto. Mia moglie mi aiuta e io riesco a riposare un po' al pomeriggio. E' una vita difficile, ma tutto sommato mi piace.*
2. *Mi chiamo Rino. Riparo macchine. Se le mani sporche e il lavoro duro non ti spaventano è un lavoro che può essere creativo. Ci sono meccanici che lavorano su macchine di lusso. Io preferisco macchine vecchie e piccole. Come dicevo prima, a volte è più creativo. Nell'officina siamo in due. Claudio ed io. Claudio è il mio socio.*

> Chiavi: 1 contadino; 2 meccanico.

 3 Ascolta nuovamente la registrazione e scegli la risposta.

In questa seconda occasione di ascolto la comprensione è più approfondita, ma non si tratta mai di comprendere parola per parola.

> 1) Chiavi: 1.1 c; 1.2 d; 1.3 b.
> 2) Chiavi: 2.1 b; 2.2 a; 2.3 a.

fonologia • I suoni /k/ *c*he; /g/ pre*g*o; /tʃ/ fran*c*ese; /dʒ/ *g*iorno.

 1 Ascolta queste parole, contengono i suoni /k/ /g/ /tʃ/ /dʒ/.

Questi suoni rappresentano una specie di microsistema che è costituito dai suoni palatali /tʃ/ (sordo) /dʒ/ (sonoro) e dai suoni velari /k/ (sordo) e /g/ (sonoro). Il primo approccio consiste nell'ascolto. Successivamente, se necessario, può spiegare come i suoni vengono articolati. I suoni /tʃ/ /dʒ/ sono pronunciati con la punta della lingua che preme contro gli alveoli dei denti e il bordo della lingua contro i lati del palato, invece i suoni velari (/k/ e /g/) sono pronunciati con il dorso della lingua fortemente

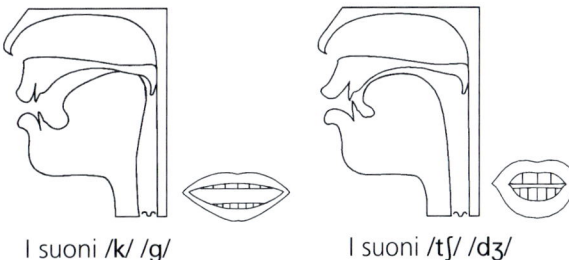

I suoni /k/ /g/   I suoni /tʃ/ /dʒ/

arretrato e schiacciato contro la parte posteriore superiore della bocca (cfr. i disegni). Se necessario, ricordi agli studenti che i suoni sonori /g/ e /dʒ/ devono essere pronunciati con la vibrazione delle corde vocali, mentre nei suoni sordi /tʃ/ e /k/ non c'è vibrazione. In alcune lingue (ad esempio il francese) i suoni /tʃ/ /dʒ/ non esistono e in alcune varietà di italiano questi suoni, quando sono tra due vocali, sono pronunciati semplicemente /ʃ/ /ʒ/. Ad esempio, In toscana parole come ragione /ra'ʒo:ne/ e cucina /ku'ʃi:na/; una pronuncia analoga, ma solo per il suono sordo /tʃ/, nel Lazio e in Campania. Tuttavia queste pronunce non compromettono la comprensione del messaggio. Maggiori difficoltà si incontrano nella resa ortografica dei suoni, argomento dell'attività successiva.

 2 Ora ascolta di nuovo le parole…

Gli studenti dovrebbero già essere in grado di individuare graficamente i suoni, eventualmente si può richiamare la loro attenzione sugli esempi riportati all'inizio di questa sezione. Dopo il secondo ascolto gli studenti possono confrontare tra loro le parole che hanno sottolineato. La verifica collettiva che svolgeranno insieme a lei dovrebbe essere mirata a evidenziare i differenti modi in cui questi suoni si possono scrivere. Poiché si tratta di parole che gli studenti già conoscono, le può far leggere in coppia. Riguardo alla divisione in sillabe della parola *cia-o* nel post it, faccia presente, se necessario, che la "i" è solo un segno grafico usato per trascrivere e distinguere il suono palatale /tʃ/ dal suono velare /k/. Quindi non va considerata ai fini della divisione in sillabe.

 3 Ascolta le parole della prima colonna…

L'obiettivo è aiutare lo studente a stabilire dei legami tra il suono e la sua trascrizione ortografica attraverso l'uso dei simboli IPA. L'attività è stata divisa in due parti e continua nella successiva. In questa prima parte sono esaminati i suoni velari, /k/ /g/ sordo e sonoro. Prima della verifica collettiva, può far confrontare i risultati degli studenti fra di loro. Eventualmente, può far leggere le parole in coppia.

> Chiavi: 2f; 3i; 4e; 5c; 6g; 7b; 8a; 9d; 10h.

 4 Ascolta le parole della prima colonna…

Continua l'attività precedente. Questa volta vengono esaminati i suoni palatali sordi e sonori /tʃ/ /dʒ/. Abbiamo eliminato il suono /tʃu/ che, benché sia teoricamente possibile, è poco produttivo in italiano. Anche in questa attività, l'obiettivo è indurre gli studenti ad osservare, oltre che il suono, anche la resa ortografica. Eventualmente, può far leggere le parole in coppia.

> Chiavi: 2c; 3f; 4h; 5a; 6g; 7b; 8d; 9e.

 5 Ora fa' attenzione a…

Attraverso le attività svolte finora e gli aiuti contenuti nella tabella gli studenti dovrebbero avere sufficienti elementi per ricavare induttivamente le regole ortografiche di questi suoni. L'attività è individuale, ma la verifica può essere svolta prima in coppia e poi collettivamente. Eventualmente, può far osservare come i suoni /tʃ/ e /dʒ/ utilizzino la lettera "i" davanti ai suoni vocalici velari, ossia i suoni posti sul versante destro del triangolo vocalico che abbiamo visto nella prima unità. Invece i suoni /k/ e /g/ utilizzano la lettera "h" di fronte ai suoni vocalici palatali posti sul versante sinistro del triangolo vocalico.

> La sillabazione italiana non è particolarmente complessa, tranne per la "s" che viene spostata all'inizio sella sillaba seguente, a differenza di molte altre lingue, e per la presenza di sillabe composte da una sola vocale, come in "cia-o", "po-li-zi-a", ecc.

grammatica

 1 Metti il verbo alla persona richiesta.

Chiavi: 2 vende; 3 scrivo; 4 lavora; 5 ascolto; 6 torni; 7 finisco; 8 senti.

 2 Metti i verbi dell'esercizio 1 al plurale.

Chiavi: 2 vendono; 3 scriviamo; 4 lavorano; 5 ascoltiamo; 6 tornate; 7 finiamo; 8 sentite.

Attività supplementare

Se vuole dare una versione giocosa dell'esercizio 2, può disegnare alla lavagna, con poche righe, lo schema di cruciverba che qui sotto le diamo già compilato: contiene tutti i verbi dell'esercizio.
Quindi basta che lei faccia venire alla lavagna uno studente e gli "detti" le definizioni in questo modo "Nell'1 orizzontale c'è il verbo 'scrivere': noi……..", "nell'1 verticale c'è il verbo 'sentire': voi……", e così via.
Può far fare 4 verbi ad uno studente e 4 a un altro.

```
S C R I V I A M O
E       S       F
N       C       I
T   L A V O R A N O
I   B   L       I
T   I   T   A   V
T   T   I   M   E
E   A   A   T O R N A T E
    T       D
    E       O
            N
            O
```

 3 Completa le frasi con un verbo.

Chiavi: 1 ascolto; 2 viviamo/abitiamo; 3 finite; finisco; finisce; 4 torno; 5 ama; 6 scrivete.

Verbi irregolari

E' forse utile affrontare con gli studenti il tema dei verbi irregolari in italiano, facendo notare che sono molti e sono, soprattutto, quelli di uso frequente.

 4 Completa le domande e le risposte con essere, avere, sapere o fare.

Chiavi: 1 è; 2 avete; 3 sanno, sanno; 4 fai, faccio; 5 è, abbiamo; 6 fa, fa; 7 sai, so; 8 hai.

Attività supplementare

Se vuole far fare ancora un po' di pratica sui verbi, in modo giocoso, può chiedere agli studenti di lavorare a coppie. Uno fa una frase, ma al posto del verbo dice "biip". Ad esempio: noi …biip… bene l'inglese.
L'altro studente deve indovinare il verbo, in questo caso potrebbe essere "parliamo" o "sappiamo".

5 Metti l'articolo determinativo e completa le parole.

Lo scopo di questo esercizio non sta tanto nella scelta dell'articolo giusto, visto che ci si lavora già da tre unità, ma quanto piuttosto la creazione di una connessione tra articolo e desinenza dei sostantivi e degli aggettivi. L'italiano infatti è una lingua ad alta ridondanza, cioè l'informazione sul numero e sul caso viene ripetuta più volte: è quindi importante abituarsi a fare attenzione all'articolo perché così si può evitare al nostro cervello lo sforzo di andare a scindere le parole successive per identificare genere e numero.

> **Chiavi: 1** la casa nuova di Anna è molto bella.
> **2** Questo è Ivan, lo studente russo.
> **3** La ragazza carina è mia amica.
> **4** Leggi l'ultimo libro di Eco, è interessante.
> **5** L'amico/a di Mario è felice perché ha una macchina nuova.
> **6** Giorgio fa l'impiegato.

 6 Completa le frasi con l'articolo determinativo dove necessario.

> **Chiavi: 2** in Piazza del Popolo; **3** il Signor Rossi fa l'ingegnere; **4** il Portogallo; **5** Signora, lei...;
> **6** la mia casa...; **7** il libro...; **8** lo studente con la tua amica....

 7 Lavora con un compagno.

Le suggeriamo la possibilità di trasformare l'esercizio in una gara: 1 punto per ogni mestiere, 1 punto per ogni articolo, vince chi ne totalizza il maggior numero.
Dove possibile abbiamo introdotto attività di grammatica comunicativa e se possibile la invitiamo a stimolare attività complementari o a trasformare quelle proposte per aumentare il piacere degli studenti. Il gioco dà piacere. Non si tratta quindi di stimolare con queste attività la competitività, ma al contrario la solidarietà che il giocare insieme induce. In classi dove siano presenti elementi troppo competitivi sarà forse opportuno non applicare queste tecniche.

A pag. I:
1 Chi ripara lavandini, docce, bidè, ecc.?
2 Chi compra prodotti in un negozio?
3 Chi aiuta il medico?
4 Chi costruisce case?
5 Chi vende carne?
6 Chi lavora in casa?
7 Chi serve i clienti in un ristorante, bar, pizzeria?

> **Chiavi: 1** l'idraulico; **2** il cliente; **3** l'infermiera; **4** il muratore; **5** il macellaio; **6** la casalinga;
> **7** il cameriere.

A pag. III:
1 Chi lavora in un ufficio o in banca?
2 Chi ripara le macchine?
3 Chi cura i malati?
4 Chi vende giornali?
5 Chi arriva in macchina quando i clienti chiamano?
6 Chi lavora in un negozio, vende cose ai clienti?
7 Chi produce frutta e verdura?

> **Chiavi: 1** l'impiegato; **2** il meccanico; **3** il medico; **4** il giornalaio; **5** il taxista; **6** il commesso;
> **7** il contadino.

Questa attività ha come pre-requisito il lavoro sui due post-it grammaticali nella pagina precedente, relativi alle preposizioni di luogo.

 8 Metti le preposizioni.

Chiavi: 2 per; 3 a; 4 in; 5 per; 6 in; 7 per; 8 in; 9 a.

 9 Fa' le domande.

Chiavi: a volte ci sono più possibilità.
2 Che tipo di musica ascolti?
3 Cosa fa un giornalaio?
4 Dov'è Madrid?
5 Chi è?
6 Perché sei in Italia?
7 Quando torni a casa?
8 Cosa vuol dire "cat"?

civiltà
Se lo ritiene opportuno e ne ha la possibilità, può dare agli studenti alcune di queste informazioni.

Il lavoro in Italia rappresenta un tema forte per lo studio della civiltà.
Anzitutto, molti degli studenti sono forse discendenti di emigranti che lasciarono l'Italia tra la fine dell'Ottocento e gli anni Sessanta del Novecento per cercare una fonte di sopravvivenza all'estero: si può chiedere a tali studenti se sanno che lavoro facevano i loro antenati.
Oggi in Italia il lavoro c'è, ma è mal distribuito: le aziende del nord, soprattutto quelle del nord-est, hanno un enorme bisogno di mano d'opera e non riescono a trovarla, per cui si rivolgono a stranieri; al sud c'è mano d'opera in sovrabbondanza, con conseguente disoccupazione, ma non ci sono molte aziende disposte a investire in quelle regioni e i giovani, spesso con un diploma o una laurea, non sono disposti a emigrare al nord, preferendo restare in famiglia fino a 30, 35 anni in attesa di trovare un posto al sud.
Negli ultimi anni anche in Italia ci sono nuovi lavori, legati all'informatica e al terziario, e molti di questi posti sono "flessibili", cioè non sono più posti di lavoro fissi come nei decenni precedenti.
Un'altra informazione: i disoccupati italiani sono quasi sempre persone che hanno avuto una formazione buona, fino alla scuola secondaria superiore o anche all'università… ma non si trovano disoccupati disposti a fare lavori faticosi (muratore, idraulico, imbianchino, ecc.) o ritenuti umili, quali l'infermiere, lo spazzino, lo sguattero che lava i piatti in un ristorante, l'addetto alle pulizie. In tutti questi casi troviamo degli immigrati: i cittadini stranieri con normale permesso di soggiorno sono, all'inizio del 2000, oltre 1.200.000!

 1 Collega i mestieri alle foto:

Chiavi: prima figura: responsabile sistemi informatici;
2 pizzaiolo,
3 operaio,
4 gondoliere,
5 agricoltore,
6 guida turistica,
7 impiegata.

Dopo aver fatto l'esercizio si può chiedere, eventualmente nella lingua materna, quale di questi mestieri amerebbero fare e perché.

 2 Adesso prova a completare la tabella con i mestieri dell'esercizio precedente:

Chiavi: 1 agricoltore; 2 operaio; 4 pizzaiolo; 5 guida turistica; 6 impiegata; 7 gondoliere.

sommario

1 Abbina le frasi o espressioni alla descrizione sotto.

Chiavi: a 12; b 13; c 2; d 4; e 3; f 5; g 1; h 9; i 10; l 11; m 7; n 8; o 6.

TEST

La somma totale dei punti a disposizione è 48, ma il test è valutato su 50 punti. I due punti che mancano per arrivare a 50 vengono attribuiti solo a chi fa tutto giusto. Si intende così premiare l'eccellenza.

1 Completa il testo con gli articoli determinativi.

Chiavi: il; la; l'; il; lo; il; la.

2 Completa con le preposizioni *in*, *a*, o *per*.

Chiavi: in; a; per; a; per; a; in; a; per.

3 Completa il testo di queste cartoline con i verbi indicati.

Chiavi: a) sono, cerco, studio, faccio, stai, ascolti, ho, scrivo;
b) stai, viviamo, cerchiamo, sappiamo, facciamo, scrive, finisce, torniamo.

4 Leggi questo testo e riordina le frasi della seconda colonna secondo il senso.

Chiavi:	E	H	F	B	G	C	A
	2	3	4	5	6	7	8

5 La segreteria telefonica di Paola non funziona molto bene. Completa il messaggio secondo il senso.

Chiavi: sono; chiamo; questa; amici; troviamo; vediamo; il; ragazzo; a.

Spesso il tema della famiglia è affrontato facendo parlare gli studenti della propria famiglia, magari commentando alcune fotografie che portano in classe. Faccia attenzione a non usare quest'approccio all'inizio, perché potrebbe risultare controproducente, anziché creare motivazione, la ridurrebbe, in quanto qualcosa di analogo viene proposto all'interno dell'unità. Potrebbe invece seguire i suggerimenti dell'attività 2.

 1 Ascolta la telefonata e completa il dialogo.

Si tratta di un'attività di dettato. E' importante che gli studenti sappiano chiaramente cosa devono fare e conoscano il contenuto della telefonata per quanto riguarda le battute di Maria. Li inviti a leggere la parte di Maria ed eventualmente, con tutta la classe, a immaginare cosa potrebbe dirle Sandro.
Lasci che gli studenti giochino con quest'attività di immaginazione. E' un modo per incoraggiare e dar valore a una tecnica che aiuta e agevola fortemente la comprensione.

Sandro: Pronto?
Maria: Pronto, posso parlare con Sandro, per favore?
Sandro: Sono io. Chi parla?
Maria: Sono Maria.
Sandro: Maria? Ciao, come stai?
Maria: Bene e tu?
Sandro: Bene, grazie. Come va il corso di italiano?
Maria: Per il momento molto bene. Comincia domani!
Sandro: Senti, possiamo fare qualcosa insieme?
Maria: Non lo so....
Sandro: Perché non vieni a cena a casa mia domani sera?
Maria: Va bene. Cucini tu?
Sandro: Tranquilla! Cucina mia madre.

 2 Completa l'albero genealogico di Sandro con le parole del riquadro.

Se non l'ha già usata come attività iniziale di motivazione, per introdurre quest'esercizio (e altri successivi) potrebbe fare alcune domande generiche su come pensano che siano le famiglie italiane per poi lasciare il tema senza approfondirlo, creando così motivazione. Probabilmente gli studenti immaginano una famiglia italiana piuttosto numerosa. In contesti dove esistono modelli di famiglia allargata anche l'esperienza degli studenti può essere utile per elicitare alcuni termini dell'ambito lessicale della famiglia e suscitare curiosità. Non insista troppo, comunque, sulla parte lessicale: quest'attività serve solamente per cominciare a conoscere il tema da un punto di vista lessicale.

> **Chiavi: Carlo, padre; Giuseppina, madre; Simona, figlia/sorella; Sandro, figlio/fratello; Ugo, nonno; Anna, nonna.**

La parola "nipote": dedichi un momento a spiegare, se necessario, questo problema lessicale, che a volte un semplice schema non riesce a risolvere.

Appunti:

3 Ascolta il dialogo e completa gli spazi vuoti.

Maria: Posso entrare?
Sandro: Prego! Entra!.... Maria ti presento i miei genitori.
Mia madre, Giuseppina e questo è mio padre, Carlo.
Maria: Piacere. Come siete giovani!
Carlo: Grazie, ma non è vero. Io ho 53 anni e mia moglie 49.
Sandro: E quella è mia sorella, Simona.
Maria: Ciao Simona, piacere!... Scusate, vorrei lavarmi le mani, dov'è il bagno per favore?
Carlo: E' la prima porta a sinistra.

La foto si presta a un'osservazione culturale: quando ci sono due coppie di persone, succede che nel momento di darsi la mano si crei una "croce": nella foto in questione, la "croce" avverrebbe se, insieme alle due donne che si stanno stringendo la mano, anche i due uomini lo facessero contemporaneamente. Ebbene, incrociarsi le braccia durante i saluti o i congedi è ritenuto un gesto che porta sfortuna, per cui una delle due coppie deve immediatamente ritirare le proprie braccia, magari con un sorriso.
Maria chiede di poter andare in bagno a lavarsi le mani. Può risultare strano questo atteggiamento ed essere interpretato come il desiderio di lavarsi dopo aver stretto le mani a persone sconosciute. Non è così! Il dialogo propone una situazione alquanto normale: in Italia si arriva a casa delle persone se si è invitati a cena proprio all'ora di cena, ad esempio se l'invito è per le 8 significa che alle 8, quando arriva l'ospite si comincia a mangiare. La conversazione, così, si sviluppa a tavola con un crescendo accompagnato dal cibo e dalle bevande. Maria, allora, chiede di andare in bagno a lavarsi le mani per poter sedersi a tavola a mangiare.

▶▶ **Alla scoperta della lingua**

Guarda il testo della conversazione e completa la tabella.

Maschile		Femminile	
Singolare	Plurale (irregolari!)	Singolare	Plurale
Mi…o……….	Miei	Mi…a……….	Mi…e……….
Tu…o……….	Tuoi	Tu…a……….	Tu…e……….
Su…o……….	Suoi	Su…a……….	Su…e……….

 5 ▶▶ **Alla scoperta della lingua.** Completa la tabella con i nomi del riquadro.

Chiavi: il figlio, nonno, fratello, marito; la figlia, sorella, madre, moglie; i nonni, genitori; le….

 6 Insieme a un compagno, a turno parlate delle relazioni nella famiglia di Sandro.

Chiavi: Sandro/Giuseppina; figlio. Giuseppina/Simona; madre. Carlo/Giuseppina; marito.
Sandro/Simona; fratello. Ugo/Simona; nonno. Giuseppina/Carlo; moglie.
Simona/Carlo; figlia. Anna/Sandro; nonna. Carlo e Giuseppina /Sandro, Simona; genitori.
Simona/Sandro; sorella. Carlo/Giuseppina; marito. Ugo e Anna/Sandro; nonni.

 7 Completa la tabella e poi ascolta e ripeti i numeri.

Il logo SUPER ENALOTTO riportato sopra la tabella rimanda ad uno dei più diffusi tipi di lotteria in Italia.
Si giocano 6 numeri in una scheda (vedi pagina 49) che ne comprende 90; il sabato e il mercoledì ci sono le estrazioni del lotto: se i primi 6 numeri estratti in 6 delle "ruote" intitolate a 6 città sono gli stessi della schedina, si vince l'intero montepremi; un'altra quota importante (visto che fare "sei" è quasi impossibile) va al 5+1, in cui il "+1" è dato da un numero jolly. Vincono anche i 5, i 4 e i 3.

Chiavi: i numeri registrati sono: 24; 25; 26; 27; 28; 29; 30; 31; 32; 40; 41; 42; 50; 51; 52; 60; 61; 62; 70; 71; 72; 80; 81; 82; 90.

 8 Scrivi i numeri che senti.

Chiavi: i numeri registrati sono: 31; 60; 54; 85; 99; 22; 26; 43; 77; 29; 70; 68.

9 Correggi gli errori dove necessario.

> Chiavi: 95 novantacinque; 44 quarantaquattro; 58 cinquantotto; 62 sessantadue.

Se ha tempo può far giocare una piccola tombola agli studenti, magari come inizio della lezione successiva con il suo gruppo. Faccia portare o porti lei in classe il materiale necessario per giocarci.

 10 Lavorate in tre. Scrivete su un pezzo di carta il nome di un personaggio famoso.

Non fate vedere il nome del vostro personaggio ai compagni. Fate domande per scoprire chi sono i personaggi. Prima di far fare quest'attività ai gruppi, dia una dimostrazione immaginando di essere lei un personaggio famoso e invitando gli studenti a fare domande. Anche qualche domanda contenente i numeri!
Sull'età, numero di figli, ecc. E' un'attività di raccordo e ripresa di quanto studiato nelle unità precedenti che mette in pratica un principio metodologico fondamentale: l'approccio a spirale.

 11 Insieme a un compagno, a turno fate domande e date risposte sulle vostre famiglie.

Nella lezione precedente dica agli studenti di portare a scuola le foto delle famiglie e usarle per quest'attività.

abilità

In questa sezione si comincia a sviluppare una particolare modalità di comunicazione: il telefono. L'esperienza ci insegna che è particolarmente complicato usare il telefono non avendo possibilità di contare su strumenti extra-verbali per facilitare la comunicazione. Iniziare presto a sviluppare questa abilità rispecchia le nostre convinzioni riguardo alla possibilità di cercare di rendere scorrevoli (fluent) gli studenti anche nei livelli più bassi, insegnando loro a utilizzare quanto apprendono per migliorare la loro competenza comunicativa e non solo dando loro strumenti di conoscenza della lingua (competenza linguistica).

 1 Metti in ordine la telefonata.

> **Chiavi per quest'attività e trascrizione dell'ascolto dell'attività seguente:**
>
> MADRE DI SILVIA   PAOLO
>
> - *Pronto.*   - *Pronto. Sono Paolo. C'è Silvia, per favore?*
> - *No, è all'università.*   - *Come? Non sento bene! Può parlare più forte?*
> - *Silvia non c'è; è all'Università.* - *Posso lasciare un messaggio?*
> - *Certamente!*   - *Sono Paolo, sono in Tunisia. Telefono domani mattina.*
> - *Va bene.*   - *Grazie. Arrivederci.*
> - *Prego, ciao!*

 4 Cosa dici al telefono?

> **Chiavi: a volte sono possibili varie risposte.**
> B Pronto, sono...;
> C Posso parlare con..., per favore?/c'è...., per favore?
> D Posso lasciare un messaggio, per favore?
> E Come? Non sento bene. Puoi/può parlare più forte?
> F Ciao/Arrivederci.

Un'annotazione culturale relativa alla foto della cabina telefonica della Telecom: in questi anni i Italia si sta liberalizzando la telefonia, per cui accanto alle cabine rosse della Telecom, ci sono quelle verdi di Infostrada, quelle bianche di Albacom e quelle azzurre di Blu; altre compagnie stanno arrivando, quindi è bene esplorare questo settore in rete per avere informazioni aggiornate.

 **prevedere**

L'unità si apre con una riflessione sull'importanza della immaginazione e qui espandiamo il concetto mettendo in pratica strategie legate alla previsione. Immaginare il contenuto di un testo, prima di leggerlo o ascoltarlo, ad esempio con l'aiuto delle figure, può favorire la comprensione. Così come quasi sempre avviene in questa sezione i suggerimenti tendono a costruire un percorso d'apprendimento su come si impara una lingua. Sottolinei più volte questo punto e inviti gli studenti a ricordare questa tecnica per il futuro, perché possano applicarla anche quando non sono invitati a farlo dall'insegnante o dal libro.

 5 Guarda la fotografia e rispondi alle domande.

Gli studenti devono immaginare le risposte, è quindi inutile anticiparle: dica loro che questo serve a creare la giusta aspettativa e ovviamente a facilitare la comprensione dell'attività seguente.

 7 Ora ascolta la registrazione e controlla le tue risposte.

Se lo ritiene opportuno faccia ascoltare la registrazione più di una volta ed eventualmente inviti gli studenti a riflettere sulla correttezza delle loro supposizioni e sul ruolo che queste hanno avuto per una migliore comprensione. Se pensa che gli esempi della loro vita possano servire a rendere più chiaro il senso di quanto detto in questa sezione, li faccia riflettere su come si preparano a un esame o a un colloquio di lavoro, cercando cioè di prevedere le domande, con il risultato di aumentare oltre alle possibilità di azzeccare la domanda anche il proprio livello di sicurezza e tranquillità, fattori questi ultimi fondamentali per trovarsi nella condizione di un corretto apprendimento linguistico. Sono solitamente i filtri affettivi (mancanza di sicurezza, di autostima, di tranquillità, oppure la vergogna di ciò che si fa) a mandare in ansia lo studente e a compromettere il processo d'apprendimento.

Questa è la mia famiglia. Qui siamo nella nostra casa di montagna. Ha un giardino bellissimo. Siamo svizzeri, abitiamo a Zurigo. Io mi chiamo Patrizia. Ho 30 anni, sono insegnante di francese. Al momento però non lavoro perché i miei figli sono piccoli. Martina ha 7 anni, Filippo 4. Martina va già a scuola, Filippo invece va ancora all'asilo. Questo è mio marito. Bello vero? Si chiama Giorgio. Ha 35 anni; lavora in banca. Ah, questa signora anziana è mia suocera, la madre di Giorgio. Si chiama Camilla e ha 60 anni; non lavora. E' in pensione da due anni.

lessico

 1 Completa gli schemi con nomi relativi alla famiglia.

Sono varie le possibilità per completare questi schemi. Nel momento della correzione, faccia da filtro, non lasci che ci siano troppe parole nuove aggiunte rispetto a quelle già presentate. Quest'attività e quella seguente servono per riassumere quanto presentato nell'unità fino a questo punto.
Può risultarle utile, soprattutto se i suoi studenti sono adulti e abituati a schemi diversi da questo, sottolineare come questo tipo di organizzazione a ragno, meno lineare e ordinata rispetto a quella più tradizionale dell'esercizio seguente, pare essere più congeniale all'emisfero destro del cervello, quello che secondo la neurolinguistica ha una percezione globale e simultanea del contesto, e non sequenziale e logica come quella dell'emisfero sinistro.

 2 Completa la tabella.

Chiavi: figlio; sorella; zia; nonna; marito; cugina.

3 Abbina i disegni agli aggettivi del riquadro.

Chiavi: 1 basso; 2 magro; 3 grasso; 4 alto.

 5 Abbina le figure ai nomi.

Chiavi: 1 quaderno; 2 diario; 3 penna; 4 temperamatite; 5 riga; 6 banco; 7 matita; 8 libro; 9 gomma.

attività supplementare

Partendo dal lessico degli oggetti scolastici nell'es.5, si può fare alla lavagna un rapido schema di quattro colonne, come quello sotto.

Si chiede di individuare quale tipo di strumento per scrivere manca nella serie di disegni: in effetti non è presente la penna a sfera.

Si invitino gli studenti a completare il cruciverba e nella colonna orizzontale comparirà il nome con cui è normalmente nota la penna a sfera, cioè BIRO.

Si può anche ricordare che il nome deriva da quello dell'ingegnere ungherese che inventò la penna a sfera e che, non avendola brevettata, morì in povertà mentre molte aziende si arricchivano con la sua invenzione…

```
      D
  L   I
  I R A G
  B I R O
  R G I M
  O A O M
        A
```

 6 Insieme a un compagno, a turno chiedete e dite di chi sono gli oggetti nelle figure.

Lo studente A va a pag. II, lo studente B a pag. IV.

Cerchi di far affrontare quest'attività senza dedicare troppo tempo alla riflessione sulla domanda "di chi?", in quanto questo verrà fatto nella prossima sezione, quella della grammatica.
Noti come ancora una volta anche le parti che apparentemente hanno un oggetto preciso ad esempio in questo caso il lessico, la sua sistematizzazione, in realtà sono strettamente collegate a tutto l'impianto dell'unità e ai principi metodologici che costituiscono la base di Rete!: ripresa dei contenuti in situazioni e occasioni diverse, analisi dei contenuti da diversi punti di vista, utilizzo costante e ripetuto della lingua come strumento indispensabile per un reale apprendimento, ecc.

Appunti:

grammatica

 1 Abbina gli articoli ai nomi.

Chiavi: 2 la creatività; 3 l'insegnante; 4 il padre; 5 la via; 6 lo studente; 7 l'acqua; 8 lo zio; 9 l'indirizzo; 10 la città; 11 lo psicologo; 12 l'aeroporto.

 2 Metti al plurale i nomi dell'esercizio 1 e aggiungi l'articolo determinativo.

Chiavi: 2 le creatività; 3 gli insegnanti; 4 i padri; 5 le vie; 6 gli studenti; 7 le acque; 8 gli zii; 9 gli indirizzi; 10 le città; 11 gli psicologi; 12 gli aeroporti.

autoformazione

Le sezioni di grammatica di RETE! sono da considerare come il punto d'arrivo di una riflessione sulla lingua che procede attraverso i post-it gialli, e altre sezioni nelle pagine precedenti dell'unità didattica.
Il concetto di riflessione sulla lingua, diverso da quello di insegnamento della grammatica, è uno dei maggiori contributi della glottodidattica italiana, dove compare fin dagli anni Settanta.
Riprendiamo dal Dizionario di glottodidattica (Guerra Edizioni 1999) la voce sulla riflessione sulla lingua.

• riflessione sulla lingua

L'attività di riflessione vede come soggetto l'allievo e come oggetto l'intero complesso della competenza comunicativa e si differenzia dunque profondamente dall'insegnamento della grammatica, che ha come soggetto l'insegnante e come oggetto più frequente la morfosintassi e le regole testuali (si tratta della tipica prospettiva dell'approccio formalistico, grammaticalistico). La contrapposizione tra riflessione sulla lingua e insegnamento della grammatica rimanda dunque alla dicotomia "deduttivo vs induttivo".
La riflessione sulla lingua, che porta la grammatica "implicita" a divenire "esplicita", costituisce una delle attività cardine che la scuola può praticare per contribuire all'autopromozione in quando rinforza processi cognitivi dello studente che, guidato dall'insegnante, deve creare delle rappresentazioni mentali del funzionamento della lingua — rappresentazioni che in classe prendono la forma di schemi aperti da riempire riflettendo, anziché degli schemi compiuti della tradizione formalistica.

 3 Rispondi alle domande usando l'aggettivo possessivo.

Chiavi: 2 no, non è la sua macchina;
3 sì, sono i suoi quaderni;
4 no, non sono le sue penne.

 4 Metti l'aggettivo possessivo e l'articolo determinativo dove necessario.

Chiavi: 2 i suoi genitori sono inglesi;
3 tuo padre è molto giovane;
4 il mio passaporto è sul tavolo;
5 dov'è il tuo ufficio? Il mio ufficio è in Via Veneto;
6 i suoi nonni sono molto vecchi.

RIFLETTIAMOCI SU

Nei due esercizi di questa pagina, così come in tutti quelli delle precedenti sezioni grammaticali, abbiamo la presenza di metalingua descrittiva della grammatica: "aggettivo possessivo", "articolo determinativo", e così via.
Gli studenti spesso non capiscono che avere la metalingua grammaticale non è un peso in più, una mania degli insegnanti, ma è uno strumento fondamentale: condividere i termini significa anzitutto condividere i concetti. Saper "aggettivo possessivo" significa possedere il concetto di aggettivo e, per opposizione, quello di pronome, visto che i possessivi appartengono a entrambe le categorie.
Discutere con gli studenti sulla necessità di una riflessione metalinguistica significa far riflettere anche sulle proprie strumentazioni concettuali e cognitive, e sulla necessità di categorizzazioni grammaticali, anche se ciò non significa cadere nel grammaticalismo fine a se stesso.

5 Metti l'aggettivo contrario.

Chiavi: 2 giovane; 3 grassi; 4 piccola; 5 difficile; 6 bassa.

Voi di cortesia.
Questa non è una vera regola, ma è un'impostazione di comodo per fare risaltare l'uso del voi come forma del plurale di cortesia. Agli studenti può essere detto e ripetuto che questo voi è lo stesso del voi per la forma colloquiale. In italiano, ma suona molto antiquato, a volte si trova la terza persona plurale Loro per la forma di cortesia al plurale.

6 Metti le frasi al plurale.

Chiavi: 2 voi siete francesi? 3 Potete darmi il passaporto, per favore? 4 Voi lavorate all'università di Venezia? 5 Andate spesso a lavorare in macchina? 6 Scusate, avete una sigaretta?

7 Completa le frasi con *potere* o *sapere*.

Chiavi: 2 sa; 3 può; 4 sanno; 5 posso; 6 so; 7 possiamo; 8 sai.

8 Invita o suggerisci.

Il disegno presenta un ragazzino con i capelli lunghi e un po' rasta. In Italia in questi anni la moda riguardante i capelli è quanto mai anarchica: ognuno si pettina e si taglia i capelli come vuole.
In una classe normale possiamo trovare ragazzi rapati a zero o quasi, ragazzi con il casco da paggetto, capelli lunghissimi, codini, il tutto con la massima libertà.
Sta anche diffondendosi la moda della colorazione dei capelli, per cui si vedono chiome rosse, viola, verdi...
Molti ragazzi si decolorano i capelli, spesso cortissimi, che risultano quasi bianchi o biondo chiarissimo.

Chiavi: 2 Maria, perché non andiamo a Napoli per Natale?
3 Perché non studiate la grammatica italiana?
4 Perché non cuciniamo qualcosa insieme a casa mia stasera?
5 Matteo e Andrea, perché non vedete l'ultimo film di Bertolucci stasera alla televisione?
6 Claire, perché non andiamo a sentire il concerto di Pavarotti a Modena?

Appunti:

fonologia • I suoni /m/ *m*edico; /n/ u*n*.

1 Ascolta le parole e fa' un segno nella colonna corretta.

Si ascoltano le parole: punto; fame; ultimo; in prestito; cane; un'opinione; campo; cambio; ancora.

La prima attività è dedicata allo sviluppo della percezione dei suoni /m/ e /n/ e al loro riconoscimento. Consigliamo come sempre tre ascolti. Nel primo faccia solo ascoltare, dal secondo scrivere, fra il secondo e il terzo ascolto, faccia controllare gli studenti tra di loro, poi effettui il terzo ascolto. Se pensa che sia necessario, preannunci agli studenti che vi sono anche due coppie formate da preposizione + parola (*in prestito*) e articolo + parola (*un'opinione*).

> Chiavi: 1 /m/; 2 /n/; 3 /m/; 4 /m/; 5 /n/; 6 /n/; 7 /n/; 8 /m/; 9 /m/; 10 /n/.

2 Ascolta le parole e scrivile nella colonna corretta.

L'attività ha l'obiettivo di verificare che non ci siano interferenze tra la percezione dei suoni e la resa grafica. Se lo ritiene necessario, faccia presente che in alcuni casi le parole sono precedute dall'articolo *un*. Chiarisca subito che ci sarà più di un ascolto, perciò gli studenti non si devono preoccupare se non fanno in tempo a scrivere tutte le parole. Effettui un primo ascolto senza fare scrivere. Dopo, faccia ascoltare e scrivere. Se crede, faccia una breve verifica prima del terzo e ultimo ascolto; segue verifica collettiva.

> Chiavi: /m/: ambiente
> /n/: inverno; fungo; anche; un figlio; un gatto; in parte; un bar.

3 Leggi le parole che hai scritto insieme a un compagno.

Faccia leggere le parole in coppia. Il suono /m/ non presenta problemi particolari; le labbra si chiudono e si riaprono velocemente facendo passare l'aria attraverso il naso, vedi disegno. Anche il suono /n/ si articola facendo passare l'aria attraverso il naso, ma l'occlusione avviene tra la punta della lingua e gli alveoli dei denti. In entrambi i suoni c'è vibrazione delle corde vocali (cfr. disegno). Il suono /n/, quando è seguito dai suoni [k/g], [p/b] e [f/v] (ad esempio *ancora, in piedi, inverno*) ha una pronuncia diversa. Infatti la lingua non tocca gli alveoli e /n/ e tende a essere articolato come la consonante che segue. Ad esempio *in piedi* viene in realtà pronunciato /im 'pjɛdi/. Si tratta, comunque, di un fenomeno normale in una pronuncia un po' veloce e non dovrebbe essere necessario spiegarlo esplicitamente agli studenti. Faccia comunque attenzione alla pronuncia di queste sequenze.

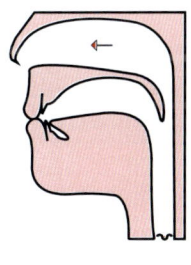 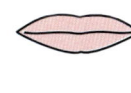   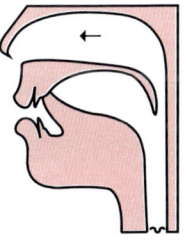 

suono /m/   suono /n/

civiltà

LA FAMIGLIA IN ITALIA

Come succede spesso, è possibile iniziare questa sezione usando inizialmente le immagini come spunto per ricordare e\o imparare nuovo lessico. Ricordiamo anche che, compatibilmente con il tempo a disposizione, si possono sempre dividere gli studenti in gruppi e dare a ogni gruppo uno spidergram da riempire.
Inoltre tutte le attività di questa sezione si prestano alla discussione e al confronto interculturale.
Si può far notare agli studenti che l'espressione famiglia patriarcale è usata per definire le grandi famiglie, soprattutto del passato, in cui il capo indiscusso era il l'esponente maschile più anziano.

 1 Osserva le immagini e collega ogni commento con l'immagine giusta.

Chiavi: c; a; d; e; b.

Appunti:

sommario
1 Abbina le frasi o espressioni alla descrizione sotto.

Chiavi: b 4; c 3; d 1; e 2; f 8; g 10; h 7; i 12; l 6; m 9; n 11; o 13; p 15; q 17; r 16; s 14.

TEST
1 In questa tabella...

A	I	N	S	A	F	Z	D	R	H	M
M	A	U	O	E	I	I	A	F	C	S
F	H	A	R	I	P	A	D	R	E	B
U	T	D	E	C	N	L	L	A	E	C
J	A	A	L	S	S	O	U	T	T	H
M	E	A	L	E	C	I	O	E	N	I
A	O	I	A	D	E	P	R	L	U	L
R	K	G	O	M	I	S	D	L	L	R
I	U	U	L	N	O	N	N	O	A	S
T	J	E	S	I	P	A	R	P	O	U
O	F	U	N	I	E	C	A	S	S	E

2 Osserva l'albero genealogico...

Chiavi: 1 Paola è sorella di Gino.　　　　2 Maria è figlia di Francesco e Paola.
　　　　3 Gino è padre di Filippo.　　　　4 Marta e Filippo sono nipoti di Pietro e Luisa.
　　　　5 Paola è madre di Maria.　　　　6 Maria è nipote di Gino e Caterina.
　　　　7 Caterina è zia di Maria.　　　　8 Pietro è nonno di Maria.
　　　　9 Marta e Filippo sono fratelli.　　10 Filippo è figlio di Gino e Caterina.

3 Riordina le seguenti frasi.

Chiavi: 1 la casa di mia sorella è molto grande.
　　　　2 Questa sera viene a cena la mia amica Anna.
　　　　3 Sua madre è ancora giovane e sempre molto gentile.

4 Leggi i dialoghi...

Chiavi: 1D; 2A; 3A.

5 Abbina le frasi...

C	A	F	D	B
1	2	3	5	6

6 In questo dialogo ci sono otto errori.

Chiavi: 2 sei
　　　　3 questi
　　　　4 a
　　　　5 in
　　　　6 questo
　　　　7 posso
　　　　8 ciao

1 Conosci i nomi delle stanze? Prova a scriverli.

Cerchi di creare motivazione riguardo al tema. Potrebbe accennare alla tipologia di case presenti in Italia, anticipando qualche spunto di civiltà: la maggior parte degli italiani vivono in appartamenti di due stanze da letto, sala, cucina e bagno, spesso con cantina e garage. In Italia si vive soprattutto in città medio-piccole non molto distanti tra loro, l'Italia è altamente popolata.

Chieda agli studenti di pensare a un vantaggio e a uno svantaggio di questa situazione. Un vantaggio storico: l'Italia, paese povero, ha potuto in parte soddisfare il bisogno di case nuove sviluppando il modulo abitativo del condominio, pur mancando di spazio geografico. Uno svantaggio: gli appartamenti sono normalmente più piccoli delle case indipendenti.

Quest'attività di riscaldamento può essere fatta anche accettando che gli studenti rispondano nella propria madre lingua, se non ci sono studenti di vari paesi e lingue.

> **Chiavi: cucina; camera da letto; bagno; salotto.**

 2 E i nomi dei vari oggetti? Abbina le immagini alle parole del riquadro.

> **Chiavi: nel bagno: 1 water; 2 doccia e vasca; 3 lavandino; 4 bidè; 5 specchio.
> Nel soggiorno: 6 divano; 7 poltrona; 8 quadro; 9 libreria.
> Nella camera da letto: 10 finestra; 11 letto; 12 armadio; 13 lampadario.
> Nella cucina: 14 frigorifero; 15 tavolo; 16 sedia; 17 cucina.**

 3 Ascolta la telefonata e rispondi alle domande.

Sandro: Pronto.
Maria: Pronto Sandro. Sono Maria.
Sandro: Ciao Maria, come stai?
Maria: Benissimo! Finalmente ho una casa! Beh, una stanza in un appartamento con altri tre studenti.
Sandro: Che bello! Dov'è l'appartamento?
Maria: E' qui a Perugia, in centro. Ho anche il telefono. Scrivi il mio numero!
Sandro: Sono pronto.
Maria: 075 23, 82, 567. L'unico problema è che il 31 marzo viene un altro studente e io...
Sandro: In marzo? E perché ti preoccupi? Siamo in settembre. Mancano ancora sei mesi...
Maria: Sì, hai ragione...Quando vieni a vedere la casa?
Sandro: Non lo so. Ti chiamo domani. Va bene?
Maria: Sì, perfetto. Ciao.
Sandro: Ciao, Maria.

Veda le risposte aperte dell'esercizio con la classe e controlli le risposte, ma solo da un punto di vista della comprensione dell'ascolto. Se lo riterrà opportuno in un altro momento potrà dedicare un po' di tempo alla correzione individuale di quanto gli studenti hanno scritto.

 4 Leggi la prima parte della lettera di Maria e completa la piantina del suo appartamento.

Indichi agli studenti di scrivere il nome delle stanze o più semplicemente di mettere l'iniziale di ogni stanza sulla piantina: C per cucina, CA per camera, ecc.; non devono disegnare gli ambienti.

5 Leggi la seconda parte della lettera di Maria.

Chiavi: quella giusta è la 2.

 6 Scrivi la descrizione della tua camera da letto.

Inviti gli studenti a usare il dizionario, facendo riferimento alle strategie già apprese nelle unità precedenti. Mentre gli studenti lavorano, dia un'occhiata a come utilizzano il dizionario, ma non si soffermi sulla lingua. Sarebbe invece opportuno fare una correzione delle descrizioni individualmente, dopo la lezione o in spazi idonei. Quando hanno finito di scrivere, dica agli studenti di lavorare in coppie per fare l'attività seguente.

 7 Com'è la vostra casa?

In quest'attività gli studenti dovrebbero spiegare com'è la propria casa e quando descrivono la propria stanza da letto devono essere stimolati a non leggere quanto scritto nell'attività 6.

 8 Ascolta la descrizione del soggiorno di Beatrice e scrivi il nome dei mobili.

Ecco vedi, il mio soggiorno è abbastanza grande. A destra della porta d'ingresso ci sono il tavolo, che è quadrato, e quattro sedie. Sul tavolo ho alcuni soprammobili, sono delle sculture africane. Di fronte al tavolo c'è un mobile alto che contiene molti libri; eh certo, è una libreria. La parete tra il tavolo e la libreria ha una grossa finestra con la porta del balcone. Di fianco alla libreria c'è la porta del corridoio e poi c'è un divano piccolo e vicino al divano piccolo, nella parte di fronte al balcone c'è un altro divano più grande. Ah, dimenticavo la televisione. E' a sinistra della porta d'ingresso, di fronte al divano piccolo. Ah, c'è anche un lampadario sul tavolo.

 9 Ascolta nuovamente la descrizione del soggiorno di Beatrice e disegna gli oggetti sulla piantina.

Se qualche studente si sente particolarmente in difficoltà nel disegnare, può scrivere i nomi degli oggetti. Spieghi, però, che visualizzare l'immagine permette di ricordare meglio il vocabolo. Per dare maggior valore a quest'impostazione alla fine inviti gli studenti a scrivere il nome dell'oggetto dentro (e non sopra, sotto o a lato) l'oggetto stesso.

 10 Confronta con un compagno la tua piantina e poi ascolta nuovamente la descrizione che fa Beatrice.

Interrompa la cassetta dopo ogni elemento, in modo tale da non dover ripetere ancora una volta l'ascolto. Faccia un controllo di classe rapido, altrimenti può insorgere una certa stanchezza, avendo queste attività tutte più o meno lo stesso tema!

11 Lavora con un compagno.

Se è possibile con la sua classe, cerchi di rendere quest'attività una piccola gara, assegnando un punteggio, penalità, premi…

 12 Ascolta e ripeti i nomi dei mesi.

La grammatica che Rete! propone è essenziale. Agli studenti a questo livello occorre saper esprimere i concetti e, dato che l'obiettivo è prima di tutto comunicativo, l'insegnante non deve preoccuparsi se "in estate" si può anche dire "d'estate".
A volte gli insegnanti temono che se gli studenti scoprono che ci sono vari modi di esprimere lo stesso concetto, possano pensare che l'insegnante non sia sufficientemente autorevole o che il metodo seguito sia sbagliato. E' opportuno fin dagli inizi far capire loro la differenza sostanziale tra grammatica descrittiva (che tradizionalmente porta a presentare tutto quanto riguarda un determinato elemento linguistico) e grammatica pedagogica o comunicativa o come l'abbiamo definita qui essenziale.
Per evitare di incorrere in questo problema agli studenti si può dire che in seguito si troveranno altri aspetti che saranno meglio gestibili grazie al livello più alto raggiunto e che le semplificazioni servono per favorire gli aspetti comunicativi. Quanto detto per la grammatica vale anche per il lessico e altri sillabi. Attenzione sempre a non sovraccaricare gli studenti con un input troppo alto.

13 Ascolta e cerchia quello che senti.

1. Il mio compleanno è il 2 marzo.
2. La partenza per Roma è il 4 febbraio.
3. Ho un appuntamento con il dottore il 13 giugno.
4. Santa Lucia è il 12 dicembre.
5. Ferragosto è il 15 agosto.

Chiavi: 1 = 2 marzo; 2 = 4 febbraio; 3 = 13 giugno; 4 = 12 dicembre; 5 = 15 agosto.

Appunti:

14 Adesso prova a scrivere le date in lettere.

Chiavi: 2 quindici aprile; 3 ventinove gennaio; 4 ventisei settembre; 5 sedici ottobre, 6 quindici dicembre; 7 sei maggio; 8 dodici giugno; 9 due agosto; 10 primo luglio.

 15 Lavora con due compagni.

Spieghi come si dicono le date in italiano.
Se lo ritiene opportuno può anticipare qui la spiegazione delle date che comunque vengono riprese nella prossima unità.
Può scrivere la data alla lavagna e continuare a utilizzare questo sistema all'inizio delle prossime lezioni.
La data richiede l'articolo determinativo IL, il numero cardinale (due, tre, ecc.), tranne che per il primo (giorno) del mese (faccia l'esempio della festa dei lavoratori: il primo di maggio). La preposizione DI prima del mese solitamente non è utilizzata (Compio gli anni il 16 [di] ottobre).

Le date si scrivono normalmente in due modi: 2/8/2000 (o 2/8/00), oppure 2 agosto 2000.

Si può anche far notare che nelle feste di compleanno si usa cantare in inglese
Happy birthday to you, oppure si può usare la traduzione italiana:
Tanti auguri a te
Tanti auguri a te
Tanti auguri …..[nome]…
Tanti auguri a te.

lessico

 1 Osserva i disegni.

Dica agli studenti che quest'attività come altre di questa sezione servono per sistematizzare, riordinare quanto visto in quest'unità fino a questo punto.

 2 Osserva i disegni degli elettrodomestici. C'è un errore. Correggilo.

Chiavi: radio e forno sono invertiti.

 3 Elimina la parola che non c'entra.

Dica agli studenti che possono esserci più risposte possibili, visto che questo esercizio è basato su associazioni logiche, ma lo scopo non è quello di indovinare una soluzione bensì quello di lavorare sui significati delle parole e di esercitare il nuovo lessico.

Chiavi: 2 letto; 3 porta; 4 doccia; 5 armadio.

4 Abbina le parti del gelato ai colori.

Chiavi: 2 arancione; 3 giallo; 4 verde; 5 blu; 6 viola.

 5 Osserva gli altri colori. Abbinali ai relativi nomi nel riquadro.

Chiavi:	nero	marrone	rosa
	bianco	blu	grigio

 6 Insieme a un compagno, a turno chiedete di che colore sono i mobili della vostra camera da letto.

Spesso gli studenti ritengono che questi esercizi siano "inutili", ma bisogna portarli a riflettere che proprio mentre parlano di contenuti che per loro non rappresentano difficoltà (ciascuno sa come è la propria camera da letto!) è possibile cercare di parlare con fluidità e scioltezza, reimpiegando quanto si è appreso finora.

abilità

autoformazione

Prosegue qui la riflessione iniziata nell'unità 4 sulla strategia basta sulla expectancy grammar.
Ricordiamo che essa rappresenta un meccanismo essenziale per il processo di comprensione e consiste nel predire ciò che può comparire in un testo operando sulla base della situazione, della parte di testo che si è già compresa, del paratesto, delle conoscenze del mondo ecc.
In tal modo si facilita la comprensione trasformandola, in realtà, solo nella conferma di una tra le previsioni effettuate.
L'anticipazione è stimolata con le attività di elicitazione e si rafforza con tecniche come il cloze, il dettato e gli incastri di vario tipo (di parole che creano una frase, di spezzoni di frase, di frammenti di un testo come nel primo esercizio alla pagina seguente, ecc.)

 1 Leggi i titoli. Scrivi alcune frasi sui possibili contenuti degli articoli.

Torni a sottolineare l'importanza della strategia di previsione.

 2 Ora, a coppie confrontate le vostre idee.

Inviti gli studenti a parlare e motivare le proprie idee, ma a questo livello non si preoccupi se molti di loro riporteranno quanto scritto per l'attività 1. Cerchi solamente di scoraggiare la lettura delle frasi che hanno scritto.

3 Leggi l'articolo e metti in ordine i paragrafi.

Chiavi: f; d; b; e; a; g; c.

 4 Avete fantasia?

Lasci che usino la fantasia!! Anche se nel caso di una classe monolingue il rischio che parlino nella loro lingua è in questo caso alto.

 5 Ascolta la descrizione e completa la pianta della casa di Giacomo.

Faccia notare che Giacomo ha accento napoletano. Ancora una volta si cerca di dare un'interpretazione autentica del parlato nelle sue numerose varietà. Si ritiene che gli studenti possano incontrare difficoltà nel comprendere un parlante con accento così marcato, ma è così che si parla in Italia. Lavori sulla fiducia degli studenti nei propri mezzi e sulla possibilità di capire un testo anche senza capirne tutte le parole.

Entrate; benvenuti nella Casa della Fortuna....
Questa è la stanza dove ricevo le visite. E' un po' grande, vero? Qui, nella vecchia fabbrica di scarpe, lo spazio non manca. Mi piace l'idea di avere spazi grandi e stanze particolari. E' per questo che ho creato una sala rotonda con le colonne attorno.
La prima porta alla vostra sinistra è la prima camera da letto.
Di fianco c'è un bagno, poi altre due camere da letto e lì di fronte alla porta principale c'è uno studio e a destra dello studio la cucina.
L'ultima porta, tra la cucina e la finestra della terrazza è il secondo bagno.
Ah, dimenticavo: di fianco alla porta d'ingresso, vicino alla terrazza c'è un ripostiglio.
E i miei mobili, vi piacciono?....

Attività supplementare

In molte città ci sono delle periferie dell'Ottocento o della prima parte del Novecento che sono state inglobate ormai nella città, che nel frattempo si è allargata. In queste cosiddette "aree dismesse" di "archeologia industriale" si stanno realizzando nuove abitazioni, ma mentre fino a qualche tempo fa venivano abbattute le vecchie fabbriche o i vecchi magazzini, oggi li si trasforma all'interno, utilizzando i vasti spazi per fare case un po' pazze come quella di Giacomo. Per indicare questi appartamenti si usa una parola americana, che se lei disegna alla lavagna questo semplice schema gli studenti potranno trovare inserendo in verticale le quattro parole che corrispondono a queste definizioni.

```
1           4
V           T
I   2       E
L   P   3   T
L   O   F   T
A   R   I   O
    T   N
    A   E
        S
        T
        R
        E
```

1. Una grande casa isolata nel verde, con un giardino intorno, è una ...
2. Per entrare in una stanza si passa attraverso la ...
3. La luce entra dalle ...
4. Sopra tutto c'è il ...

Quindi, un appartamento in una grande struttura riadattata si chiama LOFT.

civiltà

 1 Trova il termine giusto per definire le immagini:

Come sempre le immagini possono essere usate per descrizioni e per introdurre altro lessico relativo alle abitazioni che si ritiene necessario fornire agli studenti.

Chiavi: 2\c; 3\e; 4\a; 5\d.

2 Adesso ascolta cosa dicono alcuni italiani…

E' possibile, prima di ascoltare le registrazioni, cercare di immaginare le diverse situazioni usando le immagini e le definizioni date.

a Siamo sposati da un anno. Purtroppo non abbiamo ancora un appartamento nostro, per il momento viviamo con i genitori di mio marito. In città è molto difficile trovare un appartamento in affitto senza spendere troppo, si trovano solo monolocali in affitto e sono carissimi. I soldi per comprarne uno non li abbiamo, speriamo fra qualche anno…

b Vivo ancora con i miei genitori, sì ho un lavoro ma non posso comunque permettermi un appartamento mio, gli affitti in questa città sono troppo cari. Io continuo a cercare, spero di trovare almeno una mansarda, ma purtroppo nel centro storico gli affitti sono ancora più cari…

c Siamo sposati da cinque anni e adesso finalmente stiamo comprando un appartamento in periferia. Sarà parecchio, molto duro pagare il mutuo alla banca, ma non abbiamo scelta, questo appartamento è troppo piccolo per noi con due figli, ma in Italia sapete è più conveniente pagare un mutuo che un affitto…, oh, tutti i nostri amici fanno come noi.

d Abbiamo comprato questo vecchio cascinale e ora lo vogliamo ristrutturare. Vogliamo andare a vivere lì il più presto possibile. Anche molti nostri amici hanno lasciato la città, come noi sono stanchi della città, del traffico…

 3 Ascolta nuovamente…

Chiavi: a\v; b\f; c\v; d\f; e\v; f\f.

grammatica

 1 Metti l'articolo determinativo o indeterminativo.

Chiavi: 2 la; 3 la; 4 un; 5 la; 6 l'; un; 7 l'; un; 8 un; 9 il; il; 10 una.

 2 Metti la preposizione articolata.

Chiavi: 1 nell'armadio; 2 nel negozio; 3 sull'autobus; 4 dal giornalaio; 5 nella camera da letto; 6 al cinema; 7 sulla finestra; 8 della bambina; 9 degli insegnanti; 10 nell'appartamento.

 3 Rispondi alle domande. Usa le preposizioni articolate dove necessario.

Chiavi: 2 della sorella di Claudio; 3 dagli Stati Uniti, da New York; 4 nel centro di Milano; 5 sul letto; 6 dell'idraulico della Ditta Subito da te!

 4 Scegli l'indicazione di luogo corretta.

Chiavi: 1 c; 2 a; 3 b; 4 c.

Queste chiavi si riferiscono agli esercizi di pagina 68.
Al posto della normale guida a fronte della pagina 68 si trova infatti una attività supplementare: la pagina, che rimette sotto l'attenzione le date e i mesi, può essere fotocopiata e data agli studenti.

 5 Fa' le domande.

Chiavi: varie risposte possibili.

 6 Trasforma le frasi con *da* o *a casa di*.

Chiavi: 2 in questo momento Lino è da Giovanna; 3 tutti gli anni in settembre vado dai miei zii; 4 per Natale sono a pranzo a casa di mia nonna.

 7 Completa con le preposizioni (articolate e non).

Chiavi: 2 da, dell'; 3 in, a, a, di, per; 4 di; 5 a, della; 6 di, del, di; 7 di, da; 8 nella, al.

Un gioco a coppie!

Indica nel tuo schema il giorno del tuo compleanno, l'anniversario di un evento molto piacevole della tua vita, e un giorno che ti piace particolarmente.
Le 3 date non possono essere su caselle che si toccano.
Lo stesso fa il tuo compagno sul suo libro.
A questo punto giocate: tu "chiami" una data segnandola sullo schema "Compagno". Se chiami una data scelta dal tuo compagno, lui deve dirtelo; lo stesso devi fare tu se lui indovina una delle tue tre date.
Chi trova per primo le tre date del compagno vince, e quindi il compagno dovrà offrirgli da bere o fargli un piccolo regalo, anche se non è il giorno del compleanno!

IO

	1	2	3	4	5	6	7	8	9	10	11	12	13	14	15	16	17	18	19	20	21	22	23	24	25	26	27	28	29	30	31
gennaio																															
febbraio																															
marzo																															
aprile																															
maggio																															
giugno																															
luglio																															
agosto																															
settembre																															
ottobre																															
novembre																															
dicembre																															

MIO/A COMPAGNO/A

	1	2	3	4	5	6	7	8	9	10	11	12	13	14	15	16	17	18	19	20	21	22	23	24	25	26	27	28	29	30	31
gennaio																															
febbraio																															
marzo																															
aprile																															
maggio																															
giugno																															
luglio																															
agosto																															
settembre																															
ottobre																															
novembre																															
dicembre																															

8 Guarda le figure e fa' delle frasi.

> Chiavi: 1 alta; 2 molto alta; 3 abbastanza magra; 4 molto magra;
> 5 abbastanza contenta; 6 molto contenta.

fonologia • I suoni /t/ **t**empo; /d/ nor**d** • Intonazione negativa e affermativa (II)

 1 Ascolta le coppie di parole. Fa' attenzione...

Faccia contemporaneamente ascoltare e leggere le coppie di parole. Si assicuri che gli studenti capiscano che le parole con l'asterisco non esistono. Se crede, faccia ascoltare più di una volta. Dopo, faccia leggere le parole in coppia. Se necessario può dare consigli sull'articolazione dei suoni. La /t/ e la /d/ italiane sono prodotte appoggiando la punta della lingua immediatamente dietro i denti. Nella /d/ c'è anche la vibrazione delle corde vocali. I parlanti di madrelingua inglese tendono a pronunciare questi suoni, più arretrati, appoggiando la lingua agli alveoli dentali. Anche in spagnolo questi suoni possono essere articolati diversamente, rispetto ai corrispondenti italiani (cfr. il disegno).

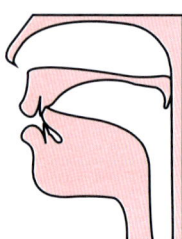 

Suoni /t/ /d/

 2 Ascolta le parole e scrivile nella colonna corretta.

L'attività ha l'obiettivo di verificare che non ci siano interferenze tra la percezione dei suoni e la resa grafica. Dica subito che ci sarà più di un ascolto, perciò gli studenti non si devono preoccupare se non fanno in tempo a scrivere tutte le parole al primo ascolto. Faccia sentire la lista di parole una prima volta senza scrivere. Poi faccia ascoltare di nuovo scrivendo. Faccia effettuare una veloce verifica tra studenti; quindi faccia riascoltare e controllare di nuovo. Dopo effettui una verifica collettiva. Se lo ritiene opportuno dopo può far rileggere le parole in coppia.

> Chiavi: /t/ corta; festa; patatina; testata; temperato. /d/ desiderio; medico; sud; radio; corda.

 3 Ascolta queste frasi. Fa' attenzione all'intonazione.

Viene ripresa l'intonazione conclusiva già affrontata nell'Unità 2. In particolare, si vuole fare notare agli studenti che non esistono differenze tra l'intonazione affermativa e l'intonazione negativa.
Faccia prima ascoltare senza leggere. Quindi faccia leggere agli studenti il post-it e si assicuri che lo capiscano. Infine, faccia ascoltare di nuovo e contemporaneamente faccia leggere le frasi.

 4 Leggi le frasi dell'esercizio precedente insieme a un compagno.

Faccia leggere le frasi in coppia. Se necessario, questo è anche il momento per rispondere a eventuali domande sul significato delle parole.

sommario

1 Abbina le frasi o espressioni alla descrizione sotto.

Chiavi: b 9; c 8; d 7; e 3; f 6; g 1; h 2; i 5.

TEST

1 Osserva le vignette e scrivi il nome degli oggetti...

Chiavi: 1 frigorifero; 2 quadro; 3 poltrona; 4 libreria; 5 lampadario; 6 armadio; 7 doccia; 8 divano; 9 letto; 10 cucina.

2 Osserva queste vignette.

Chiavi: vignetta 1
a) il gatto è sul divano; b) il libro è sul tavolo; c) la valigia è sulla poltrona; d) la televisione è di fronte al divano; e) lo specchio è dietro alla poltrona; f) il quadro è vicino alla finestra.

Vignetta 2
a) il gatto è vicino alla porta; b) il libro è sulla sedia; c) la valigia è dietro il divano; d) la televisione è vicino al letto; e) lo specchio è vicino alla porta; f) il quadro è tra l'armadio e il letto.

3 Elimina la parola che non c'entra.

Chiavi: 1 balcone; 2 stereo; 3 bidè; 4 tetto.

4 Abbina la parola alla sua definizione.

F	A	E	B	D
2	3	4	5	6

5 Ordina il dialogo...

Chiavi:	8	CL	- Bene. Purtroppo però in luglio posso solo una settimana.
	10	CL	- Dall'1 al 7 va bene.
	6	CL	- E in luglio?
	9	IMP	- La prima o la seconda?
	5	IMP	- Lo so, ma purtroppo per agosto e settembre ormai non c'è più un posto. Venezia è piena di turisti...
	4	CL	- Ma se siamo ancora in inverno!
	3	IMP	- Mi dispiace, non c'è posto. Mi chiama troppo tardi.
	11	IMP	- OK, allora, lei è il Signor...
	7	IMP	- Sì, è fortunato. C'è una matrimoniale libera dall'1 al 15.
	15	CL	- Grazie a lei, arrivederci.

1 Abbina le azioni del riquadro alle figure.

A libri chiusi chieda agli studenti a che ora si svegliano, fanno colazione, vanno a letto. Lo faccia senza far loro capire che si sta per collegare a una nuova unità del libro. Non spieghi il significato delle espressioni che usa. Poi faccia eseguire l'esercizio individualmente.

> **Chiavi:** 2 alzarsi; 3 lavarsi; 4 fare colazione; 5 lavorare (in una libreria); 6 pranzare; 7 finire di lavorare; 8 fare la doccia; 9 cenare; 10 guardare la tv, andare a letto.

 2 Ascolta la descrizione di una tipica giornata di lavoro di Mirella...

Mi chiamo Mirella, faccio la libraia. E' un lavoro molto interessante, ma le mie giornate sono molto lunghe. Lavoro dal lunedì al sabato, il giovedì pomeriggio, però, la libreria è chiusa.
Mio marito Fabrizio ed io ci svegliamo alle 7, ma ci alziamo alle 7 e mezza...ci piace molto rimanere a letto per cominciare la giornata dolcemente. Poi ci laviamo e ci prepariamo. Alle 8 usciamo e andiamo al bar a far colazione. Poi Fabrizio mi accompagna in libreria e va in ufficio. Alle 9 circa comincio a lavorare. Alle 12 e mezza chiudiamo e torno a casa. Pranziamo all'una e mezza circa, dopo mi riposo una mezz'ora e alle 3 vado a prendere l'autobus e torno in libreria. Di pomeriggio la libreria è aperta dalle 3 e mezza alle 7, ma non finisco mai di lavorare prima delle 7 e mezza. Alle 8 sono a casa, faccio la doccia e ceniamo verso le 8 e mezza/9 meno un quarto. Dopo cena guardiamo la tv, leggiamo o spesso riceviamo visite di amici. Verso mezzanotte... beh, spesso anche più tardi, andiamo a letto.

> **Chiavi:** 1 falso; 2 falso; 3 falso; 4 vero; 5 vero; 6 falso.

 3 Ascolta nuovamente...

▶▶ **Alla scoperta della lingua.** Abbina gli orari scritti in cifre alla trascrizione in lettere.

Dedichi abbastanza tempo alla scoperta di questo punto della lingua. Solitamente non risulta complesso e può servire per abituare gli studenti a dare il giusto rilievo a queste sezioni induttive.
Se è necessario intervenga per chiarire alcuni dubbi. Ma non spieghi, non dia la regola, magari scrivendola sulla lavagna!
Questa parte dell'unità presenta tutta una serie di attività induttive che possono costituire un'occasione, per lei e i suoi studenti, per mettere in pratica alcuni presupposti metodologici che stanno alla base di Rete!. Alla fine, prima di cominciare la sezione del lessico, dedichi un po' di tempo a chiarire agli studenti il percorso e l'utilità ai fini dell'apprendimento di un approccio induttivo, attraverso il quale sono gli studenti a scoprire la lingua in modo attivo. Usi, se crede, la metafora del bicchiere che viene colmato "passivamente". Gli studenti devono partecipare attivamente, essendo al centro del processo di apprendimento e insegnamento, non attendere che qualcuno dia loro le regole che poi applicheranno. E' con l'agire, il fare che si impara.

> **Chiavi:** 3.10 = tre e dieci.
> 6.40 = sette meno venti.
> 2.15 = due e un quarto.
> 5.30 = cinque e mezza. (O mezzo)
> 10.45 = undici meno un quarto.

4 Guarda il tabellone delle partenze degli aerei e completa gli spazi. Scrivi gli orari in lettere.

> Chiavi: 4 sette e dieci, 5 dodici, 6 una e venticinque, 9 dieci meno dieci, 10 undici meno cinque, 11 due e quaranta.

 5 Scrivi gli orari che senti.

Faccia ascoltare la registrazione un paio di volte, dicendo di concentrarsi sugli orari.

> **Chiavi e trascrizione:**
>
> *1. La lezione comincia alle tre e un quarto.*
> *2. Prendo l'autobus alle otto meno venti.*
> *3. Mi alzo alle sei e venticinque.*
> *4. Arrivano alle due.*
> *5. L'appuntamento è alle undici e mezza.*
> *6. Esco alle dieci e cinque.*
> *7. Ci vediamo alle quattro e dieci.*
> *8. Andiamo a dormire a mezzanotte.*
> *9. Pranziamo a mezzogiorno.*
> *10. Il treno parte alle nove meno un quarto.*

 6 Insieme a un compagno guarda gli orologi. Poi a turno chiedete e dite che ore sono.

Lasci che gli studenti a coppie scoprano la regola, anche attraverso l'uso della propria madre lingua.

Questa indicazione riguarda l'attività alla pagina seguente.

 10 A coppie, a turno fate delle domande per scoprire com'è una tipica giornata del vostro compagno.

Li faccia giocare, se questo funziona con la sua classe…

Attività supplementare

Nella pagina della guida a fronte della pagina 73 trovate una scheda che si può fotocopiare e dare agli studenti per fare un'interessante scoperta interculturale: il modo in cui i giorni sono dedicati agli astri o agli dei.
In italiano il nome del dio o della Luna è seguito da dì, dal latino *dies*, così come in inglese è seguito da *day* o in tedesco da *tag*.
In lingue come il catalano, invece, *dì* viene prima del nome del dio.
Ci sono anche delle interessanti corrispondenze tra le varie lingue: il giorno della "luna" è tale anche per il mondo germanico e anglosassone, così pure quello dedicato al capo degli dei, Giove nel mondo latino e Thor in quello nordico.
Interessante anche notare che i giorni di Saturno e del Sole sono rimasti dedicati agli dei in inglese, *Saturday* e *Sunday*, mentre nelle lingue latine sono stati nominati a partire dal shabbat ebraico e da *dominus*, cioè "signore" in latino.
C'è poi il portoghese, lingua in cui seguendo l'indicazione religiosa di evitare nomi di dei pagani (martedì, giovedì, venerdì) si sono adottati nomi "neutri" *segunda-feira*, ecc.
Giocando su queste nozioni si possono fare interessanti confronti interculturali con le classi composte da studenti di più nazionalità. Spieghi queste cose ai suoi studenti e poi distribuisca, se lo ritiene utile, la fotocopia della scheda presentata nella prossima pagina.

MARTE
DIO
IL SABBATH
MERCURIO
GIOVE   VENERE   LA LUNA

Scrivi qui, nelle altre lingue che conosci, i giorni della settimana e ragiona insieme ai tuoi compagni su quante cose in comune si nascondono dietro lingue diverse…

Lunedì
_____

Martedì
_____

Mercoledì
_____

Giovedì
_____

Venerdì
_____

Sabato
_____

Domenica
_____

11 Ti ricordi Mirella, la libraia dell'esercizio 2? Scrivi delle domande per le sue risposte.

Quest'attività va fatta individualmente per permettere agli studenti di avere uno spazio di riflessione per raccordarsi con quanto visto all'inizio dell'unità, prima di introdurre altri elementi già in parte presentati nell'intervista dell'attività 2.

> Chiavi: varie domande possibili.
> 2 A che ora vi svegliate? 3 Fate colazione a casa? 4 Come andate al lavoro?
> 5 Che lavoro fate? 6 Il vostro lavoro è molto pesante? 7 Lavora di domenica?
> 8 Quando è aperta la libreria?

 12 Metti in ordine gli avverbi di frequenza.

> Chiavi: quasi sempre; di solito; spesso; a volte; raramente; quasi mai.

Se lo ritiene necessario faccia alcuni esempi alla lavagna e oralmente con tutta la classe sull'uso di "mai" e sulla posizione degli avverbi di frequenza. Forse sarà necessario avvertire che in realtà in italiano la posizione degli avverbi di frequenza è piuttosto variabile, ma che occorre un ottimo orecchio e soprattutto un orecchio molto educato all'italiano per rendersi conto della correttezza dell'uso di queste determinazioni di tempo. In mancanza di questo supporto, a questi livelli di conoscenza linguistica, inviti gli studenti ad attenersi all'indicazione del post-it giallo.

 13 Ora in gruppi di tre, a turno intervistate i vostri compagni e completate la tabella.

Per cercare di creare più motivazione e maggior comunicazione, inviti gli studenti a prendere nota e a cercare di scoprire "stranezze" nelle abitudini dei compagni.

lessico

 1 Osserva i disegni.

Chieda agli studenti di osservare attentamente i disegni e le scritte e di aggiungere un lavoro di casa. Non è importante che lo trovino e che ne imparino altri, ma piuttosto che abbiano tempo e modo di rileggere più volte la lista, per cercare di memorizzarla. Lei potrebbe aggiungere: spolverare, o andare a far spesa, ecc.

 2 Ascolta due giovani italiani che parlano dei lavori di casa. Completa la tabella.

1 Maurizio
Allora, cucinare...sì cucino spesso, soprattutto quando mia moglie non c'è. Pulire in casa, lo faccio a volte, quando sono in vacanza. Fare il letto. Sì, quasi sempre, ma non riordino quasi mai. Stiro raramente, però di solito lavo i piatti di sera.

2 Franco
Dunque, io in casa non faccio niente o quasi. Non stiro mai e non lavo quasi mai i piatti. Ah, ecco: faccio spesso il letto, perché mi piace senza pieghe.

 3 Completa lo schema con le azioni e gli orari della tua giornata in sequenza.

Questa è un'attività più libera, ma è importante vedere i risultati con l'intera classe, per un ulteriore momento di esposizione a questo lessico.

abilità

 1 Leggi la lettera di Sandro a sua madre e rispondi alle domande.

Può aggiungere qualche altra formula per lettere informali come indicato nelle chiavi.

Chiavi: A Come si comincia una lettera informale?	Caro/cara/cari/care.
B Dove si scrive la data?	In alto a destra.
C Come si finisce la lettera?	Ciao; un bacio; ci vediamo presto; tuo; ecc.

> Nelle lingue dove gli studenti potrebbero essere portati a errori di interferenza è necessario dedicare un attimo di tempo in più a questi due post-it.

 2 Stai facendo un corso di inglese a Londra…

 comprensione globale

Questa tecnica consiste nel leggere velocemente o ascoltare un testo per comprendere l'idea principale, senza cercare di capire tutte le informazioni.
E' un altro spazio molto importante per l'educazione linguistica degli studenti e quindi per insegnare a imparare una lingua. Molti studenti vogliono sapere tutto, conoscere tutte le parole nuove, ma così non si impara a leggere o ascoltare! E' necessario affinare altre tecniche che risultano complementari a quella della comprensione di tutto il testo. Se è difficile per qualche studente capire questo concetto, chieda se quando legge nella sua madre lingua o quando ascolta un insegnante che parla nella sua madre lingua, fa attenzione a tutto e se lo scopo è capire ogni singola informazione o parola.

L'attività che segue permette di aprire una finestra sul mondo del cinema e/o della televisione italiana.
Sono solitamente argomenti che interessano molto. Nel corso del libro verranno dedicate varie unità a questi temi. L'intrattenimento, il tempo libero è una parte della nostra vita che sta conquistando sempre più spazio. In Italia il cinema ha vissuto momenti particolarmente felici in varie fasi della nostra recente storia. Oggi l'industria cinematografica, nonostante lo strapotere dei film nordamericani, riesce ancora a produrre pellicole interessanti, a volte di livello mondiale. Nei riquadri si vedono due annunci di film italiani. Il primo "Mery per sempre" è un film che propone tematiche sociali, di forte impegno; lo stesso autore e sempre con attori spesso improvvisati, presi dalla strada, ricordiamo "Ragazzi fuori", anch'esso ambientato in una Sicilia contemporanea degradata, ben lontana dall'immagine che un altro famoso regista italiano, Tornatore, ci fornisce in alcuni suoi lavori, "Nuovo cinema paradiso" o L'uomo delle stelle. Il secondo film italiano qui rappresentato, "Non ci resta che piangere", vede le notevoli interpretazione di due tra i migliori attori comici (ma non solo) italiani: Roberto Benigni e Massimo Troisi. Del primo ricordiamo il film che ha recentemente vinto diversi premi Oscar: "La vita è bella" e del secondo attore, morto alcuni anni fa, la splendida opera "Il postino".
Forse il passatempo più diffuso e amato nell'Italia di oggi, la televisione sta subendo in questi anni notevoli trasformazioni, così come in tutto il mondo, l'era telematica e multimediale sta aprendo possibilità fino a poco tempo fa impensabili. Consigliamo di seguire il suggerimento che dà il libro e cioè di collegarsi al sito di Rete! in cui sono contenuti vari link a siti che offrono un'aggiornata panoramica sulla programmazione televisiva.

3 Abbina le informazioni sui film ai riassunti. Hai 2 minuti di tempo.

Gli studenti possono parlare delle loro preferenze cinematografiche e si possono fornire alcune definizioni dei principali generi cinematografici: film d'amore, sentimentali, drammatici, d'avventura, di fantascienza, polizieschi, gialli, dell'orrore, di guerra, ecc.

fonologia • **I suoni** /r/ *r*osso; /l/ *l*una • Mettere in risalto un elemento della frase

 1 Ascolta queste coppie di parole. Ti sembrano uguali o…

In questa attività gli studenti devono distinguere tra i suoni /r/ e /l/. Soprattutto con /r/ è possibile che vi siano difficoltà articolatorie. In alcune lingue infatti non esiste la distinzione tra questi due suoni, ad esempio in cinese. Invece, vi sono lingue come lo spagnolo in cui la vibrazione della /r/ è distribuita diversamente: più lunga in inizio di parola, più breve all'interno della parola. Anche in inglese questo suono è pronunciato diversamente rispetto all'omologo italiano. Infine, anche /l/ come il suono /n/ nell'Unità 4 può essere influenzato dal suono immediatamente successivo e cambiare modo di articolazione; tuttavia, anche in questo caso non c'è bisogno di farlo osservare agli studenti perché non c'è una reale differenza da un punto di vista uditivo. Inoltre, è possibile che vi siano difficoltà individuali a pronunciare una /r/ vibrante come quella italiana. Poiché le stesse parole saranno ascoltate anche nell'attività successiva, sono sufficienti due ascolti seguendo la consueta procedura: primo ascolto senza scrivere, secondo ascolto, verifica collettiva.

Chiavi: uguali: c; e; g; h. Diverse: a; b; d; f.

 2 Ascolta e scrivi le parole dell'attività precedente.

Poiché gli studenti conoscono già le parole, faccia scrivere già al primo ascolto. Due ascolti dovrebbero essere sufficienti. Dopo la fase di verifica collettiva, faccia leggere le parole in coppia. Se necessario può spiegare prima come si articolano i suoni. Il suono /l/ si produce toccando gli alveoli dei denti con la punta della lingua e facendo passare l'aria ai lati della lingua, vedi disegno. Il suono /r/ si produce appoggiando la punta della lingua conto gli alveoli e facendola vibrare (cfr. disegno). Entrambi i suoni implicano la vibrazione delle corde vocali. Se ci sono difficoltà nella produzione della /r/ faccia provare pronunciando un suono vibrante lungo [rrrrr], ma tenga conto che è controproducente insistere troppo in questi casi. Insista invece sulla necessità di lavorare a casa, da soli.

Chiavi: caro calo; Parma palma; albero albero; arto alto; calza calza; scarso scalzo; barba barba; percorso percorso.

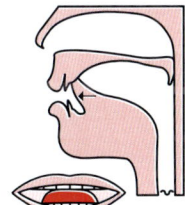 suono /l/   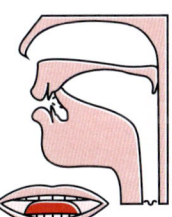 suono /r/

 3 Ascolta questo breve dialogo e fa' attenzione a come il parlante B mette in rilievo una parola nella frase.

L'obiettivo di questa e della prossima attività è osservare come è possibile mettere in risalto degli elementi del discorso. Si assicuri che gli studenti abbiano compreso il significato delle espressioni "mettere in rilievo/risalto". Può fare riferimento alla vignetta nel libro dello studente. Faccia notare come nell'esempio proposto il possessivo "mia" è pronunciato con maggiore intensità, allungando la durata della parola. Faccia osservare che qualunque parola può essere messa in risalto nella frase: dipende da come vogliamo strutturare le informazioni. Generalmente mettendo una parola in rilievo vogliamo comunicare una nuova informazione, o precisare un'informazione precedente.

 4 Ascolta le frasi e sottolinea le parole che vengono messe in rilevo.

Chieda agli studenti di sottolineare le parole che sono pronunciate con maggiore intensità, cioè in rilievo rispetto alle altre. Faccia fare un paio di ascolti e fra un ascolto e l'altro faccia controllare gli studenti tra di loro. Dopo la verifica collettiva, faccia leggere le frasi in coppia, facendo particolare attenzione alle parole messe in rilievo.

Chiavi: 1 mio; 2 i miei; 3 oggi; 4 molto simpatico; 5 nostro; 6 questo.

civiltà

GLI ORARI IN ITALIA

> **Chiave:** 1 le banche sono aperte dal lunedì al venerdì dalle 8,40 alle 12,40 e il pomeriggio spesso dalle 14,30 alle 15,30, oppure 15-16.
> 2 No.
> 3 Il lunedì.
> 4 No, hanno un giorno di chiusura che varia.
> 5 Gli uffici postali sono aperti la mattina dal lunedì al sabato dalle 8,00 alle 12, alcuni uffici centrali sono aperti anche il pomeriggio con orario continuato fino alle 18.

Le chiavi che sono state date sopra sono in realtà destinate a una continua modifica, a seguito della generale tendenza in atto in tutta Europa verso la cosiddetta deregulation. Infatti, sempre più spesso i commercianti e i vari tipi di servizi hanno la possibilità di tenere aperto anche a orari non indicati nelle chiavi.
Ad esempio, grazie a una recente legge, anche gli uffici pubblici, comunali, statali ecc. devono garantire l'apertura al pomeriggio, almeno alcuni giorni la settimana.
Ancora una volta, tenersi aggiornati sull'evoluzione della società italiana risulta necessario per poter dare informazioni corrette agli studenti.

E nel tuo paese quali sono gli orari ...

Per la seconda attività si propone un lavoro di gruppo, gli studenti possono essere divisi per gruppi di nazionalità oppure ogni gruppo sceglie una categoria di servizi pubblici e si passa poi ai confronti con gli orari italiani.

grammatica

 1 Forma delle frasi.

> **Chiavi:** 2 mia moglie e io ci svegliamo alle 7.
> 3 Come vi chiamate?
> 4 I gatti si lavano spesso.

 2 Trova l'errore e correggilo.

> **Chiavi:** 1 come si chiama il tuo cane?
> 2 A che ora vi alzate tu e tuo fratello?
> 3 Io mi lavo sempre prima di andare a letto.

3 Completa le frasi con il possessivo.

Chiavi: 2 nostri; 3 miei; 4 loro; 5 tuo; 6 vostre/mie, mie/vostre; 7 loro; 8 mia.

 5 Metti l'aggettivo dimostrativo.

Chiavi:		
il giardino	questo	quel
il giornale	questo	quel
l'infermiera	questa	quell'
l'esercizio	quest'	quell'
il film	questo	quel
la parola	questa	quella
l'uomo	quest'	quell'
il paese	questo	quel
la stanza	questa	quella
l'anno	quest'	quell'

 6 Metti l'articolo determinativo e l'aggettivo dimostrativo.

Chiavi:		
i giardini	questi	quei
i giornali	questi	quei
le infermiere	queste	quelle
gli esercizi	questi	quegli
i film	questi	quei
le parole	queste	quelle
gli uomini	questi	quegli
i paesi	questi	quei
le stanze	queste	quelle
gli anni	questi	quegli

Appunti:

7 Guarda le figure e completa le nuvolette.

Chiavi: questa è la mia ragazza.
Di chi è quel banco? È di Simona.
Vedi quella bambina? È mia figlia!
Questa frutta costa poco!

8 Invita un amico.

Chiavi: 1 perché non andiamo in città?
2 Perché non andiamo a scuola?
3 Perché non andiamo al ristorante?
4 Perché non andiamo al bar?
5 Perché non andiamo a casa?
6 Perché non andiamo a teatro?
7 Perché non andiamo in discoteca?

Le date

Se l'ha già fatto nella unità precedente, eviti di rispiegare questo punto e si limiti a utilizzarlo, magari riprovando qualche data con domande come: Quando ti sei sposata? Quando compie gli anni tuo marito/madre/ il tuo fidanzato/ecc.? Quando finisce il corso?

Poi semplicemente chieda quanti ne abbiamo oggi e scriva la data su un lato della lavagna, seguendo la spiegazione sotto.

Altrimenti se non ha ancora presentato la data, ecco una breve spiegazione di questo punto.

La data richiede l'articolo determinativo IL, il numero cardinale (due, tre, ecc.), tranne che per il primo (faccia l'esempio della festa dei lavoratori: il primo di maggio). La preposizione DI prima del mese solitamente non è utilizzata (Compio gli anni il 16 [di] ottobre).

Le date si scrivono normalmente in due modi: 2/8/2000 (o 2/8/00), oppure 2 agosto 2000.

sommario

1 Abbina le frasi o espressioni alla descrizione sotto.

Chiavi: b 9; c 10; d 11; e 7; f 8; g 1; h 2; i 3; l 4; m 5; n 6.

TEST

1 In questa tabella...

Q	A	U	T	R	A	S	B	U	D	S
U	U	A	S	V	O	L	T	E	A	N
A	M	F	S	A	D	B	T	H	P	S
S	I	L	S	P	C	N	R	N	O	E
I	D	O	F	N	E	F	H	V	L	M
B	A	I	A	M	N	S	N	S	C	P
M	H	I	A	H	M	B	S	A	H	R
A	B	R	O	R	T	V	P	O	F	E
I	A	I	L	C	H	C	O	C	V	D
R	F	L	D	I	S	O	L	I	T	O
Z	V	N	O	L	P	N	M	G	N	I

2 Completa i dialoghi con l'aggettivo o il pronome possessivo come nell'esempio.

> Chiavi: 2 - signor Dusi, sono queste le sue chiavi?
> - Sì, sono proprio le mie grazie.
> 3 - I tuoi genitori sono italiani?
> - Mia madre sì, di Bologna, mio padre, invece, è marocchino.
> 4 - Vieni spesso in questo bar?
> - No, qualche volta di sabato, con il mio ragazzo.
> 5 - Allora, vengono Sandro e Chiara?
> - Sì, vengono con i loro amici di Boston.
> 6 - Anche i vostri vicini sono così rumorosi?
> - No, i nostri per fortuna sono quasi sempre in viaggio.
> 7 - È veramente un grande artista. I suoi quadri mi piacciono molto.
> - Anche a me, ma sono un po' troppo cari per le mie possibilità economiche.

3 Associa correttamente domanda e risposta...

F	G	D	A	E	B
2	3	4	5	6	7

5 Completa il testo...

> Chiavi: Laura e Gino si alzano sempre alle sette. Lei fa subito la doccia, lui invece prepara il caffè. Poi fanno colazione insieme. Mentre Gino si lava, Laura rifà il letto e si veste poi, verso le otto, escono insieme. Laura lavora all'ospedale come medico. Spesso la sera torna a casa tardi, ma il suo lavoro le piace molto. Gino invece è architetto e di solito la mattina accompagna sua moglie al lavoro. Poi va nello studio dove lavora con altri due colleghi. Qualche volta, se Laura ha tempo, pranzano insieme in una trattoria vicino all'ospedale. Gino finisce di lavorare verso le cinque. Arriva sempre a casa prima di sua moglie, verso le sette, e prepara la cena. Ha la passione della cucina ed è un cuoco molto bravo. A volte invitano amici e spesso il fine settimana vanno al cinema o a qualche concerto, soprattutto di jazz o blues.

6 Controlla l'orario...

> Chiavi: 1) Prendo il treno che parte da Venezia alle dodici e trenta e arriva a Rovigo alle tredici e ventisei. Poi prendo il treno che parte da Rovigo alle quindici e ventisei per essere a Roma alle diciannove e cinque.
> 2) Laura deve uscire alle diciassette e prendere il treno delle diciassette e quarantacinque.
> 3) Stefano parte alle diciassette e dieci.

Se può, arrivi in classe con un sacchetto di caramelle di vari colori e le offra agli studenti. Oppure riviste o giornali italiani diversi. Faccia la domanda a ogni studente: "Quale giornale/caramella vorresti?" Probabilmente la risposta sarà: "Questo". Oppure "La caramella verde". Accetti la risposta che così è molto naturale. Ma a ogni studente rifaccia la domanda: "E tu quale vorresti?". E se vede che ci può stare dica a volte: "Vorrei questo/a." Senza però soffermarsi a spiegare la forma "Vorrei"; eviti eventuali richieste di spiegazioni. Poi, sempre a libri chiusi, prima di iniziare la lezione racconti agli studenti qualcosa di sé: sull'ultima volta che ha mangiato in un ristorante o una cena italiana che ha organizzato o qualche episodio simpatico che può esserle capitato con il cibo italiano. Oppure inventi una storia sottolineando una differenza tra il paese degli studenti e l'Italia, ad esempio: in molti paesi non si mangia la carne di cavallo e tanto meno cruda, macinata con un po' d'olio, sale e limone come si fa in varie zone d'Italia.

Lo scopo è farli ascoltare e cercare di creare motivazione su un tema che presenta molti stimoli e può essere efficacemente arricchito dall'esperienza personale degli studenti.

1 Quali prodotti mancano?

> Non ne mancano. E' volutamente ambiguo per far concentrare maggiormente gli studenti.

2 Ora completa la tabella con alcuni prodotti.

Prima di cominciare chieda agli studenti come comprano alcuni prodotti: ad esempio lo zucchero, l'olio, le sigarette. E chieda se conoscono altri contenitori o unità di misura, oltre a quelli indicati nella tabella sotto.

UN CHILO DI	UN LITRO DI	UNA BOTTIGLIA DI	UNA SCATOLA DI	UN PACCHETTO DI
zucchero	latte	birra	pomodori	sale
carne	vino	olio	sale	zucchero
patate	olio	vino		farina
pane		aceto		
formaggio				
burro				
mele				
pere				
pomodori				
cipolle				
farina				

3 Ascolta il dialogo e, leggendo il testo, trova le differenze.

Se desidera usare il dialogo prima come ascolto, senza leggere il testo, faccia chiudere i libri e dica agli studenti di ascoltare la registrazione per rispondere alle seguenti domande:
1 Chi sono i due personaggi?
2 Cosa deve fare Pietro?
3 Di che cosa si interessa soprattutto Pietro?
Riguardo al post-it giallo, dica che è molto più frequente sentire "etto" e "etti" e non "100 grammi".

Pietro: Oggi devo andare io a fare la spesa, vero?
Chiara: Sì, tocca a te.
Pietro: Di cosa abbiamo bisogno?
Chiara: Non lo so, guarda cosa c'è nel frigo.
Pietro: Non c'è quasi niente. Allora: latte, uova, yogurt, burro...no, il burro c'è.
Birra, almeno 15 bottiglie di birra.
Chiara: Compra anche mezzo chilo di carne di manzo per fare delle fettine....
E un pollo. Ah, io vorrei anche uno o due etti di prosciutto e un melone.
Pietro: Nient'altro? Vino, whisky?
Chiara: Possibile che pensi solo a bere? Se hai sete, compra un pacchetto di tè.
Ah, e due scatole di tonno e tre di fagioli.
Pietro: Posso andare adesso?
Chiara: Sì, ma non dimenticare le sigarette!
Pietro: Ciao. Ah, e i soldi?
Chiara: Tieni. Di quanti soldi hai bisogno?
Pietro: Di 50 euro.

4 Al ristorante! Completa il menu del Ristorante *La Torre*.

A libri chiusi chieda agli studenti se hanno mai mangiato in un ristorante italiano, in caso affermativo, li faccia parlare del menu del ristorante. Oppure se non hanno mai mangiato in un ristorante italiano o pizzeria, chieda loro che piatti pensano di trovare.
A libri aperti gli studenti fanno l'attività 4. Come controllo con tutta la classe, cerchi di far indovinare gli ingredienti dei piatti agli studenti. Non esageri con le domande se vede che non sanno nulla di cucina!
Antipasti: Prosciutto e melone, antipasto di pesce, salumi misti.
Primi piatti: zuppa di verdure, pasta e fagioli, spaghetti al ragù, penne all'arrabbiata, lasagne.
Secondi piatti: carne alla griglia, salsiccia ai ferri, arrosto di maiale, pollo ai funghi, fritto misto di pesce, merluzzo con cipolle.
Contorni: insalata mista, spinaci, patate fritte, patate arrosto, zucchini melanzane e peperoni alla griglia, carciofi alla diavola, piselli lessi.
Dolci: gelato della casa, torta di frutta fresca, mousse di cioccolato.
Bevande: vini rossi e bianchi italiani, birra, acqua minerale, bibite gasate, caffè, tè.

 5 Ascolta la conversazione...

 6 Ora leggi e riordina la conversazione.

Prima di far ascoltare la conversazione chieda a ogni singolo studente di pensare per un momento a cosa ordinerebbe dal menu e inviti poi tutti a verificare se le proprie idee coincidono con quelle di Sandro e Di Napoli.

Trascrizione Conversazione A
Cameriere: Buonasera. Siete in due?
Di Napoli: Buonasera. Sì, avete un tavolo tranquillo dove possiamo parlare di affari?
Cameriere: Sì, di fianco a quella pianta.... Prego, se volete, potete sedervi, il menù è sul tavolo.

Trascrizione Conversazione B
Sandro: Hmm, io vorrei un antipasto e un primo.
Di Napoli: E da bere? Cosa vuoi?
Sandro: Vorrei dell'acqua.
Cameriere: Scusate, di chi sono queste chiavi? Sono vostre?
Sandro: Ah, sono mie, grazie.
Cameriere: Volete ordinare?
Di Napoli: Sì, allora, per me un piatto di risotto ai funghi e della carne alla griglia.
Cameriere: E di contorno?
Di Napoli: Sì, allora; vorrei dell'insalata mista.
Cameriere: E lei, cosa vorrebbe mangiare?
Sandro: Un antipasto di mare e un piatto di penne all'arrabbiata.
Cameriere: E da bere?
Di Napoli: Acqua minerale e una bottiglia di vino rosso della casa.

> Non si sa quanta carne ordina.
> Non dedichi però tempo a spiegare qui questo punto.
> Ci potrà tornare su più avanti.
> Per il momento sono gli studenti che devono scoprire
> il partitivo DEL, ecc.

Conversazione C
Sandro: Le mie penne erano veramente buone.
Di Napoli: Cameriere, il conto per favore.
Cameriere: Volete un dolce, un po' di frutta?
Di Napoli: Per me del gelato al cioccolato. Vorresti un dolce anche tu?
Sandro: No, per me solo un caffè, grazie.

> Sottolinei che la domanda corretta è
> Di chi è...?

 8 Lavora con due compagni...

In classi deboli permetta di dare ancora un'occhiata al testo della conversazione. Ma se può inviti (e calorosamente!) gli studenti a non leggere e a cercare di riprodurre il dialogo. E' invece possibile concedere loro un paio di minuti perché rileggano il testo prima di farli lavorare a gruppi.

 9 Ascolta le storie ...

E' un ascolto autentico. Può rivelarsi difficile, ma il compito è relativamente semplice. E' importante che spieghi com'è il meccanismo dell'ascolto prima di farlo sentire, anche perché gli studenti dovranno fare qualcosa di simile nell'attività successiva: a due persone viene chiesto di raccontare una storia che inizi con una frase contenente la parola "Bolivia" e termini con una frase contenente "Risotto ai funghi". Devono usare nella storia almeno 5 parole relative al cibo. Hanno 1 minuto di tempo. Metta in risalto il fatto che i due parlanti, specialmente il secondo, non stanno parlando in italiano standard, almeno per quanto riguarda l'accento. L'uomo infatti ha un marcato accento dell'Italia centrale.

> **Chiavi: 1 patate; carciofi; pane; pasta; bistecca; risotto ai funghi.**
> **2 Fagioli; ceci; lenticchie; patate; fegato; risotto ai funghi.**

Allora, tu devi raccontare una storia che inizi con una frase contenente la parola Bolivia e termini con una frase con risotto ai funghi. Devi usare nella storia almeno 5 parole relative al cibo. Hai un minuto di tempo, prego. Grazie, allora. **1** *Buongiorno cari radioascoltatori, siamo qua in diretta da Radio Bolivia e ci siamo collegati con La Paz appunto per cercare di fare un'indagine sulle abitudini alimentari degli abitanti del luogo. Abbiamo scoperto, con molta sorpresa, che c'è un grandissimo, un larghissimo uso di patate, carciofi addirittura, devo dire una cosa, non mangiano molto pane e questo insomma ci sorprende un po' perché tutto sommato è un alimento piuttosto completo e potremmo comunque importarlo a questo punto già che ci siamo, e io comunque rimango sempre della mia solita idea che tutto sommato è sempre meglio un bel piatto di pasta, con un secondo... direi ci potremmo mettere, ma... ci possiamo mettere una bistecca, magari un po' al sangue e... però certo anche un bel risotto ai funghi! Niente male eh!*

Bolivia. **2** *Eh, mi trovo proprio bene qui in Bolivia e poi c'è anche quella cicciona di Trudy, s'è innamorata di me, bah, mi vizia. Tutti i giorni mi dà da mangiare. Che pensa che sono un maiale che mi deve mandare all'ingrasso? Fagioli, fagioli, ceci, lenticchie, patate e poi giù fegato perché dice che devo fare sangue, non vorrei che prima o poi quella maledetta cicciona mi voglia avvelenare anche con un... che ne so con un risotto ai funghi?!*

 10 Ascolta nuovamente le due storie...

> **Chiavi: prima storia. 1 Vero; 2 vero; 3 vero; 4 falso.**
> **Seconda storia: 1 vero; 2 falso; 3 vero; 4 falso.**

 12 A coppie, inventate una storia ciascuno.

Divida la classe a coppie e assegni i ruoli A o B a ogni studente. Indichi che è obbligatorio l'uso del presente indicativo. Dica agli studenti che hanno un minuto per pensare a una possibile storia. Dia il via e dopo un minuto lo stop. Quando iniziano a lavorare, dica loro che hanno un minuto per raccontare la storia: quando A racconta B ascolta e controlla il tempo, alla fine del minuto ferma il compagno. Si avvicini alle varie coppie e le incoraggi a parlare indipendentemente dalla correttezza di quanto dicono. Faccia pressioni affinché venga rispettato il tempo. L'ansia del tempo li farà (nella maggior parte dei casi) concentrare su quello che vogliono dire e non su come lo dicono. Alla fine dica loro che potranno ripetere una volta ancora la storia per vedere se riescono a concluderla.

lessico

 1 Quante cose da mangiare conosci...

Lasci che gli studenti lavorino da soli, li incoraggi a sondare le proprie conoscenze al di là del lessico dell'unità e del testo Rete! fino a questo momento. Ad esempio è probabile che avendo mangiato una pizza, conoscano la parola "mozzarella" o "origano" (scritto o meno all'italiana!).

 2 Sei un bravo cuoco o una brava cuoca?

Permetta l'uso del dizionario o aiuti gli studenti con il lessico.
Se si accorge di avere in classe molti studenti che non sanno cucinare, cerchi di dare all'attività un carattere ironico, dicendo agli studenti che poi controllerete se gli ingredienti che avranno scelto renderanno il piatto commestibile o appetibile.

 3 Ora, a coppie parlate degli ingredienti...

Dica agli studenti di parlare degli ingredienti non di come si fanno i piatti.
Sempre in chiave scherzosa se uno non sa cucinare. In casi estremi quest'attività la faccia con tutta la classe e non a coppie.

abilità

 1 Hai alcuni ospiti che non mangiano carne di maiale...

Lo scopo di questa attività non è far capire tutto, anzi! Si sono usati, quindi, testi piuttosto difficili che non vanno spiegati da un punto di vista lessicale o grammaticale.
Solamente quelle che risultano essere parole chiave dovranno essere chiarite, ma solo dopo la lettura, non prima.

> **Chiavi: le ricette possibili sono Le penne con melanzane e salsiccia e La zuppa di piselli e carciofi.**

Riflessione metodologica

Questa strategia di comprensione è fondamentale per la vita: nelle occasioni in cui dovranno usare l'italiano gli studenti non avranno lei o un altro italiano a dare suggerimenti, ad aiutare: dovranno arrangiarsi con quello che sanno.
E non si sa mai abbastanza da cogliere tutte le parole!
E' quindi indispensabile che gli studenti si rendano conto che la comprensione globale è l'unica via normale di uso della lingua: si capisce quel che si può e con quel poco si deve fare tutto, e fare tesoro di quel poco significa allenare il language acquisition device ipotizzato da Chomsky ad attivarsi comunque.
Lo stimolo ad "arrangiarsi" nel comprendere quanto più si può basandosi su testi abbastanza difficili è una costante di Rete! e quindi questa strategia va continuamente sostenuta.

2 Con un compagno a turno...

Sempre il solito problema di chi non sa cucinare! Però in questo caso il non saper cucinare non impedisce di parlare del tipo di piatti.

fonologia • I suoni /ɲ/ compa**gn**o; /ʎ/ fi**gl**io; /ʃ/ pe**sc**e • Accento nelle parole (II)

1 Ascolta le parole

Faccia ascoltare e contemporaneamente leggere le parole due volte. Dopo la prima volta, può già far notare l'ortografia di questi tre suoni. Il suono /ʎ/ (-gl-) è sempre seguito dalla vocale -i-. Mentre il suono /ʃ/ (-sc-) è seguito dalla -i- solo nelle sequenze –scia-, -scio-, -sciu-, cioè quando è seguito da una vocale velare (cfr. il triangolo vocalico nell'Unità 1). Il suono /ɲ/ invece è costituito dal nesso –gn- + vocale. Se crede può far notare come non tutte le sequenze siano utilizzate in italiano; ad esempio, alcuni suoni come -gliu-/-sciu- benché siano possibili, sono poco produttivi. Infine, faccia osservare che queste sequenze di lettere possono anche essere lette diversamente. Infatti –sc- può essere letto /sk/, (*scarpa*, *schiena* ecc.) quando è seguito dai suoni velari /o/ /ɔ/ /u/. Il nesso -gl- è pronunciato /gl/ in parole di origine esotica come *glicine*, *glucidi* ecc. ma si tratta comunque, di una pronuncia rara. Invece la pronuncia /gn/ di –gn- è solo teorica, o rilevabile solo in parole straniere. Se ritiene che la sua classe sia già in grado di farlo, può far leggere le parole in coppia.

2 Ascolta le parole e fa' un segno nella colonna corretta.

Questa attività si prolunga anche nell'attività 3. Le consigliamo perciò solo due ascolti perché le parole saranno ripetute anche nell'attività successiva. Fra un ascolto e l'altro faccia fare una verifica tra studenti.

> Chiavi: /ɲ/: 1; 6; 9. /ʎ/: 3; 4; 8. /ʃ/: 2; 5; 7.

3 Ascolta...

Anziché fare solo un segno, può far scrivere le parole, dovrebbero essere sufficienti due ascolti. Dopo faccia leggere le parole in coppia. Se ci sono difficoltà nella pronuncia, può spiegare l'articolazione dei suoni. Il suono /ʃ/ si articola con la lingua che si alza toccando il palato solo con i lati, si forma così uno stretto canale che solca la lingua e attraverso il quale passa l'aria che produce il suono. Non c'è vibrazione delle corde vocali. Il suono /ʎ/ è prodotto con il dorso della lingua che tocca il palato, mentre l'aria passa intorno ai lati della lingua, le labbra sono strette e accostate, c'è anche la vibrazione delle corde vocali (cfr. disegno). Il suono /ɲ/ si articola in modo simile al suono precedente, però l'aria, invece che attraverso la bocca, esce attraverso il naso. Anche in questo suono c'è la vibrazione delle corde vocali (cfr. disegno). Questi suoni saranno ripresi nel terzo volume di RETE, ma se crede può preannunciare che quando si trovano in posizione intervocalica (praticamente quasi sempre) la loro pronuncia è intensa come se fossero suoni doppi. Ad esempio *lo sci* si pronuncia /loʃˈʃi/ ; *figlio* /fiʎˈʎo/; *insegnante* /insenˈɲante/.

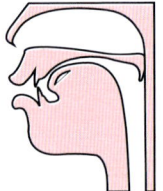

Suono /ʃ/

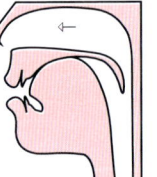
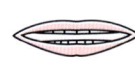
Suono /ʎ/

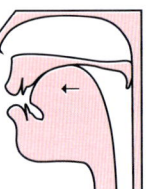
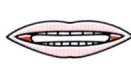
Suono /ɲ/

> Chiavi: /ɲ/ lasagne; insegnante. /ʎ/ aglio; biglietto; famiglia.
> /ʃ/ piscina; sciopero; conosciuto.

4 Ascolta le parole e sottolinea le sillabe accentate.

L'obiettivo è il riconoscimento della sillaba tonica, già vista nell'Unità 1. Due ascolti con verifica intermedia tra studenti, dovrebbero essere sufficienti. Può far notare che in italiano, a differenza di altre lingue (ad esempio l'inglese), le sillabe non accentate mantengono la loro normale lunghezza nella parola e non vengono compresse nella pronuncia di tutta la frase. Questo contribuisce a caratterizzare la scansione degli accenti in italiano che è così contraddistinto da un ritmo molto cadenzato, con le sillabe atone ben distinte e quelle toniche che spiccano per lunghezza e intensità. Inoltre, faccia notare come sia possibile distinguere le parole in base a dove cade l'accento, per cui si parla di parole accentate sull'ultima sillaba, (*città*); sulla penultima (*pavimento*) e sulla terzultima sillaba (*ipotesi*). Si assicuri che gli studenti capiscano questa terminologia perché sarà oggetto di attività nel libro di casa.

> Chiavi: cit<u>tà</u>; farma<u>ci</u>a; pavi<u>men</u>to; nazionali<u>tà</u>; telefo<u>na</u>ta; cas<u>set</u>ta; per<u>ché</u>; caf<u>fè</u>; ca<u>mi</u>cia; i<u>po</u>tesi; <u>dit</u>ta.

civiltà

I PASTI DEGLI ITALIANI

Le immagini di questa sezione possono essere usate per descrizioni, introduzione nuovo lessico e confronti con le abitudini alimentari dei vari paesi o del paese di provenienza degli studenti. In questo caso il lessico dei pasti, i vari piatti e preparazioni è praticamente infinito.

Le informazioni date in questi brevi testi sono quelle standard, tendenziali, ma va ricordato che nel sud la tendenza è a mangiare più tardi di quanto indicato, e nel nord, soprattutto nelle campagne della Pianura Padana e nelle montagne, si mangia invece prima.

 1 Adesso prova a riempire la tabella.

	COLAZIONE	PRANZO	CENA
A che ora?	Dalle 7 alle 8.	Verso l'una.	Verso le 8.
Dove?	A casa, al bar.	Mensa, casa, bar.	Casa.
Cosa si mangia?	Caffè, tè, caffelatte, con qualcosa di dolce.	Pasta. Carne pesce o uova, verdura frutta caffè.	Pasta. Carne pesce o uova, verdura, frutta, caffè.
Con chi?	Con la famiglia, da soli.	Con i colleghi, con la famiglia, da soli.	Con la famiglia.

Appunti:

grammatica

 1 Cosa dici in questi casi?

Chiavi: 2 vorrei un chilo di carne di manzo, per favore.
3 Vorrei una pizza margherita, per favore.
4 Cosa vorreste mangiare?
5 Vorresti venire al cinema con me?
6 Vorremmo un caffè e un tè.

 2 Metti gli articoli e il plurale dei nomi.

Chiavi:	l'abilità	le abilità
	il re	i re
	il bacio	i baci
	il bidè	i bidè
	la foto	le foto
	lo zio	gli zii
	lo psicologo	gli psicologi
	l'idraulico	gli idraulici
	il computer	i computer
	il problema	i problemi
	il negozio	i negozi

 3 Completa le frasi con i nomi del riquadro.

Chiavi: 2 orologi
3 moto
4 indirizzi
5 lezioni
6 film
7 università
8 uffici

4 Osserva la figura per due minuti, poi scrivi quello che ricordi.

Dia lei il tempo necessario e poi li lasci lavorare da soli. Come controllo li lasci osservare nuovamente la figura e completare quanto hanno scritto.

 5 Scrivi i numeri in lettere.

Chiavi: 2 quarto; 3 ventesima; 4 ventisettesimo; 5 quarantaduesima; 6 dodicesime; 7 trentottesimo; 8 sesto.

 6 Rispondi alle domande.

Chiavi: 2 no, non sono suoi; 3 sì, è loro; 4 no, non è nostro; 5 no, non è mio; 6 no, non sono nostre; 7 sì, è mia; 8 no, non è nostra.

sommario

1 Abbina le frasi o espressioni alla descrizione sotto.

> Chiavi: a con 6; b con 7; c con 4; d con 5; e con 1; f con 8; g con 2; h con 3.

TEST

1 Leggi gli ingredienti...

	Del	Dello	Della	Dell'	Dei	Degli	Delle
pomodori					X		
mozzarella			X				
cipolla			X				
peperoni					X		
sedano		X					
zucchine							X
carote							X

	Del	Dello	Della	Dell'	Dei	Degli	Delle
spaghetti						X	
aglio				X			
olio di oliva				X			
sale	X						
pepe	X						
prezzemolo	X						

	Del	Dello	Della	Dell'	Dei	Degli	Delle
mele							X
farina			X				
zucchero		X					
uova							X
lievito	X						
latte	X						
limone			X				
burro	X						

2 Metti in ordine le seguenti frasi

> Chiavi: 1 il fine settimana vado spesso in pizzeria con gli amici.
> 2 Vorrei due etti di prosciutto e un pacco di zucchero.
> 3 A pranzo di solito prendiamo un primo e dei contorni.
> 4 La casa di Paolo è la quinta a destra dopo la banca.

3 Associa i dialoghi alle vignette.

A	B	D	F	H	G
1	2	3	4	5	6

4 Leggi questi consigli...

E	A	D	C	B
1	2	3	4	5

5 Associa le parole...

> Chiavi: 2 voi pranzate sempre al ristorante.
> 3 I miei genitori vengono da Milano, ma io preferisco vivere a Roma.
> 4 Io e Franco andiamo raramente al cinema.
> 5 Marco e Luisa vivono a Firenze da un anno.
> 6 Lei non va mai a lavorare il sabato.
> 7 Il mio amico esce spesso la sera con la sua ragazza.
> 8 Tu hai bisogno di una vacanza.

1 Guarda le banconote e le monete europee.

Questa prima attività dà la possibilità di rivedere e ampliare i numeri. Ma dà anche vari spunti per affrontare vari aspetti culturali. Che ci piaccia o no, il denaro, il costo della vita, la possibilità di acquistare sono alcuni degli argomenti che più rapidamente portano a confrontare la propria realtà con quella del paese (o dei paesi) di cui si studia la lingua. Può cominciare dicendo alcune cose che conosce sul costo della vita in Italia, ad esempio, paragonandolo a quello del paese degli studenti. Alcune informazioni: l'Italia è tra i sette paesi più industrializzati al mondo. Il prodotto interno lordo pro capite, cioè la ricchezza prodotta dal paese divisa per ogni abitante, è di oltre 20 000 dollari americani all'anno. La vita è cara, soprattutto nelle grandi città e nel centro-nord del paese. Ci sono molte differenze tra una parte e l'altra del paese sia come livello di vita (ricchezza delle persone), sia per quanto riguarda la disoccupazione (molto più alta al sud). Uno stipendio medio è di circa 900/1000 euro al mese, ma non è sufficiente per vivere, quindi, soprattutto al centro-nord, in una famiglia sia l'uomo che la donna devono lavorare. E' questa una delle ragioni per cui in Italia spesso i giovani vivono con i genitori fino anche oltre i 30 anni di età. Sull'argomento si potrebbero dire moltissime cose; abbiamo cercato di darle alcuni spunti per cominciare la lezione. Se gli studenti sono interessati stimoli qualche domanda e dia loro informazioni aggiuntive. Porti in classe, se è possibile, alcune monete o banconote italiane in lire, per introdurre un elemento storico rilevante e cioè il passaggio dalle monete nazionali alla valuta unica europea, l'euro o utilizzi le immagini che le proponiamo qui.

 2 Ascolta e ripeti il valore delle monete e delle banconote europee.

Faccia attenzione alla pronuncia e ripassi se necessario i numeri. Può farlo con l'attività supplementare che le proponiamo e che potrebbe usare anche all'inizio della lezione se capisce o sa che i suoi studenti non sono particolarmente interessati ai temi dell'attività 1 o se gli stessi sono già stati affrontati. Le consigliamo, anzi le raccomandiamo, di evitare di seguire sempre i suggerimenti che le offriamo, soprattutto quando creerebbero demotivazione negli studenti, ad esempio se l'argomento o la strategia proposta sono già stati ampiamente utilizzati durante le sue lezioni.

> **Chiavi: 20 centesimi; 50 centesimi; 100 euro; 200 euro; 500 euro.**

Può trovare un'attività supplementare nel riquadro di fronte a pagina 99.

 3 Ascolta e cerchia il prezzo che senti.

> **Chiavi: 2 a; 3 c; 4 b; 5 b; 6 a; (attenzione sono dollari).**

 4 Ascolta e scrivi il prezzo che senti.

Può fare riascoltare il testo più di una volta se lo ritiene necessario. Chieda agli studenti di capire al secondo ascolto non solo la quantità, ma anche il tipo di valuta: 1 yen, 2 franchi svizzeri, 3 euro, 4 dollari australiani, 5 dollari americani, 6 euro. Per un terzo ascolto, se gli studenti hanno capito i numeri può chiedere loro di capire dove si svolgono queste mini-conversazioni o di che cosa si parla: 1 agenzia di viaggio, volo e soggiorno a Firenze, 2 banca, soldi, 3 negozio di moto, moto, 4 banca, soldi, 5 la conversazione è fra persone che parlano di un'offerta trovata in Internet, viaggio e soggiorno a Los Angeles, 6 agenzia immobiliare, una casa.

> **Chiavi: 1 signora, volo e soggiorno a Firenze sono 342 500 yen; 2 vorrei cambiare questi 2 250 franchi svizzeri in euro per favore; 3 è una moto molto bella, ma un po' cara: costa simbolo euro 78 900; 4 al cambio di oggi sono 560 dollari australiani; 5 su Internet ho trovato un'offerta interessante: volo Los Angeles Milano Los Angeles e una settimana in albergo a soli 1 500 dollari americani; 6 per questa casa il nostro cliente chiede simbolo euro 1 070 000.**

 5 Ascolta e leggi le conversazioni.

E' ora il momento di soffermarsi sui centesimi. Chieda agli studenti di indovinare come si leggono i prezzi con i centesimi prima di fare ascoltare la registrazione. E poi faccia controllare le loro ipotesi facendo ascoltare la registrazione. Commenti con loro la risposta corretta.

 6 Ora lavorate a coppie…

Dia un'occhiata a come lavorano le coppie, ma non interrompa in caso di errore di pronuncia o altro. Cerchi di ricordare gli errori per poi commentarli insieme. Cerchi anche di cogliere o stimolare osservazioni sui prezzi degli oggetti, in modo da poter riprendere, una volta conclusa l'attività, quanto detto all'inizio della lezione nell'attività 1.

 7 Abbina le foto con le parole del riquadro.

Noti come questa unità, ma in generale tutto il testo Rete! offre innumerevoli spunti di discussione e riflessione su aspetti di tipo culturale. Non si impara la lingua se non si acquisiscono le conoscenze culturali necessarie per utilizzarla in contesto.

> **Chiavi: 1 farmacia; 2 pasticceria; 3 macelleria; 4 salumeria; 5 supermercato; 6 cartoleria.**

8 Quali prodotti vendono i negozi delle foto?

Prima di fare questo esercizio, è opportuno che chieda agli studenti se notano differenze tra i negozi nelle immagini e negozi simili nei loro paesi.

 9 Ora, a coppie confrontate le vostre liste.

Lasci che siano gli studenti a filtrare e controllare le risposte prima di intervenire per la correzione finale insieme a tutta la classe.

 10 Alla scoperta della lingua.

In questo caso gli studenti devono mettere in pratica diverse strategie per scoprire e applicare la regola: ad esempio devono pensare alla soluzione logica secondo il contesto, quindi facendo molta attenzione ai significati, ma devono anche badare alle concordanze grammaticali di genere e numero. Così se lo ritiene opportuno con classi deboli o studenti solitamente in difficoltà con la grammatica può rendere esplicita questa riflessione prima di far affrontare l'attività.

Chiavi: 1 pochi; 2 molti; 3 troppa; 4 un po'.

 11 Ascolta e leggi il testo incompleto della conversazione.

E' importante che gli studenti facciano quanto viene richiesto. Li avverta quindi di non scrivere durante il primo ascolto, ma non li sgridi per evitare di distrarre tutta la classe.

Salumiere: Buongiorno, Signora Sanna.
Salumiere: La stanno servendo?
Salumiere: Quanto prosciutto desidera?
Salumiere: Sono quasi due etti. E' troppo?
Salumiere: Ecco il prosciutto. Poi?
Salumiere: Questo va bene?
Salumiere: 15 euro al chilo.

Salumiere: Ecco qui. Poi?
Salumiere: Nient'altro?
Salumiere: Allora… sono 16 euro e 25 centesimi.
Salumiere: Ecco il resto. Arrivederci e grazie.

Cliente: Buongiorno.
Cliente: No. Vorrei un po' di prosciutto crudo.
Cliente: Un po'…. non so… un etto e mezzo circa.
Cliente: No, va bene.
Cliente: Un pezzo di formaggio parmigiano.
Cliente: Quanto costa?
Cliente: Costa molto! Ne vorrei un pezzo piccolo. Mezzo chilo circa.
Cliente: Il latte. E anche un chilo di pane.
Cliente: E' tutto grazie. Quant'è?
Cliente: Ecco a Lei 20 euro.
Cliente: Arrivederci.

 12 Dettato.

Faccia ascoltare il dettato due volte, se necessario, oppure dia più tempo utilizzando il tasto "pausa" se vede che gli studenti sono particolarmente in difficoltà a seguire il ritmo della registrazione. Non sono molte le occasioni per fare dettati nel libro di classe, tuttavia è importante in questa lezione aiutare gli studenti a impadronirsi della tecnica corretta per farli, anche perché diverse attività di dettato sono presenti nel libro di casa. Inoltre se lo ritiene opportuno, potrà lei decidere quali ascolti utilizzare anche come dettati. Ma attenzione! I dettati sono sia attività d'ascolto che di scrittura e sono molto particolari. Si focalizzano in maniera esclusiva sulla accuratezza e quindi contrastano con molte strategie che stiamo presentando e cercando di fare acquisire agli studenti, ad esempio stiamo lavorando per convincerli che spesso non è importante capire tutte le parole di un testo per comprenderlo, mentre il dettato sembrerebbe dare l'indicazione opposta. Quindi, sia convincente nel presentarlo semplicemente come una tecnica in più a disposizione per migliorare certi aspetti delle abilità di ascolto e scrittura.

> Sottolinei l'uso di "etto" al posto di "100 grammi" e di "quintale", quasi sempre usato in italiano al posto di "100 chili".

> Faccia ripetere più volte questo ascolto, sottolineando l'importanza di una corretta intonazione, soprattutto con studenti la cui madrelingua tende a interferire spesso in questo ambito. A pagina 99 trova un'attività supplementare relativa a questo post it.

 13 Ora a coppie fate delle conversazioni simili...

E' il momento creativo e produttivo. Inviti gli studenti a non guardare il libro. Come preparazione può chiedere loro di fare una lista di alcuni prodotti che vogliono acquistare e dica loro che non possono finire la conversazione senza averli richiesti tutti al negoziante. Suo compito durante l'esecuzione dell'attività sarà soprattutto legato agli aspetti socio-linguistici: prenda nota degli errori di registro linguistico, se gli studenti sono troppo informali, o se ci sono problemi di interazione: negozianti troppo scortesi, perché di poche parole, ecc.

lessico

 1 Cerca gli oggetti...

Nell'affrontare lo studio sistematico del lessico è importante potersi avvalere di strumenti che rendano possibile l'ampliamento e il ripasso dei termini incontrati. Le aree lessicali che Rete! tocca sono accuratamente analizzate attraverso criteri quali la frequenza d'uso e lo sviluppo del sillabo del lessico procede in parallelo con quello degli altri sillabi; proprio per questo, come per la grammatica è spesso necessario riprendere strutture già presentate, utilizzando strumenti quali le grammatiche di riferimento, così per il lessico è consigliabile l'uso di supporti didattici come ad esempio poster tematici o dizionari illustrati.

H	F	Y	F	R	E	M	F	S	J	T	F	I	K	P	G	N	S	S	A	L	A	M	E	F
F	E	T	T	I	N	A	S	S	P	A	Z	Z	O	L	I	N	O	D	A	D	E	N	T	I
Q	F	F	S	F	F	C	F	Q	U	A	D	E	R	N	O	F	E	T	U	C	P	F	T	F
W	F	Z	A	F	F	I	F	F	P	R	O	S	C	I	U	T	T	O	F	F	F	F	O	G
E	S	F	P	E	N	N	A	F	W	F	A	B	C	F	F	S	A	F	I	R	F	J	R	F
D	F	F	O	J	F	A	F	F	F	F	F	D	E	T	E	R	S	I	V	O	H	V	X	T	Q
Z	F	F	N	F	F	T	F	F	F	S	U	C	C	H	I	D	I	F	R	U	T	T	A	D
F	D	D	E	F	P	O	L	L	O	F	N	W	F	A	A	C	E	T	O	G	F	D	A	X

Attività supplementare

Se può e lo ritiene opportuno, provi a utilizzare, fotocopiandola, l'unità 29 del testo M.Mezzadri, Dizionario per immagini, Guerra Edizioni. Le fornisce oltre alla possibilità di sensibilizzare gli studenti sull'utilità di uno strumento di questo tipo, anche di affrontare un tema culturale particolarmente interessante e piacevole: la pasta in Italia!

 2 Dove potete comprare questi prodotti nel vostro paese?

Dica agli studenti che è vietato usare la parola supermercato! Se l'esercizio non è significativo dal punto di vista di un confronto tra culture, saltatelo.

 3 Buon compleanno!...

 4 A coppie confrontate le vostre liste.

Lasci che gli studenti confrontino le liste e incoraggi la discussione. E' importante, non solo ai fini di una migliore pratica linguistica, che imparino a sviluppare tecniche di negoziazione, spesso molto utili quando ci si relaziona con altre persone. Faccia attenzione e intervenga quando sente che i registri linguistici non sono idonei. Se lo ritiene, può assegnare a ogni studente un ruolo diverso: ad esempio uno potrebbe essere il padre o la madre, l'altro un addetto di una ditta che organizza feste, ecc. in modo da obbligare gli studenti a interagire in maniera più controllata e formale.

5 Ora, continua a lavorare con il tuo compagno…

Chiavi: 1 hai problemi psicologici, dove vai?	(dallo psicologo)
2 Dove vai a comprare la carne?	(dal macellaio/in macelleria)
3 Dove vai a comprare la frutta e la verdura?	(fruttivendolo)
4 Hai l'influenza. Dove vai?	(medico)
1 Dove vai a comprare il pane?	(dal panettiere/in panetteria)
2 Dove vai a comprare le sigarette?	(dal tabaccaio/in tabaccheria)
3 Hai bisogno di un giornale? Dove vai?	(dal giornalaio/ in edicola
4 Hai bisogno di una scatola di aspirine. Dove vai?	(dal farmacista/in farmacia)

 6 Abbina le figure ai lavori del riquadro.

Chiavi: manager; parrucchiere; cassiera; controllore; informatico; grafico. Manca l'autista.

abilità

 prevedere, comprensione globale e comprensione dettagliata

 1 Secondo te, cosa fa il direttore…

 2 Ora ascolta l'intervista…

 3 Ascolta nuovamente la registrazione e scrivi una lista…

Queste tre attività mettono in pratica tre tecniche fondamentali per l'ascolto. La prima è in realtà di pre-ascolto, lo studente è condotto ad attivare i meccanismi che gli permettono di prevedere alcuni elementi essenziali del testo che andrà ad ascoltare, grazie semplicemente alle sue conoscenze del mondo e alle sue capacità di inferenza. La seconda è un'attività di tipica comprensione globale e la terza invece passa a un livello di analisi più raffinata, si tratta di un esercizio di comprensione dettagliata.

 4 La busta e gli indirizzi. Osserva cosa si scrive su una busta per lettera in Italia.

Se gli studenti chiedono perché dell'uso del si impersonale nelle istruzioni, l'argomento è trattato nell'Unità 14 di questo volume.
Affrontando quest'attività può essere importante sottolineare eventuali differenze con il modo di compilare una busta nel paese dello studente. Ad esempio si può far notare la posizione del numero civico, dopo il nome della via, piazza, ecc. preceduto da una virgola; o l'uso del codice postale prima del nome della città.

Due parole sul maschilismo della lingua (non solo italiana)!
Tradizionalmente si usava solamente SIG. (Signore) per l'uomo, mentre si distingueva tra SIG.RA (Signora) e SIG.NA (Signorina); per correttezza oggi si stanno cercando soluzioni che non distinguano tra donna sposata e donna nubile, così come avviene per l'uomo. Tra le forme che si stanno diffondendo c'è SIG.A.
Parlando si dice "signorina" a una donna giovane e "signora" a una donna sopra i trenta.

grammatica

 1 Chiedi a Paolo di farti alcuni favori.

Le forme tipo POTRESTI sono del condizionale: vedi livello 2 Unità 6. Può liberamente decidere di introdurre questa forma semplicemente come variante più gentile di PUOI. Altrimenti un discorso più complesso sul condizionale è anch'esso possibile, ma faccia attenzione al livello degli studenti e al carico di strutture nuove di questa unità, nonché al tempo a disposizione!
Ancora una volta anche nella presentazione della grammatica si cerca di stimolare un approccio induttivo, in questo caso chiedendo di osservare la figura. Non sottovaluti questa impostazione e pretenda dai suoi studenti il giusto livello di attenzione nell'eseguire quanto viene richiesto.

> **Chiavi: 2** Paolo, puoi andare dalla parrucchiera a prendere un appuntamento per mia madre, per favore?
> **3** Paolo, puoi andare dal dottore a ritirare la ricetta per le medicine, per favore?
> **4** Paolo, puoi andare in pescheria a comprare un chilo di pesce per la zuppa, per favore?
> **5** Paolo, puoi andare dal panettiere a comprare due chili di pane, per favore?
> **6** Paolo, puoi andare dal tabaccaio a comprarmi le sigarette, per favore?
> **7** Paolo, puoi andare in pizzeria a prendere le pizze, per favore?
> **8** Paolo, puoi andare dal cartolaio a comprare della carta da lettera e delle buste, per favore?

Attività supplementare per pagina 95
Quest'attività che viene proposta modificata nella parte grammaticale, è l'esercizio 8. Se vuole può farla ora nella forma seguente e se i suoi studenti si divertono o la squadra che perde vuole la rivincita può dir loro che la rifaranno più avanti.

E' un'attività a catena, da fare con tutta la classe. Se vuole può dividere la classe in due squadre, ad esempio maschi contro femmine. Parte il primo studente e dice il numero 1, il secondo il 2, il terzo il 3, e così via. Quando si arriva al 7, non bisogna pronunciarlo, ma dire PASSO. E così con tutti i numeri multipli di 7 (7, 14, 21, 28, 35, ecc.) e con i numeri che contengono il 7 (17, 27, 37, 47, ecc., e quindi anche 70, 71, 72, ecc.). Se uno sbaglia è eliminato. Vince l'ultimo studente rimasto in gioco.

Attività supplementare per il post-it di pagina 96
Se non l'ha ancora fatto potrebbe essere utile soffermarsi su aspetti legati alla pronuncia e all'intonazione. Spesso gli studenti chiedono: "Ma come suoniamo agli orecchi di un madre lingua italiano quando parliamo?" Faccia provare questa attività: dica a uno studente di imitare l'accento e l'intonazione di un parlante madrelingua inglese, tedesco, francese, o altro che parla nella lingua dello studente. Li lasci "giocare" così per un po' e poi cerchi di riassumere quali sono gli errori più frequenti che gli studenti commettono quando parlano italiano. Se lo trova troppo difficile da affrontare in chiave contrastiva in questo momento, sia pure a livello non approfondito, segua la sequenza di presentazione del sillabo della fonologia che a più riprese presenta momenti di riflessione sull'intonazione, oltre ad affrontare ogni singolo suono della lingua italiana, e si limiti qui a far "giocare" gli studenti.

2 Guarda le figure. Cosa stanno facendo le persone?

Chiavi: 2 sta mangiando un gelato;
3 sta facendo la spesa;
4 stanno giocando a calcio;
5 stanno studiando;
6 stanno ballando.

 3 Rispondi alle domande.

Chiavi: 2 sto facendo i compiti;
3 stiamo parlando delle vacanze;
4 si stanno alzando;
5 mi sto svegliando;
6 sta correndo.

 4 Completa le frasi con un verbo del riquadro.

Chiavi: 1 sto, 2 conosci, 3 dai, 4 preferite, 5 conosco, preferisco, 6 dobbiamo, 7 dà, 8 sta.

 5 Guarda i promemoria e scrivi cosa deve fare Mattia.

Chiavi: sono possibili leggere differenze.
2 Domenica 5 dicembre deve andare a casa di Maddalena a mangiare una pizza e deve portare della birra.
3 Lunedì 6 alle undici deve fare l'esame finale di inglese.
4 Mercoledì pomeriggio deve andare a comprare un regalo per il compleanno di sua madre e deve telefonarle.

 6 Abbinate i numeri alle trascrizioni.

Chiavi: 2 6 784   seimilasettecentoottantaquattro
3 912 000   novecentododicimila
4 1 000 000 un milione
5 90 500   novantamilacinquecento
6 657   seicentocinquantasette
7 3 200   tremiladuecento
8 11 800   undicimilaottocento

 7 Scrivete i numeri in lettere sugli assegni e i bollettini postali.

1 duecentotrentaquattro; 2 diciottomilacinquecento.

Attività supplementare

Può succedere che sia necessario staccare un po', alleggerire la lezione, riempire cinque minuti che mancano alla fine delle lezioni… è possibile
- disegnare rapidamente alla lavagna lo schema che comprende questi numeri
- dire a ogni studente di copiarselo su un foglio
- farli compilare dicendo ad esempio: "nella prima riga orizzontale mettere il numero che risulta da 28 diviso 2" o altri modi in cui far emergere la soluzione, QUATTORDICI

```
        O
QUATTORDICI
        T    O
        O    D
NOVE   QUINDICI
    E       C
CENTOSEI
    T
   MILLE
```

 8 Formate due squadre e seguite le istruzioni dell'insegnante.

Divida la classe in due squadre (ad esempio, maschi contro femmine).
Le regole sono:
A bisogna contare in successione di 100 in 100 (100, 200, 300, …),
B ogni volta che si trova un multiplo di 7 (700, 1400, 2100, 2800, …) o un numero che contiene il 7 (1700, 2700, 3700, ecc.) bisogna dire "Passo".
C chi sbaglia o pronuncia molto male è eliminato.
Vince la squadra dell'ultimo giocatore che rimane.

Una riflessione sulla struttura di questa pagina

Finita la partita con l'eliminazione dell'avversario, si può staccare dicendo agli studenti che hanno giocato abbastanza e che a questo punto devono tuffarsi negli schemi grammaticali che trovano sotto.
In effetti la collocazione di attività ludiche, cioè giocose, in pagine molto serie (ma il discorso vale anche per l'esercizio 9, che è una sfida a se stessi più che un esercizio vero e proprio) come quella con gli schemi grammaticali risponde a una scelta precisa di Rete!: sdrammatizzare la grammatica, inserirla in un contesto di gioco, anche se non necessariamente di gioco sulla grammatica.
Nella lingua – in quella italiana come in tutte le altre – la grammatica non è tutto sommato l'elemento più difficile: basti pensare all'immane lavoro mnemonico e di categorizzazione della realtà che è implicito nell'acquisizione del lessico, che tra l'altro è molto più numeroso e aperto all'innovazione che non le poche (o quanto meno "relativamente poche") regole di grammatica. Tuttavia l'accentuazione tradizionale sulla grammatica e la forte penalizzazione dell'errore di grammatica ha demonizzato questo settore – e quindi Rete! vuole sdrammatizzarlo, inserendo giochi tra le regole e gli schemi.
Un'ultima riflessione sull'errore:
è più grave un errore lessicale (cioè l'ignoranza di una parola) o un errore in una desinenza verbale?
Nella tradizione didattica si perdona il primo errore mentre si punisce il secondo… ma nella vita, sbagliare una desinenza non porta drammi, ma non sapere una parola porta al blocco della comunicazione!

 9 Abbina le frasi di sinistra a quelle di destra.

Chiavi: quest'anno ho pochi soldi	non posso andare in vacanza.
C'è un po' di farina in casa	per fare una pizza.
E' troppo tardi	per andare al cinema.
Oggi non sto molto bene, ma	devo andare a lavorare.
Ci sono tanti libri interessanti	per fare un regalo a Ivan.
Mi alzo sempre molto tardi e	perdo spesso l'autobus.

fonologia • I suoni /f/ *f*iore; /v/ *v*ino; /s/ *s*ale; [z] *s*venire

 1 Ascolta le parole e fa' un segno nella colonna corretta.

L'obiettivo dell'Unità è comprendere le differenza tra questi suoni, apparentemente molti diversi, ma accomunati dal fatto di essere dei suoni "continui", cioè dei suoni che in teoria possono essere prolungati fino all'esaurimento della scorta d'aria nei polmoni. Faccia ascoltare due volte, con un controllo tra studenti dopo il primo ascolto. Poi passi all'attività successiva. Per maggiori ragguagli circa questi suoni si veda l'attività 3.

Chiavi: /f/: 4; 6; 9; /v/: 1; 5; 8; /s/: 2; 3; 7.

 2 Ascolta e scrivi le parole dell'attività precedente.

Faccia ascoltare le parole almeno due volte. Tra un ascolto e l'altro faccia verificare gli studenti tra di loro. Dopo la correzione collettiva faccia leggere le parole in coppia. Eventuali difficoltà nella produzione dei suoni possono essere risolte descrivendo la loro articolazione. I suoni /f/ e /v/ sono articolati nello stesso modo. Il labbro inferiore si appoggia ai denti superiori e fa uscire l'aria; la differenza sta nel fatto che /v/ implica anche la vibrazione delle corde vocali (suono sonoro) (cfr. disegno). Anche i suoni /s/ e [z] condividono il medesimo punto di articolazione e sono differenziati dall'assenza (/s/) o presenza ([z]) di vibrazioni delle corde vocali. Tuttavia, il suono [z] non fa veramente parte del sistema fonologico dell'italiano, ma è una varietà di /s/, la quale viene pronunciata sonora in contesti particolari che vedremo più avanti. Questo è anche il motivo per cui il suono [z] è rappresentato tra parentesi quadre invece che tra le consuete barre oblique. Questi due suoni sono articolati avvicinando la punta della lingua ai denti superiori ma senza toccarli. Si forma così un canale molto stretto (ma meno stretto che nell'analogo suono /ʃ/, cfr. Unità 7) attraverso cui passa l'aria. La lingua è leggermente curva internamente. Nell'italiano del centro-sud e in alcune lingue la punta della lingua è abbassata dietro i denti inferiori, ma non vi è differenza dal punto di visto uditivo.

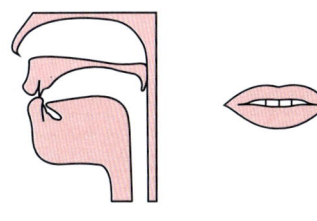
Suoni /f/ /v/

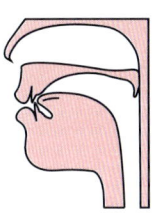
Suoni /s/ [z]

Chiavi: /f/ fumo; schifo; ferie /v/ nevica; dove /s/ est; crisi; psiche.

 3 Ascolta e sottolinea le parole che contengono la «esse» [z] sonora.

Consigliamo tre ascolti, il primo dei quali senza effettuare alcun compito se non l'ascolto vero e proprio. Successivamente faccia sottolineare le parole e tra il secondo e il terzo ascolto faccia cotrollare gli studenti tra di loro e dopo il terzo ascolto faccia una verifica collettiva. Dopo, faccia leggere le parole in coppia. L'obiettivo è duplice: da una parte rendere consapevoli gli studenti delle possibili differenze che possono riscontrare nella pronuncia, dall'altra fornire dei contesti in cui eventualmente applicare la pronuncia sonora. Tuttavia, tenga conto che questa opposizione è pur sempre un tratto marginale, su cui c'è oscillazione fra gli stessi italiani. Quindi è inutile cercare di insistere per ottenere una pronuncia perfetta. Gli studenti possono anche scegliere di adottare una sola «esse», sorda o sonora, senza ulteriori distinzioni. Inoltre, i parlanti di lingua madre inglese possono tendere a pronunciare /s/ sorda anche quando questa è seguita da una consonante sonora. È invece da sconsigliare la cosiddetta vocale prostetica, cioè la «i» o la «e» aggiunte davanti alla «esse» preconsonantica, del tipo: *isvenire, *escusarmi, tipiche di alcune lingue.

> Il post-it si riferisce alla distinzione tra «esse» sorda sonora già vista precedentemente.
> Al di là dell'indicazione che abbiamo dato non esiste una regola per stabilire quando la «esse» è sorda e quando sonora. Se crede, può aggiungere che nel centro e nel sud si preferisce il suono /s/, mentre nel nord il suono /z/. Tuttavia, quando la «esse» si trova tra due vocali, c'è una diffusa tendenza a pronunciare [z]. I suoni intensi, o doppi, saranno visti più avanti, ma se crede può anticipare che non esiste una variante intensa del suono [z], ma solo /ss/.

Chiavi /s/: aspetto; corso; testa; scarpe; affresco. /z/: visione; chiesa; turismo; svedese; isola; esame; sveglia.

civiltà

Ancora una volta le possibilità di fare confronti interculturali sono tantissime e possono riguardare sia le abitudini alimentari che altre abitudini. Se gli studenti o l'insegnante possiedono informazioni simili riguardo il paese o i paesi di provenienza degli studenti sono possibili confronti e discussioni sui diversi stili di vita. Per esempio: l'importanza che gli italiani danno al possedere una bella macchina, a quanto spendono per l'abbigliamento, ecc. sono tutte categorie in cui le differenze con altri paesi possono essere più marcate.

Chiavi:

PRODOTTI	CLASSIFICA
Latte, formaggi e uova	4
Carne	1
Pane e cereali	2
Frutta e ortaggi	3
Tabacchi	7
Bevande	5
Zucchero, caffè, tè, cacao e altri generi alimentari	6

PRODOTTI	CLASSIFICA
Casa (affitti, mutui, ecc.)	1
Trasporti e telecomunicazioni	2
Abbigliamento	3
Arredamento, articoli per la casa	4
Elettricità, riscaldamento ecc.	5
Tempo libero, istruzione, cultura	6
Salute	7

sommario

1 Abbina le frasi o espressioni alla descrizione sotto.

Chiavi: b 11, c 2, d 5, e 6, f 7, g 8, h 9, i 14, l 10, m 3, n 12, o 1, p 13, q 4, r 15.

Appunti:

_____
_____
_____
_____
_____
_____
_____
_____
_____
_____
_____
_____
_____

TEST

1 Completa le vignette…

Chiavi: 1 il signor Bassi sta camminando e parlando al telefonino.
2 Laura e Marco stanno mangiando e guardando la televisione.
3 Marta sta leggendo e ascoltando la musica.
4 Anna sta e parlando e aspettando l'autobus
5 Paola sta cucinando e ascoltando la radio.
6 Franco sta cantando e facendo la doccia.
7 Paola sta ballando e fumando una sigaretta.

2 In questo diagramma…

I	A	R	U	**V**	**N**	**O**	**V**	**O**	**R**	**R**	**E**	**I**	**U**	**N**	**P**	**O**	**D**	**I**
F	A	E	B	O	A	U	S	M	G	R	O	S	P	O	B	A	N	**S**
L	B	**C**	**I**	**R**	**C**	**A**	**M**	**E**	**Z**	**Z**	**O**	**C**	**H**	**I**	**L**	**O**	U	**A**
T	A	**C**	O	R	A	C	F	T	E	L	A	M	N	V	B	U	I	**L**
S	U	**O**	U	E	C	H	G	O	B	R	V	I	L	O	I	M	F	**A**
I	B	**I**	N	I	D	F	**S**	**O**	**N**	**O**	**V**	**A**	**N**	**C**	**H**	**I**	N	**M**
N	A	L	B	U	V	S	E	A	O	P	E	T	E	A	S	T	R	**E**
M	N	**R**	V	N	Z	D	G	**N**	**I**	**E**	**N**	**T**	**E**	**A**	**L**	**T**	**R**	**O**
I	A	**E**	C	L	V	F	T	V	A	B	T	B	V	A	U	I	N	**G**
T	B	**S**	A	I	A	R	T	C	N	I	I	N	D	A	C	H	E	**R**
U	S	**T**	C	T	S	A	V	N	U	T	C	B	A	C	C	A	I	**A**
D	**V**	**O**	**R**	**R**	**E**	**I**	**U**	**N**	**C**	**H**	**I**	**L**	**O**	D	A	N	F	**Z**
A	R	**G**	S	O	U	N	A	S	O	C	N	U	K	I	E	N	A	**I**
E	E	**R**	A	D	P	A	R	C	U	S	Q	S	D	P	A	U	N	**E**
T	I	**A**	N	I	E	T	R	V	A	E	U	C	E	A	L	I	E	**A**
E	H	Z	F	L	V	A	D	E	S	S	E	A	A	T	C	E	R	**O**
A	C	I	E	A	A	C	H	I	N	A	E	S	V	A	A	C	R	**O**
Q	**U**	**E**	**S**	**T**	**I**	**S**	**O**	**N**	**O**	**D**	**U**	**E**	**E**	**T**	**T**	**I**	A	**L**
U	C	Z	V	T	A	I	C	H	E	N	R	A	E	E	R	G	O	N
I	N	F	I	E	M	C	I	A	S	C	O	C	T	U	N	B	A	S

Chiavi: 2 cliente: - Quant'è?
3 Macellaio: - Sono venticinque euro.
Fruttivendolo: - Ecco le cipolle signora, dopo?
Signora: - Vorrei un chilo di patate.
4 Salumiere: - Questi sono due etti.
Signora: - Perfetto, basta così grazie.
5 Droghiere: - Qualcos'altro dopo il formaggio?
Ragazza: - Vorrei un litro di latte.
6 Signora: - Quanti etti è quel pezzo di parmigiano?
Droghiere: - Circa mezzo chilo.

3 Metti in ordine le frasi.

Chiavi: 1 in Italia molti negozi chiudono troppo presto.
2 Oggi non ho molta fame e sono molto stanca.
3 Di solito di sera mangio un po' di prosciutto e della mozzarella.
4 Questo ristorante è buono ma un po' troppo caro.

4 Luisa e Paola…

MERCATO E PICCOLI NEGOZI		SUPERMERCATO	
Aspetti positivi	Aspetti negativi	Aspetti positivi	Aspetti negativi
Migliore qualità	Si perde molto tempo	Si trova tutto	Troppa confusione
La gente ti conosce	Sono cari	Prezzi non troppo alti	Troppa gente
A volte portano a casa la spesa		Apre la domenica	Non si conosce nessuno
		Ha il parcheggio	Si compra più di quello che serve

5 Elimina la parola che non c'entra.

Chiavi: 1 di solito;
2 di fronte;
3 alto;
4 problema.

Questa unità comincia con un esercizio di scrittura. Per riscaldare un po' l'atmosfera se preferisce faccia un'attività iniziale, un gioco in cui due squadre si confrontano cercando di indovinare il nome di oggetti tipici della scuola. Alla lavagna faccia lo schema del gioco del tris.

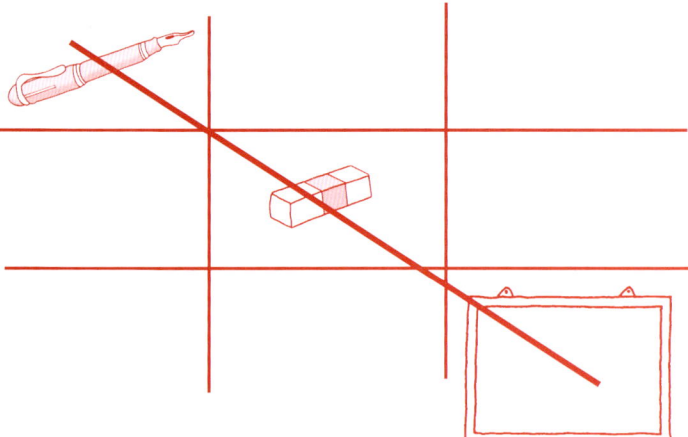

E disegni gli oggetti che vuol fare indovinare. La squadra che riesce a dire la parola giusta rispettando ovviamente il proprio turno conquista la casella. Vince chi riesce a ottenere tre caselle consecutive in orizzontale, verticale o diagonale. Nell'esempio la squadra il cui simbolo è la x vince. Attenzione però a non usare troppe parole di questo tipo perché ci si tornerà nella sezione del lessico.

 1 Guarda la figura e prova a immaginare il dialogo tra le due ragazze, poi scrivilo.

Le due ragazze chiacchierano un po' annoiate durante la lezione: chieda se è una situazione così insolita. Cerchi di personalizzare la situazione, dicendo agli studenti di pensare di essere nei panni delle due ragazze o che le due ragazze sono due compagne/i della classe e lei è la professoressa!

 2 Lavora con un compagno. Confrontate i vostri dialoghi. Ci sono molte differenze?

Inizialmente gli studenti devono leggersi a vicenda il dialogo, ma poi ogni studente corregge il dialogo del compagno. In maniera discreta passi tra le coppie e aiuti nella correzione.

 3 Ascolta la conversazione e rispondi alle domande.

> Chiavi: 1 stanno chiacchierando; 2 annoiate, demotivate, ecc.; 3 sì; 4 di fare i compiti d'inglese;
> 5 sta facendo lezione e si accorge che le due ragazze chiacchierano.

 4 Ascolta nuovamente la conversazione e leggi il testo per controllare le tue risposte.

Faccia la correzione dell'attività dell'ascolto con tutta la classe e chieda chi ci si è avvicinato nel dialogo scritto. Con un briciolo di autoironia sia da parte degli studenti che sua potrebbero nascere situazioni simpatiche.

 5 ▶▶ Alla scoperta della lingua. Guarda le parti evidenziate...

Con due attività induttive vengono presentati i pronomi atoni. La terminologia offre spesso problemi, e questo è un caso emblematico. Se non vuole spiegare il perché di questa definizione, inviti semplicemente gli studenti ad accettare e ricordare il termine "atono". Come sempre nella sezione di grammatica vengono ripresi e approfonditi questi punti grammaticali per cui qui si limiti all'esecuzione delle attività senza una sua presentazione alla lavagna di tipo deduttivo.

> Chiavi: la, la Prof. Schiavi;
> li, i compiti;
> l', il quaderno;
> l', il quaderno;
> li, gli occhiali;
> vi, voi due;
> vi, voi due.

6 **Alla scoperta della lingua.** Ascolta e completa i dialoghi.

E' importante che gli studenti una volta scoperta, anche se in modo non del tutto consapevole, la regola, la applichino immediatamente. Può quindi correggere i minidialoghi registrati e poi farli rileggere più volte da diversi studenti.

Chiavi: 1 la; 2 li; 3 l'; 4 vi; ci; 5 ti; 6 lo; 7 mi.

 7 Perché studi l'italiano?

Inviti a scrivere sotto forma di appunti le ragioni della scelta dell'italiano. Consigliamo di insistere perché le ragioni non si fermino a un banale "perché mi piace". Se sa che i suoi studenti sono particolarmente non motivati o superficiali, parli loro delle sue ragioni quando ha cominciato a studiare l'italiano e quelle che ancora la spingono a insegnarlo, cercando così di stimolare una minima riflessione. In casi estremi "salti" l'attività 8 e passi alla 9.

 8 Cerca nella classe...

Se con il suo gruppo l'attività 7 è stata eseguita bene, faccia alzare gli studenti alla ricerca dei compagni con cui condividono le ragioni dello studio dell'italiano.

 9 Secondo te, quali sono gli aspetti ...

 10 Ora prova a confrontare la tua lista...

 11 Su quali aspetti dell'italiano hai bisogno di lavorare di più?

Questi tre esercizi sono di importanza fondamentale: vengono presentati a questo punto del volume perché ormai gli studenti sono in grado di affrontarli, ma se lei ritiene opportuno e crede che gli studenti siano pronti anche prima può proporli anche in unità precedenti.

Lo scopo è duplice:
a. rendere consapevoli gli studenti del loro processo di acquisizione, o almeno di quelle che loro ritengono le difficoltà in tale processo; non importa dunque il risultato della graduatoria nell'es. 9 o del sondaggio nell'es. 11: conta essersi posti il problema ed averne discusso

b. rendersi conto che sapere una lingua non significa solo saperne "parole e regole", come dicono gli studenti, ma che ci sono molti percorsi, o "sillabi"", che si intrecciano e che procedono a spirale, maturando un po' per volta.

Att. 9. E' un'attività trappola. In realtà non c'è un aspetto più importante e uno meno importante. Tutti i punti concorrono alla conoscenza della lingua. E' importante convincere gli studenti di questo fatto. Molto spesso infatti credono che la grammatica sia l'aspetto principale e ne trascurano altri. Ma non ne parli con la classe fino alla fine dell'attività 10.

Att. 10. Quest'attività a coppie è utile per cominciare a ragionare sulle possibili differenze soggettive che rendono individuale qualsiasi percorso d'apprendimento. Alla fine esponga agli studenti alcuni concetti come quelli riportati nelle note dell'attività 10.

Att. 11. Non sempre gli studenti sono in grado di capire in maniera consapevole i loro limiti. Durante l'esecuzione dell'attività intervenga con consigli ai singoli in chiave amichevole e da pari, senza che pensino che sia una valutazione dell'insegnante. In caso contrario fallirebbe il tentativo di rendere gli studenti sempre più consapevoli e attivamente partecipi al proprio percorso d'apprendimento.

12 Compila il modulo d'iscrizione a un corso di lingua italiana a Firenze.

Se lo ritiene opportuno e se non opera in Italia, parli un po' dell'italiano per stranieri in Italia. Del fiorire di innumerevoli istituzioni che si dedicano alla diffusione della lingua e cultura italiane in moltissime città con una particolare concentrazione nell'Italia centrale, grazie alle indiscusse bellezze naturali e alle ricchezze storiche e artistiche di queste zone, ma soprattutto al richiamo della tradizione culturale: Dante, Petrarca e Boccaccio e la nascita dell'italiano.

E' però anche opportuno sottolineare che quasi tutte le città italiane piccole e grandi nascondono tesori artistici di notevole valore e che ormai il fenomeno dell'immigrazione interessa tutto il territorio nazionale e sta portando alla diffusione di centri per l'insegnamento dell'italiano sia pubblici (scuole e università) che privati, un po' dappertutto.

Oltre alla componente culturale, l'attività ne ha una operativa: insegna a compilare un modulo per l'iscrizione a una scuola. Aiuti gli studenti a capire i termini sconosciuti, tenendo presente che oltre all'alta frequenza di questa situazione (l'iscrizione a un corso d'italiano) in molte altre occasioni ci si trova a usare questo lessico.

Per ulteriori ricerche

 Può essere interessante per i suoi studenti, o anche per lei, avere informazioni precise sui corsi e le scuole di italiano per stranieri; ci sono molti corsi di scuole private, e ci sono anche alcune università che lavorano in questo settore. Tra queste:

- Università per Stranieri di Perugia
Piazza Fortebraccio
61100 Perugia
www.unistrapg.it

- Università per Stranieri di Siena
Via di Pantaneto
57100 Siena
www.unistrasi.it

- Progetto ITALS, Università di Venezia
Dipartimento Scienze del Linguaggio
30125 Venezia
www.unive.it/itals

E poi i Centri linguistici di molte università…

Appunti:

_____
_____
_____
_____
_____
_____
_____
_____

13 Ascolta la conversazione …

Insegnante: Allora, Yoko. Mi può dire perché vuole fare un corso d'italiano?
Yoko: Sì, in Giappone ho lavorato per una banca americana e ho imparato bene l'inglese. Le lingue mi piacciono molto e ora voglio imparare un'altra lingua.
Insegnante: Perché proprio l'italiano?
Yoko: Perché mi piacciono molte cose dell'Italia.
Insegnante: Ad esempio?
Yoko: La moda, la cucina… e poi…
Insegnante: E poi?
Yoko: Vado pazza per il calcio. Mi piace moltissimo.
Insegnante: Quindi interessi più o meno culturali?
Yoko: Sì, ma anche perché vorrei vivere un po' in Italia, lavorando.
Insegnante: Lei parla abbastanza bene. Quali sono gli aspetti che vorrebbe migliorare?
Yoko: Prima di tutto la fonetica. Ho spesso problemi di pronuncia: la grammatica non è un grande problema, ma il lessico, le parole, tutti i giorni trovo parole nuove che non conosco. Poi vorrei imparare a scrivere meglio.
Insegnante: Benissimo, ora vediamo il test scritto poi decideremo in che gruppo sarà.

Chiavi: 1 f; 2 v; 3 f; 4 f; 5 v; 6 v.

lessico
Tutti gli esercizi di questa sezione riprendono il tema dell'italiano della classe e dello studio.

 1 Guarda le immagini e abbina gli oggetti alle parole.

Chiavi: 1 videoregistratore; 2 banco; 3 televisione; 4 armadietto; 5 cattedra; 6 gesso; 7 matita, 8 lavagna; 9 libro; 10 registratore; 11 sedia; 12 lavagna luminosa; 13 gomma; 14 quaderno; 15 penna, 16 cartina geografica.

 3 Ora, sempre con un compagno, prova a eliminare la parola che non va bene.

Chiavi: è un esercizio volutamente ambiguo.
Soluzioni proposte: 2 un insegnante; 3 due pronunce; 4 una gomma; 5 di un quaderno; 6 una lavagna.

 4 Abbina le domande alle risposte.

Chiavi: 2 con b; 3 con a; 4 con c.

 5 Insieme a un compagno, cerca sul dizionario la definizione…

E' un'attività adatta per sviluppare la capacità di fare perifrasi, cioè di descrivere con un giro di parole un termine particolare.
E' utile perché nella conversazione spesso manca una parola e sapere costruire una perifrasi che porta comunque il significato all'interlocutore permette di non arenarsi.

Attività supplementare
Se ha ancora un po' di tempo o se capisce che è necessario continuare un po' di pratica può organizzare il seguente gioco.
Si gioca in gruppi di quattro, una coppia contro l'altra.
Una coppia dice: "E' una parola formata da (per esempio) 5 lettere, inizia per L e finisce per O."
L'altra coppia deve indovinare la parola (libro).
Dica agli studenti che possono utilizzare ogni parola incontrata che riguardi la scuola o lo studio, verbi, sostantivi, ecc.

abilità

 1 Ascolta Michele e completa la tabella.

Dopo aver fatto ascoltare il nastro e dopo aver controllato le risposte (può ripetere l'ascolto, se crede), faccia svolgere l'ultima parte dell'attività: con tutta la classe discutete di che cosa potrebbe fare Michele all'università. Ovviamente ogni studente avrà un'opinione molto condizionata dalla propria esperienza e dalla sua provenienza. Usi questa parte per creare motivazione per le attività successive che trattano della realtà italiana. Se il mondo dell'università è lontano dalla realtà dei vostri studenti cerchi di generalizzare la discussione focalizzando l'attenzione sulle professioni (legate a percorsi di studio) più di successo oggi, cioè con più possibilità di impiego, ecc.

Mi chiamo Michele, ho finito quest'anno la scuola superiore, ho frequentato l'istituto tecnico commerciale e ora sono ragioniere.
Io vorrei iscrivermi all'università, ma i miei genitori vorrebbero che cominciassi subito a lavorare. Così, se faccio l'università, dovrò anche lavorare per mantenermi.
Parliamo dei miei interessi, forse è meglio! Allora...ho molti interessi. Ad esempio mi piacciono le lingue e la storia mi affascina, mi piace molto leggere libri, ma alla mia scuola ho studiato soprattutto materie tecniche e economiche e poca letteratura.
Da grande, ahi che brutto argomento! Da grande, cioè dopo l'università, se la finirò, non so cosa farò, cioè....mi piace molto viaggiare, ma l'unica possibilità di lavoro che ho già adesso è la piccola fabbrica di mio padre. Produce mobili per l'ufficio che vende in tutto il mondo.
Ho veramente voglia di andare all'università, ma non ho ancora deciso a che facoltà iscrivermi.
Voi cosa mi consigliate?

 2 Leggi un esempio di piano di studio. E' simile nel tuo paese?

Il testo presentato qui è valido fino al 2005; in realtà dal 2001 si affianca a questo schema in 4 anni uno schema diverso:

Come si vede viene ripresa la logica del BA, del MA e del PhD delle tradizioni anglosassoni.
Ogni anno di studio corrisponde a 60 crediti di formazione universitaria; ogni credito consta di 25 ore di lavoro tra lezioni, esercitazioni, studio.

3 Lavora con un compagno.

Il testo può sembrare troppo specifico per persone che non conoscono la realtà universitaria del proprio paese. In questo caso eviti di fare quest'attività e passi alla successiva, dopo aver chiesto quale percorso di studio consiglierebbero a un/una diciottenne del loro paese.
Quest'attività così trasformata può condurla come discussione di classe.

4 Leggi i seguenti testi sull'università italiana e rispondi alle domande.

Il testo è volutamente difficile. Lo dica agli studenti. Lo scopo dell'attività è sviluppare alcune abilità che li aiuteranno a capire testi di livello più alto.
Il testo è adattato da Università e lavoro: statistiche per orientarsi a cura dell'ISTAT.

> Chiavi: 1 secondo alcuni ce ne sono troppi, altri credono che ce ne siano troppo pochi.
> 2 In Italia ce ne sono meno.
> 3 Corsi universitari di durata solitamente triennale, cioè più brevi delle lauree normali.
> 4 A 19 anni.
> 5 Ha problemi legati alla mancanza di esperienza professionale e quindi alla difficoltà a trovare un posto di lavoro.

5 Lavorate a piccoli gruppi.

Quest'attività è utile per verificare se gli studenti hanno compreso i testi, sia l'ascolto che le letture, e sanno elaborarne le informazioni.

6 ▶▶▶ Strategie d'apprendimento: indovinare il significato di parole sconosciute.

In queste spiegazioni ci sono molte parole non conosciute. Dovrà aiutare gli studenti a capire soprattutto quando ci sono troppi termini "tecnici" della grammatica, ecc. Sottolinei però che quanto viene indicato è molto pratico e utile per comprendere parole nuove.

7 Cerca nel testo altre tre parole che non conosci...

Con quest'attività gli studenti hanno la possibilità di mettere in pratica quanto indicato nell'attività precedente. Dia loro il tempo necessario per provare e riprovare, li aiuti incoraggiandoli e dando indicazioni ad esempio sulle somiglianze con parole della loro lingua o altre già conosciute, ma anche sull'utilizzo e la funzione nel contesto. Cerchi di far capire quanto sono importanti questi consigli!

grammatica

 1 Completa le frasi con un aggettivo o un pronome dimostrativo.

Chiavi: 2 quel; 3 questo, quello; 4 quello; 5 questa; 6 quei; 7 questo, questo, quello; 8 quelli.

Riguardo ai post-it, faccia notare l'importanza di intendersi sulla terminologia.
La lingua italiana difficilmente si riesce a insegnare se non si trova un codice comune che sia pure ridotto al minimo possa rendere possibile la comunicazione tra docente e studenti. Tuttavia se a causa della formazione dei suoi studenti, dell'obiettivo del suo corso, della sua impostazione metodologica, non ritiene utile elaborare un codice metalinguistico con i suoi studenti può evitare di affrontare i post-it. Ciò che consigliamo vivamente è di non eccedere nell'uso della metalingua! Spesso si pensa che gli studenti colgano le nostre spiegazioni grammaticali fatte di tecnicismi (soggetto, complemento oggetto, verbo transitivo) e invece...
Una delle ragioni principali della presentazione della grammatica in Rete! così schematica e sempre in contesto, in situazione, con un lessico attentamente tarato sui livelli di difficoltà dell'unità, ecc. è proprio la volontà di creare un canale di comunicazione il più efficace possibile tra insegnanti e studenti. A volte però la metalingua, i termini tecnici della grammatica sono indispensabili per riuscire ad aumentare il livello di consapevolezza dello studente e per poter controllare al meglio l'acquisizione delle strutture avvenuta attraverso le attività delle sezioni di presentazione dell'unità e quindi passare alla fase dell'apprendimento razionale della lingua.

 2 Rispondi alle domande.

Chiavi: 2 sì, li conosco da tanti anni;
3 no, non lo so. Non mi interessa il calcio;
4 sì, lo leggo tutti i giorni;
5 sì, le vedo tutte le settimane;
6 sì, l'ascolto tutti i giorni.

 3 Rispondi alle domande.

Chiavi: 2 no, non ce le abbiamo; 3 no, non ce l'ho; 4 sì, ce li ho; 5 sì, ce l'abbiamo, 6 sì, ce l'abbiamo.

 4 Completa con i pronomi.

Chiavi: 2 ti; 3 ci; 4 mi; 5 ti; 6 ci.

5 Di' le stesse cose in un modo diverso.

Chiavi: 2 il Giro d'Italia dura da maggio a giugno.
3 Gli studenti italiani sono in vacanza da giugno a settembre.
4 Mi riposo dalle 12 all'1.
5 Gli italiani solitamente lavorano dal lunedì al venerdì.
6 Il fine settimana dura dal sabato alla domenica.

 6 Abbina le frasi di sinistra a quelle di destra.

Chiavi: 2 con c; 3 con a; 4 con b; 5 con f; 6 con e.

 7 Rispondi con *anche* o *neanche*.

Chiavi: 1 anche noi; 2 anche loro; 3 anche lei; 4 neanch'io; 5 neanche noi; 6 anch'io.

civiltà

 1 Osserva le foto e abbina...

Chiavi: 1 e; 2 a; 3 d; 4 b; 5 c.

 2 Adesso abbina le fascie d'età...

Chiavi: scuola materna da 3 a 5 anni; durata 3 anni, non obbligatoria.
Scuola elementare da 6 a 10 anni; durata 5 anni, obbligatoria.
Scuola media da 11 anni a 13 anni; durata 3 anni, obbligatoria.
Scuola superiore da 14 a 18 anni; durata 5 anni, obbligo per il primo anno.
Università da 18 a 21 anni e oltre, non obbligatoria.

fonologia • I suoni /ts/ *z*io; /dz/ *z*an*z*ara • Intonazione per esprimere stati d'animo: *rabbia*

1 Ascolta le parole.

L'obiettivo di questa e della prossima attività è far osservare allo studente le differenze tra i suoni /ts/ sordo e /dz/ sonoro, entrambi rappresentati dall'unica lettera «z» (zeta). Faccia ascoltare una volta e poi inviti gli studenti a leggere il post-it.

> Nel post-it si accenna alla analogia con i suoni /s/ e [z] visti nell'Unità precedente. Rispetto a questi ultimi, tuttavia, la coppia /ts/ /dz/ si differenzia perché l'elemento sonoro (/dz/) è parte del sistema fonologico e non una semplice variante come [z]; in ogni caso, /ts/ e /dz/ sono comunque un'opposizione poco produttiva. Infatti, le coppie di parole che possono essere distinte attraverso questi suoni sono molto poche. Inoltre, come è accaduto per le due «esse», anche per le due «zeta» c'è una diversa distribuzione geografica. In sintesi, si tratta di una distinzione marginale e difficile da formalizzare, perché fortemente dipendente dal contesto geografico. Gli esempi che proponiamo seguono il modello standard.

2 Ascolta di nuovo le parole e sottolinea quelle che contengono il suono /dz/, «zeta» sonora.

Poiché si tratta di parole che gli studenti già conoscono, due ascolti saranno sufficienti. Tra un ascolto e l'altro faccia effettuare una verifica tra studenti. Dopo la verifica collettiva, faccia leggere le parole in coppia. Alcuni studenti possono avere difficoltà articolatorie con questi due suoni; può essere, quindi, utile spiegare come si articolano. La punta della lingua tocca i denti superiori l'aria preme contro questo ostacolo come se stesse per pronunciare il suono /t/, ma la lingua si distacca leggermente (e velocemente) pronunciando il suono /s/ (cfr. disegno). Naturalmente, il suono /dz/ implica la vibrazione delle corde vocali. Le labbra sono accostate e strette. Eventualmente, faccia provare a pronunciare più volte, separatamente, i suoni /t/ e /s/. All'inizio lentamente, per poi aumentare progressivamente la velocità e contemporaneamente diminuendo l'intervallo fra i due suoni, fino a sovrapporli.

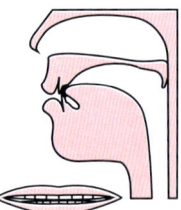
Suoni /ts/ /dz/

Chiavi: /ts/ (sorda): lezione; zio; zucchero; negozio; calze
/dz/ (sonora): zona; pranzo; mezzo; azzurro; melanzana.

3 Ascolta la frase evidenziata...

La frase è tratta dall'attività 3, Funzioni. L'obiettivo di questa attività è lo sviluppo della comprensione di alcuni stati d'animo (rabbia), trasmessi anche attraverso l'intonazione. Faccia ascoltare le frasi agli studenti e chieda loro di ordinarle dalla più neutra a quella che esprime più rabbia, scrivendo sulla linea la lettera d'ordine di ogni frase. Naturalmente, potrebbero esserci giudizi difformi tra gli studenti, ma questo deve essere considerato un vantaggio. Cerchi infatti di stimolare gli studenti a manifestare non solo qual è la sequenza corretta, ma anche perché ritengono che una frase esprima rabbia in misura maggiore o minore delle altre.
Le consigliamo durante questa discussione di non correggere gli eventuali errori degli apprendenti, ma di lasciarli parlare liberamente il più possibile. Alcune indicazioni tecniche sulla intonazione di rabbia; questa intonazione è di norma espressa con un tono più alto, maggiore intensità e minore durata rispetto alle intonazioni più neutre. Tenga conto che questo tipo di frase *(la Schiavi io non la sopporto)* costituita da un nome, ripreso da un pronome atono, è anche un modo per mettere in risalto le informazioni nel discorso ed è tipica della lingua parlata.

Chiavi: 1C; 2A; 3B; 4D.

sommario

1 Abbina le frasi o espressioni alla descrizione sotto.

Chiavi: 1 con n; 2 con a; 3 con m; 4 con i; 5 con h; 6 con b; 7 con c; 8 con d; 9 con e; 10 con o; 11 con p; 12 con l; 13 con f; 14 con g.

TEST

1 Nel diagramma sono nascoste…

A	C	O	N	G	I	U	N	Z	I	O	N	E	A	S	S	A
R	F	D	A	R	T	I	C	O	L	O	G	V	S	A	N	T
F	V	S	F	U	N	A	I	M	I	C	A	C	D	S	A	A
G	E	A	E	J	O	U	S	B	B	U	D	A	L	O	E	T
T	R	B	D	M	L	O	R	V	C	I	O	G	G	G	A	I
A	B	N	T	A	N	E	R	A	B	E	O	C	V	G	A	D
G	O	B	U	M	V	R	T	A	E	R	E	G	G	E	A	V
G	C	N	U	V	A	S	E	I	U	M	C	A	B	T	E	E
E	T	I	A	H	A	T	R	I	O	H	G	A	B	T	A	A
T	I	U	I	C	T	U	N	N	A	L	L	A	E	O	U	I
T	O	T	N	A	S	R	O	T	C	D	A	U	E	A	U	I
I	L	A	M	M	A	R	M	S	C	H	E	A	T	E	G	L
V	S	L	A	A	P	R	E	P	O	S	I	Z	I	O	N	E
O	P	O	S	S	E	S	S	I	V	O	S	I	U	R	A	S

2 Osserva le vignette…

Chiavi: 1 va bene questa? /No, preferisco quella.
2 Quali ti piacciono? /Io sarei per questi.
3 Scusi è questo l'autobus per piazza Cavour? /No signora, le conviene prendere quello, il 47.
4 Chi è Francesca? /È quella in piedi sulla destra.
5 Conosci quei ragazzi? /Certo, sono quelli che lavorano al bar della scuola.
6 Chi sono Robert e Margit? /Non ti ricordi? Sono quegli amici di Amburgo che studiano a Perugia.

3 Elimina la parola che non c'entra.

mi; suoi; di; sulla.

4 Leggi il seguente dialogo…

	Pratica/o	Creativa/o	Riflessiva/o	Ha paura di sbagliare	Prende appunti	Preferisce ascoltare	Preferisce vedere	Presta attenzione globale o selettiva	Cerca di memorizzare tutto
Elena	X	X				X		X	
Franco			X	X	X		X		X

1 Ti ricordi i colori?

Gli studenti non dovrebbero avere grossi problemi nel fare quest'attività perché i colori sono già stati ripresi in varie occasioni. Comunque, un inizio possibile della lezione è attraverso foto italiane da giornali, Internet o altro, oppure con sequenze video in cui compaiono luoghi pubblici o situazioni, oggetti, tipicamente italiani. Ad esempio la cabina del telefono, il passaporto, la macchina della polizia, l'uniforme di un soldato, di un medico, una foto vecchia di uno scolaro con grembiule, ecc. Attraverso queste foto è possibile confrontare l'Italia con il paese degli studenti e fargli ripassare i colori e i vestiti che già conoscono.

Se opera in un contesto in cui è disponibile una connessione a Internet, faccia qualche ricerca in rete con gli studenti per trovare delle immagini che rappresentino ad esempio la moda in Italia oggi. Faccia una ricerca con un motore di ricerca, digitando "riviste" o "periodici" oppure utilizzi il sito dedicato a Rete! dove troverà indicazioni utili. E' importante tuttavia non soffermarsi troppo sulle parole che gli studenti non conoscono, gli dica solamente di prendere nota dei termini necessari e di ricercarli più tardi all'interno dell'unità. Alla fine della lezione torni su questo punto e soddisfi la loro curiosità dando le parole che mancano per la descrizione.

 2 Ascolta e controlla se i colori che hai scritto vanno bene.

Chiavi: bianco; rosso; nero; verde; giallo; blu; azzurro; marrone; viola; grigio; rosa.

4 Ascolta le descrizioni e trova le persone.

1 *Il nostro personaggio indossa una gonna nera, una camicia panna, un impermeabile marrone chiaro e degli stivali in tinta con l'impermeabile. Sulla testa indossa un cappello a tesa larga con una striscia nera sempre molto chiaro.*

2 *Questa persona indossa pantaloni grigio chiaro, una camicia bianca con una cravatta rossa, una giacca grigio scuro e calza scarpe nere tipo mocassino.*

Attività supplementari

a Si vedano quelle a fronte di pagina 121

b Ci sono molti modi di dire particolari che si possono creare a partire dai nomi dei vestiti. Eccone alcuni:
- "nato con la camicia": significa che una persona è fortunata; si riferisce ad alcuni bambini che nascono senza lasciare la membrana del sacco amniotico dentro l'utero, ma trascinandosela durante il parto. Veniva considerata una protezione contro i rischi di malattie;
- "paga Pantalone": anche se gli studenti possono pensarlo, trovando questa espressione, non c'entra con i pantaloni: si riferisce infatti alla maschera veneziana Pantalon, cioè Pantaleone, il vecchio un po' rimbambito e avaro che alla fine, nella commedia dell'arte, finisce per pagare;
- "ha fatto cappotto": lo si dice giocando a carte, ma anche in un set di tennis che finisca ad esempio per 6-0; non c'entra il cappotto, ma solo la versione italianizzata di KO, "kappaò".

c Ci sono anche delle osservazioni linguistiche possibili:
- "pantaloni" è delle parole italiane che richiama l'antico duale, cioè un plurale riservato a coppie e paia di oggetti considerati inscindibili: pantaloni, forbici, gemelli (quelli per chiudere i polsini della camicia, non due fratelli);
- "jeans" deriva dalla versione francese di "Genova", cioè Gênes; in Lousiana lentamente la pronuncia passò da quella francese a una versione inglese, per cui la "tela di Genova" (in realtà era solo il colore che veniva dall'Italia…) divenne Jeans fabric.

d E' infine possibile una doppia annotazione culturale, apparentemente contraddittoria:
- in Italia pare non esserci in questo inizio di secolo nessuna linea precisa nella moda: ciascuno si veste come vuole, e si taglia i capelli o si fa il piercing come vuole: andando in una piazza dove ci siano dei teenager si vedono tante fogge quante sono le persone, e tutte apparentemente contraddittorie: capelli lunghi e corti, rasta e rapati a zero, decolorati e coloratissimi, ecc.;
- eppure, anche se può sembrare contraddittorio, esiste uno sport che gli italiani fanno all'estero: riconoscere altri italiani: sembra incredibile, ma se tra cento ragazzi in maglietta, jeans e scarpe da tennis ci sono tre italiani, li si riconosce subito. Perché? Nessuno sa rispondere, ma è un dato di fatto che esiste un gusto particolare nell'indossare le cose più semplici, apparentemente casual (nulla è più apparente e falso della casualità di un vestito casual di un ragazzo italiano!) per cui basta avvicinarsi e li si sentirà parlare italiano…

6 Riordina la conversazione ...

 7 Ascolta la conversazione ...

La cliente ha un accento pugliese.

Commessa: Buonasera Signora. Desidera?
Cliente: Sto cercando un maglione.
Com.: Sì, è per Lei?
Cl.: Sì è per me.
Com.: Come Le piace? Abbiamo maglioni di vari tipi.
Cl.: Dunque, vorrei un maglione a tinta unita, di colore non scuro, anzi abbastanza chiaro, con un disegno un po' moderno...
Com.: Le faccio provare questo che mi sembra adatto per Lei. Che taglia porta?
Cl.: Porto una M solitamente. Però quello non mi piace, vorrei un colore forte, caldo.
Com.: Allora questo. E' un giallo molto bello, il modello è sportivo, ma raffinato allo stesso tempo.
Cl.: Posso provarlo?
Com: Certamente.
Cl.: Mi sta bene?
Com.: Secondo me sì. Le piace?
Cl.: Sì, molto. Quanto costa?
Com.: 75 euro... Però Le faccio uno sconto di 15 euro. Fino a domani ci sono i saldi.
Cl.: Va bene, lo prendo.

 8 Ascolta le registrazioni e completa la tabella.

Chiavi:		
GIOVANNI	**GLI PIACE**	**NON GLI PIACE**
	Magliette dai colori non forti	Vestirsi elegante
	Jeans	Colori forti come il rosso e il giallo
		Giacche
		Negozi di vestiti e scarpe

VALERIA	**LE PIACE**	**NON LE PIACE**
	Vestirsi bene	I clienti del negozio
	Il lavoro di commessa	I vestiti firmati, gli snob
	Scarpe, gonne corte, vestiti leggeri	Giacconi pesanti, maglioni, lana

Attività supplementari

In questa pagina e nella precedente ci sono vari spunti per attività che possono coinvolgere gli studenti :

a uno studente può essere chiamato a descrivere un compagno attraverso il suo vestiario; appena un compagno lo indovina, prende il suo posto; se però il compagno ha sbagliato, viene eliminato. Il gioco è interessante perché spinge chi descrive a incominciare dagli elementi comuni: scarpe da ginnastica, jeans, ecc. non sono indumenti tali da permettere di indovinare, quindi gli ascoltatori devono stare attenti a individuare il primo indumento davvero unico che compare nella descrizione;

b fare un dialogo nel negozio chiedendo un indumento che ha indosso qualcuno degli studenti che sono allineati vicino alla lavagna come fossero dei manichini. Allora lo studente che fa il commesso o la commessa deve avvicinarsi e toccare l'indumento, tirarlo, far vedere l'etichetta o la cucitura, ecc., disturbando il "manichino". Perde il "manichino" che si mette a ridere;

c si disegna alla lavagna un omino molto semplice e poi gli studenti "dettano" al loro compagno che è alla lavagna in che modo vestirlo: "mettigli dei jeans troppo corti", "un'orribile maglietta troppo larga", ecc.: stando voltato verso la lavagna lo studente deve indovinare quale dei compagni seduti si sta prendendo in giro; d. si veda il cruciverba di fronte alla pagina 126.

lessico

 1 Fa' una lista dei vestiti che conosci...

Chiavi:	
SOPRA LA VITA	**SOTTO LA VITA**
Maglietta	Gonna
	Pantaloni
	Scarpe
	Calze

Appunti:

2 Completa la tabella con i colori.

Lo scopo è far notare come ci siano dei colori con tutte le forme del maschile, femminile, singolare e plurale, altri con solo il numero, altri invariabili, come viola, rosa, lilla, ecc.

 3 In italiano si usano molte parole straniere...

Lo scopo non è tanto quello di trovare spiegazioni italiane di parole straniere, quanto di ritornare alla strategia di perifrasi, cioè alla descrizione di una parola con altre parole, strategia su cui stiamo già lavorando da alcune unità.
Ricordiamo che è una strategia fondamentale per poter parlare: essa infatti permette in qualche modo di sopperire alla mancanza di lessico.

Attività supplementare
Si possono stimolare gli studenti a confrontare la lista delle parole straniere usate in italiano con una lista di parole straniere usate nelle loro lingue materne.
Sono le stesse o no?
Perché ci sono parole straniere in una lingua?
Da dove vengono le parole straniere?
Un glottologo italiano dell'Ottocento, il grande avversario di Manzoni nella questione della lingua, scriveva nel 1878, spiegando l'arrivo di parole francesi ad "inquinare" l'italiano, che "vien da Parigi il nome perché da Parigi vien la cosa".
Questo è vero ancor oggi per l'informatica: computer, software, mouse... ma per tutte le lingue? In italiano sì, ma in francese abbiamo ordinateur, logiciel, souris...
Si può intavolare una bella discussione sulla nozione di purismo linguistico.

Attività supplementare
Nella lista delle parole straniere ne abbiamo di classiche francesi e di più moderne inglesi, che rimandano alla moda classica e a quella più giovane.
Che parole italiane circolano nel mondo?

abilità

Per cercare di dedurre informazioni, ad esempio dal titolo di un articolo di giornale, prima di leggerlo, è importante utilizzare le proprie conoscenze non solo linguistiche, ma spesso anche culturali. Anche in questo caso siamo di fronte ad una strategia essenziale per la comunicazione: si capisce di più sulla base di quello che si inferisce che di quanto effettivamente si legge e si ascolta.

3 A coppie, leggete il titolo dell'articolo…

 4 Adesso, da solo, leggi la prima parte dell'articolo e rispondi alle domande.

> Chiavi: 1 titolare di un salone di acconciature; 2 molto, perché lo appassiona in quanto è molto vario
> 3 reparto capelli, bigiotteria, profumeria.

 7 Ascolta l'intervista a una parrucchiera e rispondi alle domande.

> Chiavi: 1 con due dipendenti.
> 2 Perché le permette di essere sempre alla moda e può vedere sfilate di stilisti di tutto il mondo.
> 3 Il viola.
> 4 Il rosso.
> 5 All'abbinamento tra colore dei capelli, dei vestiti e del trucco.

Mi chiamo Debora, faccio la parrucchiera, ho un negozio mio, e ho con me delle dipendenti. Sono due dipendenti, sì. Il nostro è un lavoro molto bello perché ci permette di essere sempre aggiornate alla moda, siamo sempre infatti in giro a vedere le sfilate, le... le creazioni degli stilisti e dei parrucchieri più alla moda di tutto il mondo. Quindi ho avuto modo di constatare che quest'anno ci sono dei colori molto particolari che vanno di moda per i capelli naturalmente che poi vanno abbinati ai vestiti. Per esempio ci sono... c'è un punto di viola per i capelli che è la fine del mondo, me lo chiedono tutte eh, tutte di qualsiasi età, dalle più giovani alle più anziane, ma è anche giusto che sia così perché voglio dire ci si diverte a tutte le età. Insomma c'è questo viola, poi ci sono i rossi che non passano mai, naturalmente cioè i capelli rossi son sempre di moda, comunque di tutte le tonalità naturalmente con questi colori di capelli si deve stare attenti al vestito che si porta, naturalmente non mi si presenterà una donna con i capelli rossi e la magliettina fucsia, naturalmente, quindi bisogna stare molto molto attenti agli abbinamenti che si fanno fra colore dei capelli e colore del vestito e colore del trucco naturalmente anche. E direi che a questo punto vi posso lasciare perché scusate devo tornare al mio lavoro. Le mie due aiutanti, le ho lasciate da sole e a questo punto vi saluto e... arrivederci.

grammatica

 1 Sostituisci i nomi in corsivo con i pronomi.

> Chiavi: 2 loro/gli; 3 le; 4 gli; 5 vi; 6 ci.

 2 Correggi gli errori se necessario.

> Chiavi: 2 quando vedi Carla, le dici per favore che la chiamo presto? 3 giusta;
> 4 giusta; 5 devo fare un regalo a mia cugina. Forse le prendo un gatto; 6 giusta.

 3 Completa le frasi con un pronome.

> Chiavi: 2 gli; 3 ci; 4 mi; 5 mi; ti; 6 la; 7 lo; 8 li.

4 Completa la conversazione con i pronomi necessari.

Chiavi: 2 vi/ti; 3 lo; 4 li; 5 ti, 6 mi; 7 le; 8 mi; 9 lo; 10 lo; 11 lo; 12 li; 13 mi; 14 ti; 15 li; 16 lo; 17 li; 18 mi; 19 gli; 20 gli.

Attività supplementare

Se vuole, a conclusione di tutto il lavoro sulle parti del vestiario, può disegnare alla lavagna questo rapido schema, ed eventualmente chiedere agli studenti di copiarlo su un foglio; poi dirà le definizioni degli elementi di vestiario, ricorrendo però laddove possibile a quello che c'è in classe:
- "Luigi li ha grigi" per indicare i pantaloni;
- "Maria ce l'ha corta" per indicare la gonna.

Si possono fare delle buone battute, giocherellando elegantemente anche con i doppi sensi, e sollevando il morale dei ragazzi dopo queste pagine di pronomi…

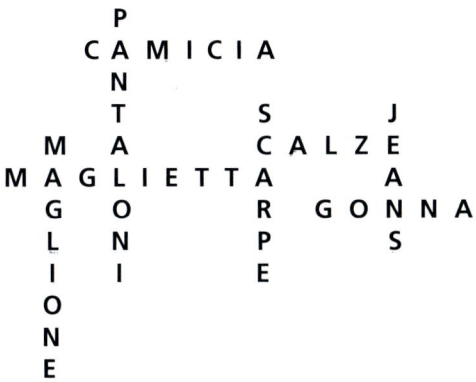

 5 Fa' delle domande.

Chiavi: 2 ti piacciono le vacanze al mare?/Ti piace andare al mare in vacanza?
3 Ti piace andare in discoteca?
4 Ti piacciono gli spaghetti?
5 Ti piacciono i ragazzi biondi?
6 Quali programmi televisivi preferisci?

 6 Scegli l'espressione giusta.

Chiavi: 2 dalle…alle; 3 fino a; 4 in; 5 il; 6 da; 7 per; 8 fino all'.

fonologia • dittonghi, trittonghi e loro ortografia
(suoni /j/ + voc. *i*eri; /w/ + voc. ling*u*a
voc. +/i/ le*i*; voc. +/u/ pa*u*sa)

• Intonazione per esprimere stati d'animo: *sorpresa*

 1 Ascolta le parole e ripeti.

L'obiettivo di questa attività e delle due successive è la pronuncia dei dittonghi, ossia di sillabe che contengono due vocali. Nell'Unità per casa gli studenti dovranno anche svolgere un'attività sulla pronuncia dei trittonghi, ossia sillabe che contengono tre vocali. Faccia fare due ascolti ripetendo le parole. La prima volta senza leggere, la seconda leggendo. Il significato delle parole come al solito non è importante, ma se crede, o gli studenti lo chiedono può dare loro il significato. In particolare, la parola euro /'ɛuro/ indica la nuova moneta europea.

> Il post-it fa riferimento alla definizione di dittongo. Tenga conto che non tutte le sequenze di due vocali formano un dittongo. Nella tabella dell'attività 2 abbiamo indicato i dittonghi possibili dell'italiano. Quindi sequenze come *ae eo oa* ecc, di norma, non formano dittonghi. Le sequenze di vocali non dittongo si chiamano tradizionalmente *iato* e possono essere separate nella divisione in sillabe. Ad esempio, *aereo* può essere sillabato a–e –re-o. I dittonghi in italiano sono formati dalle vocali «i» ed «u» posti immediatamente prima o dopo un'altra vocale. Quando sono posti prima, «i» e «u» si rappresentano foneticamente come /j/ ed /w/ (tradizionalmente chiamate *semiconsonanti*), mentre quando sono posti dopo (*semivocali*) si rappresentano normalmente come /i/ e /u/. Questi suoni si articolano come i suoni «i» e «u», ma la distanza tra lingua e palato è minore (cfr. Triangolo vocalico nella prima Unità) inoltre hanno anche una durata minore. L'accento delle parole non può mai cadere su semiconsonanti, o sulle semivocali, altrimenti non si può parlare di dittongo, ma di iato. Infine, non tutte le sequenze di vocali formano automaticamente un dittongo, ad esempio in ciao, la «i» è soltanto un segno grafico che indica la pronuncia /tʃ/ invece di /k/.

 2 Ora scrivi le parole dell'attività precedente nella casella corretta.

Il compito degli studenti è scrivere le parole che hanno ascoltato nella casella corrispondente al dittongo. Non è un dettato quindi può far ascoltare le parole e dopo far lavorare gli studenti. Abbiamo inserito degli esempi: quindi non dovrebbe trattarsi di un'attività difficile. Tuttavia si assicuri che gli studenti abbiano capito a che cosa corrispondono i simboli fonetici della prima colonna. Eventualmente, li aiuti a inserire le prime due parole. In questa fase faccia lavorare in coppia e dia un tempo limite, ad esempio, tre minuti. È possibile che non tutti gli studenti possano portare a termine il compito e comunque ci saranno incertezze. Li avvisi fin dall'inizio che l'attività continua anche nell'esercizio successivo, dove potranno correggersi e completare l'attività. Come avrà osservato la tabella è divisa in due colori; la parte superiore comprende i suoni /j/ /w/ + VOCALE, la parte inferiore: VOCALE + /i/ /u/. Le caselle scure sono combinazioni di dittonghi impossibili in italiano. La prima colonna contiene i suoni /j/ /w/ e /u/ /i/, mentre la prima riga riporta i suoni vocalici che possono combinarsi con essi per formare un dittongo.

> **Chiavi:** /j/ + VOCALE: dietro; aria; poliziotto; studio; più. /w/ + VOCALE: qui; questo; sequenza; lingua; uovo; seguo. VOCALE + /i/: nei; sei; mai; poi; noi. VOCALE + /u/: euro; Laura.

 3 Ora ascolta le parole.

Si ascoltano le parole dell'attività precedente. Gli studenti che non hanno finito possono completare la tabella scrivendo le parole che ascoltano. Se necessario, può far ascoltare due volte. Faccia notare che il dittongo determina la differenza di pronuncia di alcune parole ad esempio tra "qui" e "cui" la differenza è determinata non dal suono /k/ che è uguale in entrambe le parole, ma dal suono /w/ in qui /'qwi/, rispetto al suono /u/ in cui /'kui/. Inoltre, tenga conto che alcune tipologie di studenti possono avere difficoltà con la pronuncia di alcuni dittonghi, ad esempio gli studenti di lingua madre inglese possono avere difficoltà con i dittonghi vocale + /i/. In altre lingue, come il francese, i dittonghi non esistono. Dopo che avrà letto le chiavi faccia leggere le parole in coppia, possibilmente più di una volta.

 4 Metti in ordine questi brevi dialoghi.

> **Chiavi:** b/3; c/1; d/4; e/2.

 5 Ascolta i dialoghi dell'attività precedente e correggi gli errori.

L'obiettivo di queste attività è l'intonazione di sorpresa. Faccia ascoltare, eventualmente più di una volta per correggere gli abbinamenti degli studenti. Tenga conto che possono esservi anche altre soluzioni, oltre a quelle riportate da noi. Nel qual caso, faccia motivare le scelte degli studenti coinvolgendo tutta la classe.
Ne verrà fuori così un interessante momento di discussione. Successivamente, stimoli la classe chiedendo che cosa hanno in comune le battute dei parlanti B. Anche qui le risposte saranno diverse, a noi interessa esplicitare che al di là del contenuto le diverse frasi di B esprimono sorpresa.

civiltà
L'ITALIA DEI COLORI

Culture a confronto. Cosa sai dei colori di mezzi pubblici, telefoni…

> Chiavi: 1 e 2 taxi, autobus: di vari colori a seconda della città;
> 3 treni: di vari colori;
> 4 passaporto: di un colore rosso vino;
> 5 cabine telefoniche: di vari colori, predomina il rosso;
> 6 ambulanza: di vari colori, predomina il bianco;
> 7 uniformi di polizia: generalmente blu;
> 8 bandiera: bianca, rossa e verde;
> 9 targa: bianca con numeri neri.

sommario
1 Abbina le frasi o espressioni alla descrizione sotto.

> Chiavi: a con 2; b con 5; c con 4; d con 9; e con 6; f con 7; g con 8; h con 1; i con 3; l con 10.

TEST
1 In questo dialogo…

> Chiavi: la; molto; si; gli; questo; piace; questo; gli; lo; posso; nostri.

2 Completa il testo…

> Chiavi: a; per; dalle; alle; a; fino a; in; in; in.

3 Metti in ordine le frasi…

> Chiavi: 1 a Francesca non piacciono i vestiti troppo stretti;
> 2 Luisa se la cava molto bene in cucina;
> 3 le piacciono i pantaloni con la camicia verde;
> 4 Marta non compra un cappotto nuovo perché è al verde.

4 Le seguenti istruzioni sono mescolate…

Chiavi:			
F	scegliere il contante desiderato.	A	Comporre il numero desiderato.
O	Ritirare lo scontrino.	L	Attendere il segnale.
H	Digitare il vostro codice.	N	Comporre il prefisso desiderato.
I	In caso di smarrimento contattare il numero verde.	G	Riagganciare per ritirare la scheda.
M	Ritirare il denaro entro 30 secondi.		

Le tre istruzioni si riferiscono ad un biglietto di mezzi di trasporto urbani.

Potrebbe iniziare la lezione portando in classe fotografie ritagliate da giornali di donne italiane, non famose, di varie età. Poi potrebbe dare una foto a ogni coppia di studenti e chiedere loro di immedesimarsi nella persona dell'immagine per ricostruire la vita quotidiana della persona. Quest'attività le permette di ripassare ambiti lessicali (la routine) e strutturali (il presente indicativo), oltre a diverse funzioni legate alle informazioni personali. Lo faccia in forma di gioco mostrando la foto di ogni coppia nel momento in cui viene descritta la persona. La classe deve decidere se c'è sintonia tra la foto e la descrizione. Concluda l'attività con un proverbio: l'abito non fa il monaco!

1 Lavora con un compagno.

Ora viene chiesto agli studenti in coppia di scrivere la descrizione della persona nella foto. Dia un'occhiata agli eventuali errori, leggendo quanto le coppie stanno scrivendo durante l'esecuzione dell'attività. Ma eviti di correggere gli scritti con tutta la classe e anche di leggere le descrizioni insieme.
Quando tutti hanno finito faccia ascoltare la registrazione dell'attività 2.

2 Anna è una maestra d'asilo…

Intervistatore: Allora, Anna, raccontami qualcosa di te, della tua vita, del tuo tempo libero.
Anna: Cosa vuoi sapere?
Intervistatore: Non so, potresti iniziare dall'età…
Anna: Tanto per cambiare… sai, comincia a essere una domanda imbarazzante… Comunque… sono nata il 17 gennaio 1969; non sono sposata… vuoi anche il numero di telefono?… Da diversi anni vivo con Domenico. Lavoro in un asilo nido, sono maestra. I miei "studenti", tra virgolette, sono un po' particolari. I più grandi hanno 3 anni e i più piccoli, beh, pochi mesi. L'asilo è chiuso il sabato e la domenica, così solitamente riesco a fare diverse cose durante il fine settimana.
In inverno mi piace andare a sciare. Oppure quando non c'è neve o fa brutto tempo, vado al cinema o a ballare, a volte a teatro. Spesso invito amici a cena o vado a casa loro. In primavera e in estate è tutto più facile, cioè si può uscire senza problemi. Di sera, poi, vado a mangiare un gelato dopo un bel giro in bicicletta. Oppure, non so…, vado a giocare a tennis.
In estate, poi… sono in vacanza per due mesi e tra un viaggio e l'altro vado spesso in piscina o al fiume o a prendere il sole. Poi, cos'altro… leggo molto… mi rilasso… sai, ho bisogno di recuperare energie, dopo un anno con bambini così piccoli…
A proposito di viaggi e tempo libero… tu non sai cosa mi è successo la settimana scorsa…

La correzione avviene ora facendo parlare un portavoce per ogni coppia che mette in luce le differenze tra la propria descrizione e quanto ascoltato.
Eventualmente ora si possono leggere alcune descrizioni, magari delle coppie che dicono di aver indovinato più elementi.

3 Ascolta nuovamente l'intervista.

L'argomento principale di quest'unità è il tempo libero. Qui si cominciano a vedere alcuni termini collegati alle attività del tempo libero. Faccia attenzione a come gli studenti propongono i termini: non accetti parole singole come "cinema", pretenda l'espressione con il verbo "andare al cinema".

> **Chiavi:** andare al cinema; a ballare; a teatro; fare cene con gli amici; andare a mangiare un gelato; fare giri in bicicletta; andare in piscina; al fiume a prendere il sole; leggere; rilassarsi.

4 Come trascorrono il tempo libero…

Ora troverete degli aggettivi che permetteranno agli studenti di utilizzare le espressioni dell'attività precedente arricchendole. Usi però quest'attività anche come momento per creare motivazione alla scoperta di eventuali differenze tra italiani e persone del paese dei suoi studenti.
Chieda loro se conoscono modi tutto sommato strani, inconsueti di trascorrere il tempo libero. E quali attività piacerebbe loro, ma che non hanno mai potuto fare. Questa domanda permette di introdurre l'attività seguente.

5 Molti trascorrono il loro tempo libero…

Faccia sì che tutti i significati risultino chiari e metta ancora una volta in risalto la propensione della lingua italiana di oggi ad accettare termini stranieri, in particolare relativi a fenomeni legati alla moda: è il caso di mountain bike o bird watching. Sottolinei anche che queste parole sono quasi esclusivamente di origine inglese (americana).

6 Ascolta la seconda parte dell'intervista ad Anna.

Può essere necessario fare ascoltare la registrazione due volte. Ma non di più! Nell'attività successiva viene ripresa per un esercizio di completamento.

> Chiavi: 1 V; 2 F; 3 F; 4 V; 5 V; 6 F.

Intervistatore:... Dai raccontami! Sono curioso...
Anna: Allora...10 giorni fa ho ricevuto una lettera con un biglietto con scritto: "Complimenti! Lei ha vinto un week-end di sport presso il Centro Natura e Salute"... Poi l'indirizzo e il numero di telefono.
Così ho telefonato e mi hanno confermato tutto, ma non mi hanno voluto dire come mai hanno dato questo premio proprio a me.
Sono partita, curiosa di saperne di più e quando sono arrivata là, ho trovato molte altre persone che come me avevano vinto un week-end presso quel centro.
La cosa si è fatta subito misteriosa: mi hanno dato una stanza e la chiave... sono salita nella mia camera e curiosa come sempre, dietro la porta ho visto un cartello con i prezzi: per la pensione completa il prezzo era di 60 euro al giorno comprese le attività sportive. Invece il prezzo della pensione completa della seconda possibilità dal nome abbastanza chiaro "prezzo week-end di sport gratuito" era di 45 euro, ma gli sport naturalmente erano gratuiti.
Ti puoi immaginare la mia rabbia e la velocità con cui me ne sono andata via...Ho ripreso i miei documenti e urlando sono ripartita... Gli altri "vincitori" probabilmente hanno fatto la stessa cosa...
Intervistatore: Mica male come avventura.

 7 ▶▶ Alla scoperta della lingua.

Attenzione che l'esercizio di ascolto e completamento è in realtà un pretesto per fare svolgere un'attività induttiva in maniera scarsamente conscia, è un prima scoperta della regola del passato prossimo, ripresa nell'attività seguente.

> Chiavi: 2 ha vinto; 3 ho telefonato; 4 hanno confermato; 5 sono partita;
> 6 sono arrivata; 7 ho trovato; 8 sono salita; 9 ho visto; 10 sono ripartita.

 8 ▶▶ Alla scoperta della lingua.

Se lo si ritiene opportuno si può passare ora alle attività della sezione di grammatica, ma come sempre consigliamo di seguire la sequenza proposta. Non entri nei particolari di quando si usa un ausiliare o l'altro. Se gli studenti hanno completato correttamente la tabella, passi oltre, se hanno fatto degli errori, dia la soluzione e chieda poi a tutti di pensare a una possibile regola. Spieghi il perché di quest'attesa prima di conoscere esattamente nei dettagli la regola, dicendo che prima di riflettere su questa regola è bene cercare di usare in modo più spontaneo questo tempo; dica anche che questo modo di procedere più naturale favorisce l'apprendimento.

 9 Cerchia gli anni che senti.

Spieghi le sigle AC e DC prima dell'ascolto e dopo l'ascolto dia alcune informazioni culturali legate a avvenimenti e personaggi storici quali Martin Lutero o Garibaldi e la Spedizione dei Mille, o la crisi petrolifera del 1973, 1974 durante la quale, a causa dell'aumento dei prezzi dei carburanti, gli italiani furono costretti a rinunciare in parte a usare la propria auto. E' questa la ragione principale per cui la memoria storica collettiva degli italiani ricorda quell'evento.

> Chiavi: 1 Garibaldi condusse la Spedizione dei Mille nel 1860.
> 2 Il 1973 è l'anno della crisi petrolifera.
> 3 Nel 1971 non sapevo ancora né leggere, né scrivere.
> 4 Nel 1517 Martin Lutero pubblicò le sue famose tesi.
> 5 Quando ero piccolo, pensavo che nel 2003 saremmo tutti andati in vacanza sulla luna.
> 6 Non sarebbe stato male essere figlio di un faraone nel 700 AC.
> 7 Chissà com'era Roma nel 30 DC.

10 Scrivi in lettere gli anni che hai cerchiato.

Corregga le date alla lavagna.

 11 Saper dire l'anno di nascita è fondamentale.

Faccia notare l'espressione "è nato" con il maschile singolare e faccia un esempio con un sostantivo femminile singolare: "quando è nata tua madre?".

lessico

 1 Abbina le figure alle parole del riquadro.

> Chiavi: 1 osservare le stelle;
> 2 cantare;
> 3 lavorare a maglia;
> 4 andare a pesca;
> 5 fotografare;
> 6 suonare uno strumento;
> 7 fare trekking;
> 8 dipingere;
> 9 raccogliere monete;
> 10 fare teatro;
> 11 cucinare;
> 12 andare in bicicletta;
> 13 andare a caccia.

Appunti:

2 Completa la tabella con le parole del riquadro.

Intervenga in aiuto degli studenti se necessario spiegando il significato delle parole. Molti di queste attività permettono una spiegazione non verbale. Provi a mimare le attività.

Chiavi:			
GIARDINAGGIO	MODELLISMO	COLLEZIONISMO	ALTRO
Tagliare l'erba	Costruire modelli di	Comprare schede	Suonare
innaffiare i fiori	aeroplani	telefoniche	fare ginnastica artistica
		Scegliere cartoline	dipingere
		Raccogliere francobolli	fare la maglia
		Scambiare monete	

 3 Abbina le stagioni ai disegni.

Chiavi: inverno; autunno; primavera; estate.

 4 Adesso sono le 18.00 di Sabato 13 gennaio 2001.

Con queste espressioni cerchi di fare costruire delle frasi al passato prossimo. Non intervenga troppo pesantemente se si sbagliano nell'uso dell'ausiliare, in questo momento dovrebbero però già essere in grado di tentare di costruire il tempo con il presente di avere o essere e qualcosa che assomigli al participio passato. Non importa se costruiscono dei participi passati sbagliati, se il verbo è irregolare. Non abbia paura dell'errore! Stiamo cercando di far utilizzare agli studenti il dispositivo di acquisizione della lingua (LAD) che permette a ogni essere umano di fare delle ipotesi sulla lingua, di generare frasi che poi vengono corrette attraverso l'esperienza; in questo caso attraverso la correzione dell'insegnante e il percorso didattico fornito dal testo.

Chiavi: 1 il 5 luglio 1996;
2 l'anno scorso;
3 l'inverno scorso;
4 la settimana scorsa;
5 due giorni fa;
6 ieri;
7 ieri pomeriggio;
8 stamattina;
9 tre ore fa.

Appunti:

abilità

>>> **collegare le idee**

Cerchi di far capire agli studenti, magari usando esempi nella loro lingua, come l'utilizzo di parole che collegano due o più frasi, o parole all'interno della stessa frase, renda più facile la comprensione perché vengono esplicitati i nessi logici e aiuti a migliorare il livello del parlare e dello scrivere che risultano meno elementari.

Oltre a questo obiettivo le attività che seguono ne hanno un altro: fare utilizzare verbi al passato prossimo senza che l'attenzione sia posta su questa struttura.

1 Completa le frasi con *perché*, *dove*, *quando*.

Chiavi: 1 quando
2 dove
3 dove
4 perché

2 Collega le frasi con *perché*, *dove*, *quando*...

Chiavi: 1 vado poco a ballare, perché le discoteche non mi piacciono.
2 Ieri sono stato nella mia vecchia casa, dove sono nato.
3 Ieri sera quando mia moglie è tornata a casa, ho preparato la cena.

3 Completa le frasi con *e*, *ma/però*, *o/oppure*.

Chiavi: 1 o/oppure, 2 ma/però, 3 e.

4 Riscrivi le frasi usando *prima*, *poi*, e *poi*.

Chiavi: 1 Ieri ho finito di lavorare, poi sono andato a giocare a tennis.
2 Per fare la pizza "margherita" prima devi fare la pasta, con acqua, lievito, farina, olio e sale, poi mettere il pomodoro, l'origano e la mozzarella e poi cuocerla nel forno.
3 Quando arrivi in aeroporto prima devi fare il check-in, poi passare il controllo dei passaporti e poi andare all'uscita indicata per il tuo volo.
4 In Italia normalmente due persone prima si conoscono, poi si sposano e poi vanno a vivere insieme. Ti piace questo ordine?

7 Ascolta la storia raccontata da Piero. Come finisce la storia?

Sai cosa mi è successo ieri mattina? Come al solito, saranno state le sette e mezza - otto meno un quarto, ho fatto colazione con mia moglie, poi, quando ho finito, ho preparato come al solito le mie cose e sono uscito. Ah, prima naturalmente ho dato un bacio a mia moglie. Siccome però poche ore dopo saranno state le nove e mezza - dieci meno dieci, non mi ricordo, nove e mezza mi pare, beh, mi sono ricordato che volevo cercare dove avevo lasciato un certo documento, mi sembrava di averlo messo in un cassetto, non mi ricordavo esattamente quale, ma dovevo tornare per andare a vedere e allora sono tornato a casa e ho trovato mia moglie seduta a tavola che beveva il caffè con un altro uomo. Lì per lì, capirai ci sono rimasto male. Poi tutto si è chiarito, era l'idraulico che aveva fatto un lavoro e mia moglie gli aveva semplicemente offerto un caffè.

grammatica

Faccia notare che il participio passato si può usare anche da solo, come nei tre cartelli, dove in realtà è sottinteso il verbo "essere", ma che normalmente lo si usa per i tempi composti come il passato prossimo che a questo punto viene introdotto.
Si è scelto di introdurre il passato partendo da quello composto perché questa è ormai la tendenza imperante soprattutto – ma non solo – nella lingua parlata, sia in privato sia in pubblico e nei mass media.

Anticipiamo qui la soluzione dell'es.1 della pagina 137 per consentire di mettere su quella pagina della guida un cruciverba che – se lo ritiene opportuno - può essere fotocopiato per darlo agli studenti come modo simpatico di fissare i participi passati usati in questa pagina e nella successiva.

1 Scrivi il verbo all'infinito.

Chiavi: 2 stare; 3 vedere; 4 dire; 5 perdere; 6 chiudere; 7 mettere; 8 correre.

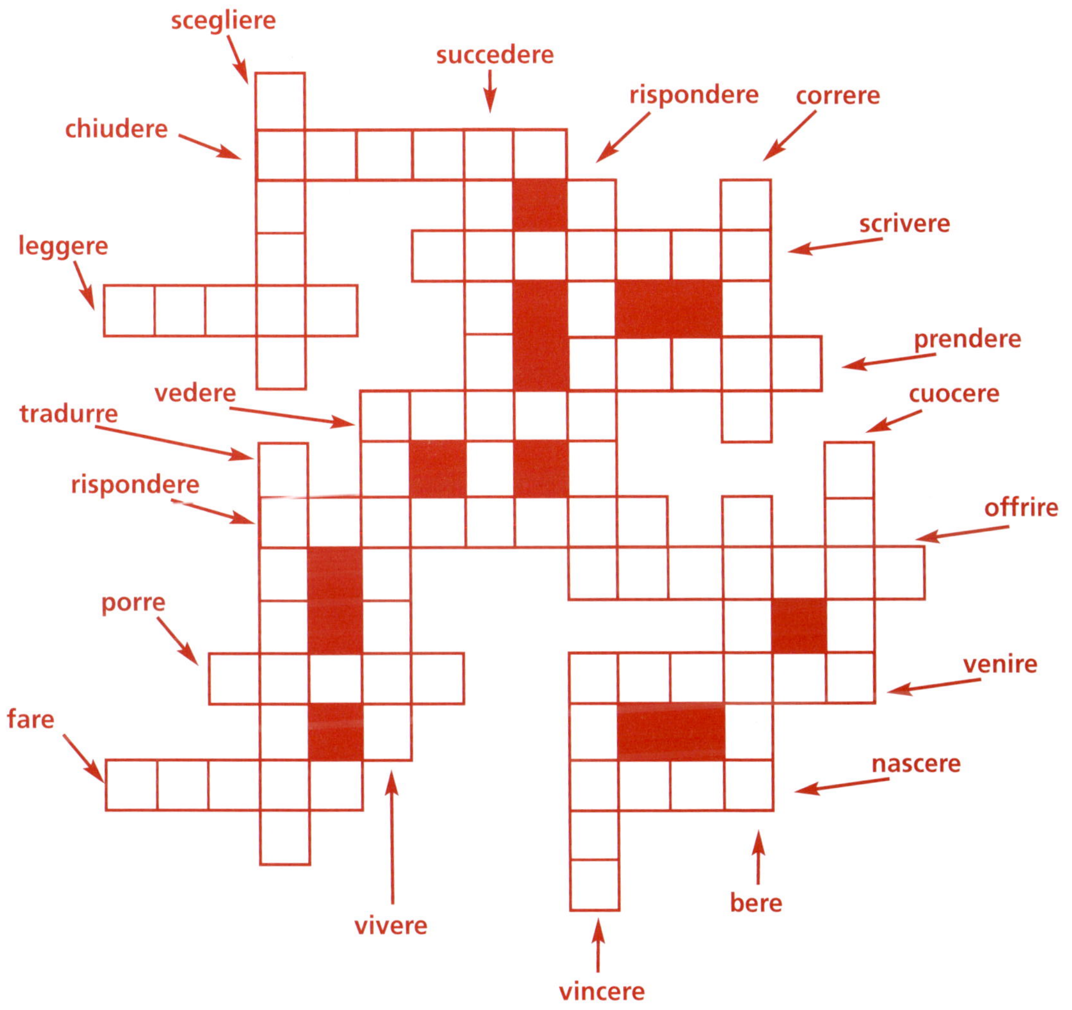

2 Metti le frasi al passato prossimo, cambiando le espressioni in corsivo.

> Chiavi: le espressioni al passato possono variare quindi quelle qui offerte sono solo indicative.
> 2 L'estate scorsa sono rimasto spesso in città.
> 3 Ieri mattina ho comprato il giornale.
> 4 Il mese scorso abbiamo dovuto pagare molte bollette.
> 5 La settimana scorsa ho visto dei programmi interessanti alla tv.
> 6 Stamattina mi sono fatto la barba.

 3 Completa le frasi...

> Chiavi: 2 quando mi hai detto che arriva tua sorella?
> 3 Ieri sera Anna e Lucia sono tornate a casa in taxi.
> 4 Alice è nata in agosto.
> 5 A che ora siete arrivati/e a casa di vostra madre?
> 6 La settimana scorsa non ci sono state le lezioni all'università.

 4 Fa' le domande.

> Chiavi: le domande possono essere a volte varie.
> 2 Cosa avete mangiato ieri in pizzeria?
> 3 Dove sei andato ieri sera?
> 4 Perché sei rimasto a casa ieri sera?
> 5 Come sono andati al mare?
> 6 Cosa hai comprato?

 5 Cosa avete fatto ieri?

Dia importanza a questo esercizio sottolineandone le valenze comunicative. Cerchi anche di lasciar correre sugli errori, eventualmente tornandoci dopo.

Una riflessione glottodidattica
C'è una forte discussione su questa procedura di correzione degli errori:

PRO: si fa notare che se venissero bloccati a ogni errore gli studenti perderebbero ogni fiducia in sé, da un lato, e perderebbero il filo della conversazione, lo slancio; quindi è meglio lasciar perdere gli errori eventualmente annotandoli mentalmente per poi poterci tornare sopra.

CONTRO: si fa notare che in tal modo gli studenti possono credere che quello che hanno detto sbagliando sia giusto, e che quindi fissino formule sbagliate.

Entrambe le posizioni hanno ragione, ma in un approccio finalizzato alla comunicazione questa ha la prevalenza e quindi conviene lasciar correre, almeno sul momento, gli errori.

6 Rispondi alle domande.

> Chiavi: 2 in nave/traghetto; 3 in bicicletta; 4 in + mese/stagione; 5 nel + anno; 6 nel + anno;
> 7 nel XVII e XVIII secolo; 8 in marzo/aprile.

fonologia • I suoni /mm/ gra**mm**o; /nn/ a**nn**o; /rr/ fe**rr**o; /ll/ co**ll**o

 1 Ascolta queste coppie di parole ti sembrano uguali o diverse?

Si ascoltano le coppie di parole: a) nono nonno; b) burro burro; c) pala palla; d) m'ama mamma; e) tonno tonno f) sono sonno; g) caro carro; h) porro poro; i) ala alla; l) grammo grammo.

Da questa unità e nelle successive, sarà esaminata la pronuncia dei suoni *intensi* (o *doppi*) e li confronteremo con i corrispettivi suoni brevi visti finora. Faccia ascoltare le coppie di parole due volte; fra il primo e il secondo ascolto effettui una verifica parziale tra studenti. Se crede necessario, faccia ascoltare anche più di due volte. Come sempre il significato delle parole non è molto importante, ma se gli studenti lo richiedono, o lei lo ritiene importante lo affronti dopo gli ascolti.

> Chiavi: uguali b; e; l.
> Diverse: c; d; f; g; h; i.

> Nei post-it viene suggerita una regola pratica per la pronuncia dei suoni /mm/ /nn/ /rr/ /ll/. Infatti, al di là delle differenze articolatorie essi hanno in comune la caratteristica di poter prolungare indefinitamente il suono prodotto (cfr. Unità 4 e 6).
> La differenza con i corrispondenti suoni brevi riguarda dunque la durata del suono, approssimativamente raddoppiata nei suoni intensi. Faccia provare gli studenti più volte.
> Se ha a disposizione un registratore con il regolatore di velocità può fare sperimentare empiricamente la differente lunghezza dei suoni facendo ascoltare i suoni a velocità rallentata: in questo modo la differenza tra suoni brevi e lunghi è molto percepibile. Nell'unità successiva vedremo che ci sono anche altri suoni con questa caratteristica.

 2 Ascolta le parole.

Faccia ascoltare le parole una o due volte e poi faccia leggere le parole in coppia, possibilmente più di una volta, concentrando l'attenzione degli studenti sui suoni intensi in esse contenuti. Tenga conto che non ci sono molte altre lingue in cui l'opposizione tra suoni intensi e brevi è sfruttata così sistematicamente come in italiano: quindi gli studenti di alcune lingue madri possono inizialmente trovarsi in difficoltà con la loro articolazione.

 3 Sottolinea le consonanti doppie nelle parole dell'esercizio precedente.

Questa attività è di preparazione alla successiva. Un minuto di tempo dovrebbe essere sufficente.

 4 Con un compagno esercitati a pronunciare le parole dell'esercizio precedente sostituendo alle consonanti doppie le corrispondenti consonanti brevi.

Faccia esercitare gli studenti in coppia. Si assicuri che sia chiaro che così facendo, nella maggioranza dei casi, non si ottengono delle parole di senso compiuto ma solo dei suoni sensa senso. Faccia provare più volte confrontando le parole con il suono intenso a quelle con il suono breve. Se crede, può far cambiare compagno per poter ripetere l'attività. Infine, se crede, può chiedere agli studenti se conoscono altre parole che contengono i suoni doppi esaminati in questa unità. Può svolgere questa ulteriore attività come un gioco dando un tempo limite e dividendo la classe in squadre: vince chi trova più parole che contengono questi suoni.

civiltà

Si può sottolineare come la "globalizzazione" porti verso un'inevitabile uniformità di svaghi soprattutto per i giovani spesso in discoteca o impegnati a navigare in Internet o a mandarsi messaggi scritti con il telefono cellulare. In generale si può dire che i maschi italiani siano leggermente più restii a dedicare il loro tempo libero ad aiutare in casa di molti loro colleghi di altre nazionalità.

Interessante può essere invece sottolineare e discutere con gli studenti come molti modi di passare il tempo libero stiano scomparendo non solo in Italia, ma in tutto il mondo. Gli studenti possono portare le loro testimonianze di ciò che sanno da genitori e nonni.

Attività supplementari

Se lo ritiene interessante, se ha tempo disponibile, potrebbe incoraggiare gli studenti a creare un piccolo questionario da sottoporre ai loro genitori e/o nonni in cui si prendono in considerazione aspetti legati al loro modo di intendere il tempo libero (eccole alcuni stimoli con cui aiutare i suoi studenti ma solo in caso di necessità: tempo libero significa bar, amici, famiglia, volontariato, sport, lettura, cinema, ecc. Quando, come, per quanto tempo la settimana, in che periodo dell'anno. Sensazioni del tempo libero: noia, libertà, relax, ecc.). L'attività di creazione delle domande per il questionario può essere svolta a coppie o piccoli gruppi, ma è poi indispensabile con la classe definire la versione finale delle domande, la scelta delle quali dovrà essere negoziata tra tutti i gruppi. Cerchi di incoraggiare questa fase di negoziazione invitando ogni singolo gruppo a spiegare perché ha scelto di formulare un quesito in un certo modo e con certi contenuti e allo stesso tempo chieda agli altri gruppi di esprimere il loro accordo o disaccordo con la proposta dei compagni. Se le riesce di creare un certo interesse attorno a questa fase è molto probabile che gli studenti arrivino a concentrarsi sul compito in sé (la negoziazione per arrivare a un prodotto) e riescano a vincere certe inibizioni e ostacoli espressivi.

Il questionario redatto in italiano verrà poi somministrato alle famiglie e gli studenti dovranno improvvisare la traduzione verso la propria lingua per rendere comprensibile il testo.

In classe verranno poi raccolte e analizzate le risposte.

Anche nel caso in cui vi troviate ad operare in Italia con studenti stranieri senza le loro famiglie, quest'attività può essere condotta, magari formulando domande che possano essere fatte a italiani di varie generazioni uscendo a intervistare le persone per strada.

sommario

1 Abbina le frasi o espressioni alla descrizione sotto.

Chiavi: b con 6; c con 2; d con 8; e con 1; f con 3; g con 5; h con 7.

TEST

1 Leggi gli appunti…

Chiavi: 1 lunedì mattina Luisa ha pagato il telefono.
2 Martedì sera è andata al cinema.
3 Mercoledì mattina ha chiamato l'idraulico.
4 Mercoledì pomeriggio ha avuto una riunione in ufficio.
5 Giovedì pomeriggio ha preso appuntamento con il dentista.
6 Giovedì sera è venuta Paola.
7 Venerdì mattina è andata a fare le spese.
8 Venerdì pomeriggio ha chiamato Paola.
9 Sabato sera è andata a cena da Mario.
10 Domenica mattina è andata a giocare a tennis.

2 Le lettere del participio passato…

Chiavi: 2 risposto; 3 vinto; 4 piaciuto; 5 chiesto; 6 vissuto; 7 deciso; 8 rimasta.

3 Metti in ordine le seguenti frasi.

Chiavi: 1 l'anno scorso in primavera Maria è stata a Londra.
2 Paola mi ha telefonato due giorni fa di sera.
3 La settimana scorsa non ho avuto molto tempo libero.
4 A Michela è piaciuta molto la cena con le amiche.

5 Trova i participi.

A	C	O	R	S	O	U	D	S	A	T	V	O
S	I	O	F	D	S	A	B	N	V	R	O	R
I	N	C	S	F	N	E	C	H	I	A	A	O
U	L	R	D	A	A	V	C	S	S	D	L	P
M	U	N	R	D	T	O	A	R	B	O	T	O
U	N	I	R	S	O	F	F	E	R	T	O	A
O	N	D	E	S	T	A	R	R	E	T	N	U
B	R	A	S	T	I	N	A	T	O	O	S	E
N	O	E	U	S	S	A	R	I	E	N	N	A
O	M	S	C	T	I	S	S	C	E	L	T	O
N	A	I	C	F	I	O	B	O	S	D	T	R
L	A	V	E	C	R	A	M	T	U	T	C	A
C	A	R	S	T	C	H	I	T	U	N	O	R
P	R	I	S	P	O	S	T	O	A	C	T	E
U	N	S	O	A	N	E	I	L	R	A	T	O
P	O	T	S	A	C	C	T	L	E	T	T	O

6 Come passano queste persone il loro tempo libero…

Chiavi:

D	H	E	G	A	C
2	3	4	5	6	7

117

Questa unità presenta un input grammaticale, funzionale e anche lessicale ridotto rispetto a molte altre per dar modo alle classi che hanno bisogno di lavorare maggiormente sul passato prossimo di integrare materiale supplementare di tipo grammaticale cercando di mantenere alta la motivazione grazie alla varietà del lavoro offerto dalla nuova unità. Questo è uno dei tipici casi in cui nella moderna classe di lingua un supporto quale un testo di grammatica di riferimento diventa necessario, non solo nel lavoro domestico o per il ripasso/recupero.

 1 Riconosci questa città?

Faccia osservare la fotografia di Assisi, se nessuno la riconosce, nomini San Francesco, per vedere se il nome fa affiorare qualche conoscenza. In ogni modo non dica se sono giuste le eventuali risposte degli studenti, anche nel caso in cui qualcuno risponda correttamente. Lasci che lo scoprano ascoltando il dialogo.

 2 Ora ascolta nuovamente il dialogo e leggi il testo.

Sandro: Ti piace?
Maria: Sì, è bellissima!
Sandro: E' la prima volta che vieni ad Assisi?
Maria: Sì, non ci sono mai stata prima. E' una città molto affascinante!
Sandro: Dove hai passato le vacanze l'estate scorsa?
Maria: Le ho passate a casa. Ho dovuto lavorare per poter venire in Italia. E tu?
Sandro: Sono stato negli Stati Uniti. Ti ho detto che ho fatto un corso...e poi è venuta mia cugina Ilaria e l'ho portata in California.
Maria: Vi siete divertiti?
Sandro: Un sacco!

Questo secondo ascolto serve per introdurre l'attività di grammatica induttiva che segue.
Da un punto di vista lessicale, vale la pena sottolineare agli studenti l'espressione "un sacco" per dire "molto" in modo colloquiale.
Dopo aver fatto leggere e ripetere il dialogo, faccia la seguente domanda ad alcuni studenti: "Ti sei divertito lo scorso finesettimana?"

 3 ▶▶ Alla scoperta della lingua. Osserva i participi passati segnati in giallo.

E' possibile passare subito alla parte di grammatica. Un altro percorso che consigliamo è il seguente: riprenda le domande "Ti sei divertito...?" ma prima scriva sulla lavagna queste espressioni e altre simili: per l'ultimo dell'anno/per il tuo compleanno/l'estate scorsa in vacanza/ecc.
Invitando a usare una delle espressioni sulla lavagna, faccia fare la domanda "Ti sei divertito/a...?" agli studenti uno alla volta a catena, a volte però inviti gli studenti a fare la domanda a due persone per poter provare il plurale "Vi siete divertiti/e...?"

Appunti:

4 Leggi e completa la lettera di Maria da Assisi con i verbi del riquadro.

> Chiavi: 2 visto;
> 3 nato;
> 4 piaciuta;
> 5 impressionato;
> 6 stato;
> 7 spiegati;
> 8 annoiato;
> 9 rimasta;
> 10 scritto;
> 11 chiamato.

 5 Sei mai stato in vacanza in uno di questi posti?

E' difficile, ma può essere che qualcuno non abbia mai avuto occasione di trascorrere una vacanza come quelle rappresentate nelle foto. In questo caso dica allo studente che dovrà immaginare di esserci stato.

 6 Insieme a un compagno, a turno uno fa domande e l'altro racconta una vacanza.

Se lo ritiene opportuno, se ritiene che i suoi studenti possano avere bisogno di un po' di rinforzo lessicale faccia fare prima di quest'attività gli esercizi della sezione dedicata al lessico.

 7 Racconta alla classe delle vacanze del tuo compagno.

E' un'attività produttiva, ascolti e analizzi in silenzio soprattutto l'uso del passato prossimo e quando avete finito l'attività, dedichi un paio di minuti, eventualmente, alla correzione dei passati prossimi sbagliati, ma attenzione a non danneggiare con una riflessione troppo prolungata la sequenza che si sta creando che unisce le varie attività appena fatte con quelle che vengono.

 8 Guarda le foto. Dove sono questi posti?

Se la classe è particolarmente in difficoltà nell'individuare il posto o se al contrario lo indovinano subito, faccia delle domande per indurre a capire quali elementi delle foto hanno utilizzato per creare le loro ipotesi. Chieda ad esempio: "C'è la neve? Siamo in Scandinavia in inverno?", usando il paradosso come strumento per fare avvicinare gli studenti alla risposta corretta.

Appunti:

_____
_____
_____
_____
_____
_____
_____
_____
_____
_____
_____

9 Prima di ascoltare il racconto di Carlo...

Facendo seguito alla preparazione fatta nell'attività precedente, chieda agli studenti di fare una lista di possibili, utilizzando le foto e i suggerimenti che forniscono, ma anche le proprie esperienze e conoscenze culturali. La scelta di una meta turistica non tra le più famose è voluta, per permettere di fare usare al meglio la capacità di immaginazione degli studenti.

Allora, il viaggio di cui vi voglio raccontare, l'abbiamo fatto alcuni anni fa, cinque, sei anni fa, con un gruppo di amici. Siamo partiti. All'inizio volevamo andare in India, poi abbiamo detto che forse, abbiamo pensato che forse era meglio la Tailandia. Alla fine siamo finiti in Sri Lanka. Dunque lo Sri Lanka, paese meraviglioso, una goccia, se prendete una mappa e la guardate in una cartina è come una goccia, una lacrima in fondo all'India, il posto è assolutamente incantevole. Siamo arrivati, avevamo un autista che ci ha portato in giro per due settimane e abbiamo fatto tantissime cose. Abbiamo visitato posti meravigliosi, abbiamo visto delle cascate fantastiche, sopra ad un..., in uno strano posto, isolato dal mondo, dove vivevano le persone veramente a contatto con la natura e sempre esplorando, visitando, cercando di vedere le cose belle, naturali di questo posto, abbiamo trovato un orfanotrofio degli elefanti. Era pieno di elefantini, piccoli, elefanti grandi, abbiamo visto gli elefanti che facevano il bagno, abbiamo fatto un mare di fotografie, ci siamo fatti rincorrere da un elefante che si era arrabbiato con noi perché forse lo avevamo disturbato troppo e poi siti archeologici. Abbiamo visitato vari siti, città, città su una roccia, una città che si chiama Sighirria che riuscire ad accedere alla parte più alta è veramente un impresa e poi... e poi che cos'altro abbiamo fatto? Va beh! Innanzitutto abbiamo mangiato moltissimo, abbiamo mangiato la frutta tropicale più buona, che... migliore che io abbia mai mangiato nella mia vita... poi cos'altro? E poi il mare, due o tre giorni forse quattro di spiaggia, di mare pulitissimo, insomma alla fine una vacanza meravigliosa, indimenticabile e la raccomandiamo a tutti!

 12 Ascolta nuovamente la registrazione e rispondi alle domande.

> Chiavi: 1 una lacrima, una goccia;
> 2 con un autista;
> 3 due settimane;
> 4 li ha rincorsi perché lo avevano disturbato;
> 5 la frutta era la migliore che avessero mai mangiato;
> 6 no, sono anche stati alcuni giorni al mare.

13 Scrivi una lettera a un amico che non vedi da anni e raccontagli di una tua vacanza.

E' questo il primo momento in cui gli studenti devono produrre autonomamente qualcosa per iscritto utilizzando il passato prossimo. Suggeriamo di non correggere la lettera subito, ma di ritornarci dopo avere visto le spiegazioni e fatto gli esercizi della sezione di grammatica.
Potrebbe chiedere agli studenti di scambiarsi le lettere e far correggere a loro gli scritti, avvertendo di prestare particolare attenzione all'uso del passato prossimo.

abilità
Inferire (2)
Queste attività possono risultare particolarmente difficili da un punto di vista culturale. Se condivide la nostra convinzione che i giornali sono molto utili da un punto di vista linguistico e culturale per il percorso d'apprendimento dei suoi studenti, se ha occasione di portare in classe dei giornali italiani o di collegarsi a Internet o se i suoi studenti hanno queste possibilità, allora è giunto il momento di iniziare, a poco a poco, a lavorare sulle abilità linguistiche e non, necessarie per leggere il giornale in lingua. Ovviamente quanto detto riguardo al giornale, su carta o elettronico che sia, si applica anche agli altri mezzi d'informazione.
Se al contrario non è d'accordo o non ha a disposizione certi strumenti le consigliamo di passare alla lettura dell'articolo dell'esercizio 4.

 1 Leggi il titolo di giornale, che cosa capisci?

> Chiavi: il 21 aprile 1996 si sono svolte elezioni politiche in cui ha vinto l'Ulivo, coalizione di partiti di centrosinistra. Mentre il Polo delle Libertà, coalizione di partiti di centrodestra ha perso le elezioni.

4 Leggi velocemente l'articolo e abbina i paragrafi con i riassunti.

> Chiavi: 3 le differenze tra ricchi e poveri in Italia stanno aumentando.
> 6 Meno della metà degli operai vanno in vacanza.
> 2 Meno italiani vanno in vacanza a causa di problemi economici.
> 1 Quest'anno le città italiane non sono deserte per Ferragosto.
> 5 La maggior parte dei vacanzieri è formata da giovani.
> 4 Oltre agli italiani nelle città italiane ci sono molti turisti.

 5 Rispondi alle domande sull'articolo.

> Chiavi: 1 perché meno italiani vanno in vacanza.
> 2 Crisi economica e maltempo.
> 3 Perché i ricchi aumentano, ma anche i poveri.
> 4 Il 38 %.

Una riflessione metodologica
L'attività svolta negli esercizi 4 e 5 è degna di un approfondimento.

a "Leggi velocemente l'articolo" inizia la consegna. Gli studenti tendono ad adagiarsi nella convinzione che quando leggono devono capire tutto e quindi leggono lentamente. Conclusione: non capendo tutto e mettendoci tempo si demotivano e si deprimono, sentono che non ce la fanno.
Quindi far leggere velocemente è una cosa fondamentale e va spiegata agli studenti.
b "Abbina i paragrafi ai riassunti": qui l'operazione mentale è doppia: da un lato si deve procedere all'individuazione dei contenuti basi di ogni paragrafo, poi rapidamente andare a vedere quale dei possibili riassunti funziona, poi collegare le cose.
Ancora una volta dunque si deve procedere a una lettura globale, intuitiva, non per singole parole, ma per significati presi nel loro complesso, attivando le strategie globalistiche anziché quelle analitiche che sono così care agli studenti.
E' necessario far cogliere agli studenti la complessità cognitiva che c'è dietro un esercizio in apparenza minimo come questo e far capire anche lo scopo per cui viene proposto.
c "Rispondi alle domande sull'articolo": solo a questo punto, dopo aver attivato la comprensione globale gestita dall'emisfero destro del cervello, si passa alla comprensione analitica individuando quattro informazioni tra quelle contenute nel testo. Questa è la procedura normale di funzionamento del cervello e in questo senso, proprio perché rispettoso delle procedure umane, Rete! fa parte della cosiddetta "glottodidattica umanistica".

6 Ascolta l'intervista a un agente di viaggio e rispondi alle domande.

> **Chiavi: 1 In estate: viaggi lontani, oltre oceano. Per i ponti di Pasqua, Ognissanti, ecc. viaggi più brevi in Italia, ma anche all'estero.**
> **2 In estate, in agosto e per i ponti di Pasqua, Capodanno ecc. ma non tanto per Natale e poi molto popolari sono le settimane bianche.**
> **3 Almeno due.**
> **4 Posti esotici: Tailandia, Egitto, Maldive, Australia.**

- *Allora Marina, avrei qualche domanda da farti. Quali sono i luoghi di villeggiatura preferiti dagli italiani?*
- *Se parliamo di mete estive quindi viaggi e vacanze estive, parliamo chiaramente di viaggi oltre oceano quindi lungo raggio, altrimenti chiaramente gli italiani viaggiano molto anche nei periodi dei ponti, quindi Pasqua, Ognissanti ecc. per cui sono mete molto più brevi, chiaramente massimo in Italia o qualche week-end all'estero.*
- *Quali sono i periodi in cui gli italiani viaggiano di più?*
- *Gli italiani viaggiano soprattutto per il periodo di agosto, quindi la vacanza estiva e comunque i ponti quindi parliamo di Pasqua, Natale, Natale non tanto anzi, Pasqua, Capodanno, Ognissanti e tutti i ponti che chiaramente ci sono nei week-end e chiaramente anche molto le settimane bianche e le vacanze estive. Sicuramente non viaggiano molto nei periodi di giugno, maggio e settembre.*
- *Quante volte va in vacanza l'italiano medio?*
- *Sì, diciamo che l'italiano medio comunque si concede almeno un paio di vacanze all'anno. Chiaramente predilige, appunto perché è medio, hotel 3 stelle, anziché 4 che gli consentono quindi di farsi una vacanza in più, vale a dire la settimana bianca in inverno e la vacanza 15 giorni estivi al mare o comunque se non gradisce la montagna, potrebbe viaggiare nei periodi dei ponti.*
- *Nei viaggi di nozze quali sono le mete preferite?*
- *Le mete preferite per i viaggi di nozze sono chiaramente le mete esotiche quindi parliamo di Tailandia, moltissimo anche l'Egitto, parliamo di Maldive, Caraibi, parliamo chiaramente di quelle vacanze da sogno come vengono poi chiaramente reclamizzate e chi ha un budget un pochino più alto si allontana anche fino all'Australia e... barriera corallina eccetera quindi diciamo che è un viaggio almeno di venti giorni, invece mediamente i viaggi di nozze si fermano a dieci, quindici giorni.*
- *Grazie Marina per aver risposto e continuiamo...*

fonologia • I suoni /ff/ caffè; /vv/ ovvio; /ss/ classe

 1 Ascolta le coppie di parole.

Questa attività ha il compito di introdurre i suoni e far percepire la diversa pronuncia rispetto ai corrispondenti suoni brevi. Faccia ascoltare una o due volte.

 2 Leggi le parole dell'attività precedente con un compagno.

Faccia leggere le parole dell'attività precedente in coppia. Se necessario, faccia cambiare compagno per rendere l'esercizio meno ripetitivo e così far esercitare gli studenti più volte.

 3 Ascolta le parole e scrivile nella colonna corretta.

L'obiettivo è la verifica ortografica della percezione dei suoni intensi e dei corrispondenti brevi. Faccia ascoltare almeno tre volte. Dica subito agli studenti che non si devono preoccupare se non possono scrivere tutte le parole. La prima volta non faccia scrivere, ma solo ascoltare, fra il secondo e il terzo ascolto faccia fare un controllo tra studenti. Se crede, può fare ascoltare più volte. Ma è inutile insistere per far scrivere tutte le parole correttamente, se gli studenti non sono in grado di farlo dopo tre, o quattro ascolti.

> Il post-it si riferisce alla diversa durata nei suoni intensi /ff/ /vv/ /ss/.
> Come per i suoni dell'unità precedente per produrre questi suoni bisogna raddoppiare la durata del corrispondente suono breve.

> **Chiavi. /f/ /v/ /s/ rosa; sfitto; venire; diviso; africano.**
> **/ff/ /vv/ /ss/ avvenire; messo; rossa; spesso; avverbio; affitto.**

 4 Insieme a un compagno leggi le parole che hai scritto.

Dopo la correzione collettiva dell'attività precedente faccia leggere le parole in coppia. Non dovrebbero esserci problemi nella articolazione di questi suoni intensi, perlomeno non più di quanti ce ne sarebbero con i relativi suoni brevi. Quindi in caso di difficoltà articolatorie le consigliamo attività analoghe a quelle già viste nell'unità 8.

lessico

 1 Abbina le foto alle parole del riquadro.

Se non ha fatto quest'attività in precedenza come indicato, dedichi un po' di tempo a far pensare ad altri modi di fare vacanza, ad esempio in barca a vela o in roulotte.

Chiavi: 1 bungalow; 2 camper; 3 pensione; 4 appartamento; 5 tenda da campeggio; 6 hotel.

 2 Completa gli schemi con le parole del riquadro. Conosci altre parole?

Quando gli studenti hanno finito di completare gli schemi chieda loro di cercare altre parole che possano entrare nel "ragno". Corregga poi i risultati con tutta la classe.

 3 Nel dialogo Maria dice che ...

E' importante invitare gli studenti a pensare non solo a quanto fatto in questa unità, ma anche alle conoscenze acquisite in altre unità. Come nel caso di "affascinante" gli aggettivi possono spesso andar bene in molti ambiti.

civiltà

GLI ITALIANI IN VACANZA

Ancora una volta gli studenti possono apportare il loro contributo parlando dei luoghi e delle città italiane che conoscono ai compagni. Li si possono invitare a portare in classe cartoline o altro materiale illustrato sull'Italia su cui si può lavorare insieme a gruppi per cercare "il luogo ideale" per una vacanza in Italia. E' anche possibile sfruttare le immagini per descrivere più dettagliatamente i luoghi di villeggiatura e fare confronti con le abitudini vacanziere degli altri paesi.

Appunti:

grammatica

 1 Completa le frasi con un verbo del riquadro.

Chiavi: 2 siete andate alla festa di Sandro, vero? Come è stata? Vi siete divertite molto?
3 Come si chiamano i tuoi genitori?
4 Ieri mi sono mangiato una pizza enorme.
5 Ieri la mia squadra favorita ha perso e io mi sono arrabbiato molto.
6 Ero così nervoso prima dell'esame che mi sono fumato un pacchetto di sigarette intero.
7 Bambini, è ora di mangiare!! Vi siete lavate le mani?
8 Sabato pomeriggio Claudia e sua madre sono uscite insieme e si sono comprate due vestiti carissimi.
9 Ragazzi, come sembrate stanchi!! A che ora vi siete alzati questa mattina?
10 Che bella coppia!! Quando vi siete conosciuti?
11 Tre giorni fa ho rivisto un mio caro amico. Ci siamo incontrati in stazione.
12 Gloria ha passato l'esame e ieri sera si è bevuta tre birre!
13 Ho accompagnato la mia ragazza all'aeroporto; ci siamo salutati, poi ci siamo baciati e abbiamo cominciato a piangere.

 2 Completa le frasi con il verbo e il pronome.

Chiavi: 2 dove le hai messe?
3 L'ho comprata.
4 L'ho portata.
5 L'ha finito?
6 Le ho trovate.

 3 Rispondi alle domande. Usa i pronomi *lo/la/l'/li/le*.

Chiavi: 2 l'ho prestata a Peter.
3 Sì, li ho chiamati domenica scorsa.
4 L'ha accompagnata Franco.
5 Le ho messe sul tavolo.
6 Sì li ho visitati tutti.

 4 Lavora con un compagno.

Di nuovo un'attività di grammatica comunicativa. Lo faccia notare invitando gli studenti a divertirsi, se possibile, giocando con quest'attività!

sommario
1 Abbina le frasi o espressioni alla descrizione sotto.

Chiavi: b con 3; c con 1; d con 2.

TEST
1 Associa gli elementi...

G	C	H	B	E	A	L	D
1	3	4	5	6	7	8	9

2 Leggi questa e-mail di Maria...

Caro Gianni,
Finalmente siamo arrivati a casa. È stato un viaggio terribile. Pensa che siamo arrivati all'aeroporto di corsa perché ci siamo persi per la strada. Poi, l'aereo è partito con quattro ore di ritardo! Ma non è ancora finita. Dopo circa un'ora CI SIAMO TROVATI in mezzo a delle turbolenze che non ti dico! Poi, quando finalmente ci hanno portato il pranzo, io e Francesco CI SIAMO GUARDATI e CI SIAMO MESSI a ridere. Ci hanno dato due fettine di carne immangiabili. Quando siamo arrivati CI SIAMO ACCORTI che ci hanno anche perso una valigia. A questo punto Francesco si È ARRABBIATO sul serio, ma cosa vuoi fare? Siamo arrivati a casa, io MI SONO FATTA subito una doccia e Francesco si È ADDORMENTATO in poltrona! Prima di dormire CI SIAMO DETTI che a casa si sta veramente bene.
Bacioni
Maria e Francesco

3 Associa domanda e risposta.

F	D	A	B	E	C
1	2	3	4	5	6

4 Completa il testo delle vignette...

2) – Ci facciamo il caffè?
    – Grazie ma L'HO BEVUTO dieci minuti fa.
3) – Come hai avuto tutte queste informazioni su Cuba?
    – LE HO TROVATE in Internet.
4) – Non trovo più i miei occhiali.
    – LI HAI PERSI un'altra volta?
5) – Mi offri una sigaretta?
    – Mi dispiace, LE HO FINITE
6) – Sara, hai proprio una bella gonna!
    – Grazie, L'HO COMPRATA la settimana scorsa in un negozio del centro.
7) – Come avete conosciuto Laura e Guido?
    – CI SIAMO INCONTRATI per caso in vacanza l'estate scorsa.
8) – Come sai che c'è uno sciopero dei treni?
    – L'HO LETTO questa mattina sul giornale.
9) – Bellissimo, di chi è questo?
    – L'HO FATTO io.

unità 13 — il tempo

Il tempo! In molti paesi parlare del tempo e soprattutto seguire l'evoluzione del tempo meteorologico in tv o alla radio fa parte della quotidianità, al punto da originare cliché come quello che riguarda gli inglesi e la loro supposta abitudine di parlare del tempo.
Gli italiani mediamente non sono così legati al tempo, forse perché a parte alcune settimane all'anno e qualche evento atmosferico particolare l'Italia gode, in molte sue regioni, di un clima temperato, quindi mai troppo freddo, anche se a volte sì, molto caldo.
La domanda che segue coglie di nuovo un aspetto un po' stereotipato: è frequente che gli stranieri associno l'Italia al sole. Provi a chiedere ai suoi studenti e cerchi di lavorare sull'idea che come sempre lo stereotipo contiene probabilmente un fondo di verità, ma come ogni generalizzazione induce in errore.
Questo lavoro sugli stereotipi verrà ripreso con forza nel secondo volume di Rete!

1 Abbina i disegni alle parole del riquadro.

> **Chiavi:** 1 sereno; 2 variabile; 3 coperto; 4 nuvoloso; 5 nebbia; 6 pioggia; 7 neve; 8 vento.
> A questo punto non è necessario che vengano introdotti altri termini.

2 Ascolta e leggi il dialogo. Scegli la parola che senti.

Sandro: Mi presti il giornale?
Maria: Sì, volentieri. [Rumore di giornale che viene sfogliato.]
Sandro: Che guaio!
Maria: Cos'è successo?
Sandro: Niente... sto leggendo le previsioni del tempo per domani. Guarda qua!
Maria: "Da domani freddo e pioggia su Centro e Nord Italia. Temperature attorno allo zero." Bene! Per me è meglio se piove. Devo stare a casa a studiare.
Sandro: Per me no, invece. E' un bel problema! Devo andare al Nord, in Lombardia... in macchina. E se poi nevica...
Maria: Prevedono anche tempo sereno?
Sandro: Sì, in Sicilia... al Sud. Lì il tempo è quasi sempre bello.
Maria: Dai! A me sembra che esageri. Per due gocce d'acqua...

▶▶ **Alla scoperta della lingua**

> **Chiavi:** b) si usa per sottolineare che una richiesta o un'offerta è ben accetta.

3 Ascolta le frasi registrate e scrivi le parole che mancano.

> **Chiavi:** 1 nebbia; 2 neve; 3 sereno; 4 variabile; 5 vento.

4 ▶▶ Alla scoperta della lingua. Ora completa la tabella…

C'È	(IL TEMPO) È	VERBI
Il sole	Bello	Piove
(Il) vento	Sereno	Nevica
(La) nebbia	Variabile	
(La) neve	Freddo	

Dedichi un po' di tempo a far riflettere su queste espressioni, se crede, aggiunga anche una frase a seconda del contesto: Oggi (non) c'è caldo. E dica che con "freddo" e "caldo" si può usare anche il verbo "fare": oggi fa caldo. Questa espressione si trova nell'attività successiva.

 5 Completa le frasi in modo personale.

Non faccia riflettere gli studenti sulla struttura "se + presente + presente" prima di aver finito le frasi.

 6 Insieme a un compagno, a turno cercate di indovinare come l'altro ha completato le frasi.

Utilizzi quest'attività come una gara, cercando di sfruttare la motivazione che l'information gap genera.

7 Adesso parlate del tempo nel vostro paese, facendovi domande.

E' possibile fare ora l'esercizio 4 della sezione del lessico, in particolare se pensa che i suoi studenti non hanno ancora sviluppato sufficiente autonomia nella produzione. In alternativa può anche chiedere a tutta la classe quali sono le domande che si possono fare, ma senza

▶▶ Alla scoperta della lingua

Che tempo c'è dopo se? Questa struttura non presenta grossi problemi, solitamente, se lo ritiene opportuno può aggiungere già qui che il presente si può usare anche al posto del futuro e anche la forma "se + presente" assume significato di futuro in certi casi: ad esempio, se domani fa bello, vado in piscina.

permettere che gli studenti prendano appunti. Poi possono farsi le domande. Scelga il numero di persone nel gruppo, ma consigliamo di non superare le quattro. Se ha una classe monolingue, di persone provenienti dallo stesso paese, la motivazione potrebbe essere piuttosto bassa, provi a suscitare un po' di curiosità con l'attività supplementare che segue.

Attività supplementare
Dica agli studenti di lavorare in coppia. Le domande che si faranno sono le stesse dell'attività 7, ma ogni studente deve decidere da quale paese proviene. Con le informazioni sul tempo che ricava dalle risposte alle domande ed eventualmente attraverso altre domande di altro tipo, il compagno deve cercare di indovinare la provenienza dell'altro. L'attività può essere ripetuta e vince chi indovina con meno domande. Ogni tentativo fallito d'indovinare vale come due domande fatte. In questo modo gli studenti sono incoraggiati a fare più domande e quindi a parlare di più.

 8 Su un foglio scrivi …

Se teme che i suoi studenti non riescano a iniziare a scrivere la composizione oppure se vuole provare una forma diversa di fase di brainstorming, potrebbe chiedere loro di chiudere gli occhi e di raffigurarsi, di vedere il tipo di clima che preferiscono, con il paesaggio che preferiscono e di cercare di sentire sulla pelle la sensazione provocata da quel clima. E' lei che deve condurre questa parte dell'attività, è necessario che li guidi dicendo, con voce il più possibile suadente e ripetendo i comandi tipo "rilassatevi" e "sentite il piacere di questa sensazione": "Chiudete gli occhi, rilassatevi, state lasciando questa classe, a poco a poco state uscendo, e siete in viaggio, ora siete arrivati nel paese che preferite, nel clima che vi piace di più, sentitelo, guardatelo senza aprire gli occhi, e vi vedete lì in quella situazione, in quel clima, state bene, guardatevi attorno, com'è la natura? Com'è il tempo? Guardatevi bene attorno ancora per un momento e poi lentamente, lentamente, quando decidete che siete pronti, tornate qui nella classe e aprite gli occhi, lentamente. Quando avete aperto gli occhi prendete la penna e scrivete la descrizione del tempo che avete immaginato." Tutti questi comandi oltre che con un tono molto suadente, calmo, rilassato, vanno dati con tempi piuttosto lenti, i tempi del rilassamento, della tranquillità, vanno ripetuti, e vanno previste pause tra un comando e l'altro.

 9 Ascolta l'insegnante e indovina chi ha scritto la composizione.

Alla fine raccolga i fogli e li legga. La classe deve indovinare gli altri. Se avete fatto l'attività di rilassamento, ecc. chieda se è piaciuta agli studenti e se hanno notato differenze nel modo in cui sono riusciti a scrivere la composizione. Verifichi anche lei se i risultati sono diversi dal solito.

 10 Ti piace quando nevica?

Non spieghi ora da un punto di vista grammaticale questa struttura, si limiti a far acquisire la funzione, attraverso l'uso. Più avanti nella sezione di grammatica dopo la presentazione dei pronomi tonici viene ripresa.

lessico

 1 Completa la tabella.

> Chiavi: ne = nord-est
> e = est
> se = sud-est
> s = sud
> so = sud-ovest
> o = ovest
> no = nord-ovest

 2 Quanto conosci dell'Italia? Rispondi alle domande.

E' bene che gli studenti prendano l'abitudine di consultare in più occasioni la cartina d'Italia che si trova in questo testo.
Poco alla volta acquisiranno conoscenze di tipo geografico, anche se il lavoro che si sta svolgendo è soprattutto linguistico.

> Chiavi: 2 nel sud
> 3 nel centro
> 4 nel nord-est
> 5 nel nord
> 6 nel sud-est

 3 Scrivi le temperature.

"...E ora passiamo alle temperature previste per lunedì 4 gennaio.
Giornata fredda in molte località italiane. A Milano la temperatura al momento è di meno 3 gradi, a Roma è di zero gradi e a Palermo è di più 6.
Per questa notte a Milano si prevedono ancora temperature sotto lo zero".

> Chiavi: Milano, meno 3 gradi
> Roma, zero gradi
> Palermo, più 6

 4 Abbina le domande alle risposte.

> Chiavi: 2 con e; 3 con a; 4 con b; 5 con d.

abilità

la coesione del testo

In questa sezione viene sviluppata una riflessione sul testo che solitamente gli studenti compiono in maniera inconscia in quanto dotati dei naturali dispositivi d'acquisizione della lingua che permettono loro di riconoscere la funzione di certe parole non appena ne hanno compreso il significato. E' il caso dei termini che vediamo nella prima attività: i dimostrativi, i pronomi in genere, parole che rimandano a concetti di spazio o tempo: qui, là, in quel momento, ecc.
Per questa ragione solitamente gli studenti non trovano complesse queste attività e le considerano a volte poco significative. E' suo compito illustrarne invece l'importanza: sono attività che si inseriscono nel programma di sviluppo delle abilità d'apprendimento perché tra le altre cose stimolano l'autonomia e la consapevolezza dello studente. Inoltre il riflettere in maniera attenta su questi aspetti può essere d'aiuto quando si trovano difficoltà di comprensione testuale.

1 A cosa si riferiscono le parole sottolineate?

Chiavi:	1 a Napoli
	2 i primi piatti
	3 dell'Italia
	4 ai miei cugini
	5 a Sara

2 Leggi il testo e completa la tabella.

Il testo che segue oltre a far riflettere sulla coesione testuale continuando il lavoro dell'attività precedente, dà nuove e più approfondite informazioni sul clima in Italia. Prima di far leggere il testo può essere utile introdurlo chiedendo agli studenti quanto sanno della geografia d'Italia, se l'Italia è un paese molto montuoso, se pensano che ci sia una forte differenza climatica tra le varie zone, ecc. Se disponete di un collegamento Internet potrebbe chiedere agli studenti di fare i quiz di geografia sul sito dedicato a Rete!

Chiavi:	questo	la variabilità del clima
	sua	la penisola italiana
	suo	la penisola italiana
	la	la penisola italiana
	quelle	le regioni
	che	il continente africano
	quelle	le condizioni
	loro	le Alpi
	loro	le piogge e la temperatura
	questa	l'autunno
	quelle	le regioni
	quelle	le regioni
	nostro	l'Italia
	essa	la temperatura
	qui	in Italia
	sue	dell'Italia

3 Leggi nuovamente il testo e indica se le seguenti affermazioni sono vere o false.

Chiavi: 1 v; 2 f; 3 v; 4 v; 5 f; 6 f; 7 v; 8 v.

 4 Immagina di essere in Italia in estate…

 5 Ascolta le previsioni e rispondi alle domande.

Buongiorno, queste sono le previsioni di oggi venerdì 16 giugno.
Al nord: al mattino bel tempo su Val d'Aosta, Piemonte e Liguria.
Nuvoloso altrove, qualche pioggia su Veneto e Romagna. Nel pomeriggio bel tempo su pianura lombarda e Liguria. Moderata nuvolosità sulle altre zone. Qualche rovescio nel Veneto e nella sera anche sulla Val d'Aosta. Temperature massime senza variazioni rilevanti.
Al centro: al mattino piogge o rovesci sparsi sulle Marche. Nuvoloso su Abruzzo, Molise e Umbria. Bel tempo lungo il litorale tirrenico. Nel pomeriggio qualche rovescio anche nel reatino e in serata sui rilievi abruzzesi. Nella notte ancora pioggia su Marche e Abruzzo. Massime in calo sulle regioni adriatiche, stazionarie altrove.
Al sud e sulle isole: al mattino bel tempo su Sardegna, Sicilia meridionale e litorali ionici. Qualche nube sulle altre zone, nel pomeriggio nubi in aumento nelle zone interne e peninsulari e della Sicilia. In serata qualche rovescio sui rilievi lucani e siciliani. Nella notte migliora ovunque. Massime in rialzo sulla Sardegna.

Chiavi: 1 no; 2 no; 3 sì; 4 sì.

 6 Leggi il fax.

Il fax che segue riporta un testo e un'impostazione da lettera formale. Sarebbe opportuno riprendere con gli studenti l'impostazione della lettera, ripassando elementi già noti e aggiungendo le novità che vengono indicate nei post-it gialli.
Faccia poi alcune domande oralmente; le domande non sono state scritte sul libro dello studente e la consegna è semplicemente "leggi il fax", perché è qui più rilevante concentrarsi sulla forma del fax che sul suo contenuto.

1 Come si chiama l'autore del fax?
2 A chi lo scrive?
3 Perché scrive il fax?
4 L'autore spera in futuro di poter essere cliente delle persone cui scrive il fax?

Appunti:

grammatica

 1 Sostituisci le parole sottolineate con un pronome.

Chiavi: 2 per lei; 3 con loro; 4 fra loro; 5 con lui; 6 con noi.

 2 Completa le frasi con un pronome.

Chiavi: 2 noi; 3 noi; 4 lei; 5 lui; 6 noi; 7 voi; 8 loro.

 3 Completa le frasi con un pronome atono o tonico.

Chiavi: 2 mi; 3 te; 4 vi, le; 5 lui, lei; 6 me; 7 li; 8 lei; 9 lo; 10 loro.

 4 Non sei mai d'accordo con Luigi. Rispondi seguendo l'esempio.

Chiavi: 2 davvero? Io no.
3 Davvero? Io sì.
4 Davvero? A me no.
5 Davvero? Io no.
6 Davvero? Io sì.

 5 Sei sempre d'accordo con Luigi. Rispondi seguendo l'esempio.

Chiavi: 2 neanch'io.
3 Anch'io.
4 Neanch'io.
5 Anch'io.
6 Anche a me.

 6 E tu?

Chiavi: risposte personali.

Appunti:

fonologia • I suoni /pp/ tro**pp**o; /bb/ ra**bb**ia; /tt/ le**tt**o
• Intonazione per esprimere stati d'animo: *preoccupazione*

 1 Ascolta queste coppie di parole ti sembrano uguali o diverse?

Si ascoltano queste coppie di parole: abbiamo abbiamo; coppia copia; fato fatto; babbo babbo; capello cappello; sete sette; tubi tubi dita ditta; sabbia sabbia; cabina abbina.

In questa attività gli studenti devono allenarsi a percepre la differenza tra coppie di parole contenenti un suono breve e il corrispondente suono intenso. Faccia ascoltare due o tre volte, fra il secondo e il terzo ascolto faccia una verifica intermedia tra studenti.

> Chiavi: uguali: d; e; g; i.
> Diverse b; c; f; h; l.

> Nel post-it viene fornita una indicazione pratica per la pronuncia di questi suoni. Tenga conto che rispetto ai suoni intensi visti nelle Unità 11 e 12, questi suoni e quelli che saranno esaminati nelle successive unità, sono diversi. Infatti, mentre per i suoni precedenti si poteva semplicemente allungare la durata del suono, con /pp/ bb/ e /tt/ ciò non è possibile. Questi suoni si realizzano con una occlusione (delle labbra per /p/ e /b/; della lingua e dei denti per /t/) e successivo rilascio dell'aria che produce il suono. Vanno, perciò, pronunciati con maggiore intensità articolatoria. Se vuole può specificare che in realtà con questo tipo di suoni, ad allungarsi è la fase di "preparazione" al suono. Infatti, prima di pronunciare un suono occlusivo si verifica sempre una brevissima pausa in cui l'aria si raccoglie dietro l'ostacolo (labbra, denti, lingua) che impedisce la fuoriuscita del suono. Nei suoni occlusivi doppi, tale pausa è più lunga, l'aria preme con maggior pressione e si libera con maggior intensità. Ciò che ne risulta è un suono intenso come in *gatto*, *rabbia*, *troppo*. Questi argomenti saranno ripresi nei volumi successivi di RETE.

 2 Ascolta le parole. Dopo, ripeti con un compagno.

Faccia ascoltare le parole una o due volte. Dopo faccia leggere le parole in coppia, cambiando eventualmente compagno per far ripetere più di una volta. Se ci fossero difficoltà nell'articolazione dei suoni intensi, cerchi di concentrare l'attenzione dello studente sulla fase che precede il suono (cfr. sopra). Faccia suddividere la parola in sillabe e faccia notare come il suono intenso è preceduto da una breve pausa in cui l'aria preme contro l'ostacolo. Eventualmente, esageri la pausa e l'accumularsi dell'aria come se si dovesse pronunciare un suono extra-intenso: /ttt/ /bbb/ ecc. Ad esempio *ga – ttto*; *ra – bbbia* ecc. Faccia provare gli studenti a fare esercizi analoghi. Se ci fossero difficoltà nell'articolazione del suono in sé, suggeriamo di rivedere le rispettive Unità in cui si parla di questi suoni: 2 e 5.

 3 Ascolta questi brevi dialoghi e fa' attenzione all'intonazione.

L'obiettivo di questa e della prossima attività è far osservare agli studenti come sia possibile esprimere preoccupazione in italiano lasciando in sospeso la frase e le conseguenze di quanto detto precedentemente. Faccia ascoltare la prima volta senza dare un compito specifico.
Prima di ascoltare la seconda volta chieda agli studenti che cosa hanno in comune le frasi del parlante B. Naturalmente le risposte saranno molto diverse, ma ne approfitti per un breve momento di discussione con la classe.
Se la classe non risponde, provi a stimolare gli studenti chiedendo quali saranno le conseguenze se «A» dovesse guidare con la neve, se non studiasse abbastanza ecc. Poi, faccia notare che l'intonazione sospesa serve a mettere in risalto proprio l'informazione mancante e la preoccupazione del parlante.

civiltà
UNA QUESTIONE DI CLIMA

 1 Ascolta la canzone, chiudi gli occhi, e poi scrivi tutto quello che la musica ti suggerisce sull'Italia.

Questa attività è una specie di gioco che oscilla tra idee e stereotipi che si sono formati negli anni proprio partendo dagli aspetti del clima che, nell'immaginario collettivo, viene spesso percepito come uniforme per tutto il territorio nazionale. Gli studenti potrebbero aggiungere anche altre idee (spesso preconcette) sull'Italia proprio a partire dal clima, ma anche idee che si sono formate attraverso lo sguardo diverso di ogni paese che ha guardato all'Italia nel corso degli anni attraverso filtri culturali diversi.

sommario
1 Abbina le frasi o espressioni alla descrizione sotto.

> Chiavi: 1 con f; 2 con h; 3 con i; 4 con g; 5 con e; 7 con c; 8 con d; 9 con l; 10 con m;
> 11 con n; 12 con o; 13 con b; 14 con q.

Appunti:

TEST

1 Leggi le definizioni nel riquadro.

IL MARE	LA PIOGGIA	IL CIELO	IL CLIMA
Agitato	Leggera	Coperto	Fresco
Calmo		Nuvoloso	Freddo
In tempesta		Sereno	Glaciale
			Variabile
			Caldo

2 Associa le battute delle due colonne.

B	E	A	D	C
1	2	3	4	5

3 Leggi le seguenti previsioni...

Chiavi: 1b, 2c, 3a.

Appunti:

4 Rimetti in ordine...

Chiavi:
Laura:	– Ciao Isa, come va?	1
Isa:	– Bah, con questo caldo non riesco a fare niente!	2
I:	– Anch'io, però quest'anno un po' di mare non me lo toglie nessuno.	10
L:	– Neanch'io. Non vedo l'ora di andare in vacanza, qui in città non si respira.	3
I:	– Anche a me, però, non mi piace andare dove c'è troppa gente.	6
I:	– Senti, visto che anche tu non hai ancora deciso niente, ti andrebbe di passare le vacanze insieme?	8
L:	– A me sì, però devo sentire Francesco, lui ha sempre il problema del lavoro…	9
I:	– Hai già deciso dove andare?	4
L:	– Nemmeno a me, figurati. Se vedo folla scappo:	7
L:	– Veramente no, però vorrei andare in un posto al mare, mi piace troppo stare al sole.	5

5 Metti in ordine le frasi.

Chiavi: 1 anche a lei non piace uscire con la pioggia.
2 Se non cambia il tempo resto a casa tutto il giorno.
3 Se fa molto caldo è necessario bere molto.
4 Se ho un po' di tempo passo da te questa sera.

Appunti:

Sulla strada!

Per iniziare la lezione potrebbe decidere di mettere in risalto la ricchezza storica e non solo artistica delle città italiane. Città che hanno visto il trascorrere delle epoche e ne mostrano ancora i segni tangibili, il vecchio che convive con il nuovo, città spesso di duemila anni e più di storia.
Inoltre se ha alcune immagini oltre a quelle del testo su Roma, Napoli, Perugia ad esempio, rispettivamente fondate dai romani, dai greci e dagli etruschi potrebbe parlare dei problemi urbanistici e architettonici che sono costrette ad affrontare le città italiane oggi. Centri storici con vie molto strette, perché spesso costruiti sull'impianto della città romana, poi sviluppatisi in epoca comunale nel medioevo.
La correzione della prima attività può avvenire in forma di gara: divida la classe in gruppi di quattro persone, due coppie ogni gruppo che verificano le risposte.
Lasci che ogni coppia confronti le risposte date dai due membri che la compongono e poi raggiunto un accordo su eventuali punti discordanti, le due coppie si confrontano segnando le risposte.
Alla fine la correzione con tutta la classe dimostrerà chi ha risposto correttamente.

 1 Trova il posto.

Chiavi: 2 banca;
3 hotel;
4 cinema;
5 teatro;
6 supermercato;
7 chiesa;
8 museo;
9 piscina;
10 biblioteca;
11 stazione;
12 fermata dell'autobus;
13 parcheggio.

> Faccia notare la forma del *si* impersonale, ma chieda agli studenti di formulare la regola. Questa struttura verrà ripresa in seguito.

 2 Ascolta e cerchia le parole che senti

1 - Senta, scusi, mi sa dire dov'è la stazione (1)?
- Dunque, da qui è difficile... deve andare dritto fino al ponte. Dopo il ponte c'è un semaforo e subito dopo, a sinistra la piazza della stazione.

2 - Scusate, per andare al parcheggio (2) pubblico?
- Devi prendere la prima strada a destra, arriverai a una rotonda, poi devi prendere la strada che prosegue dritto. Al semaforo gira a destra e troverai le indicazioni del parcheggio. E' in Via della Repubblica.

3 - Scusa, c'è una banca (3) qui vicino?
- Una banca, una banca... Sì, ce n'è una all'angolo di Via Garibaldi con Via Cairoli; di fronte alla chiesa (4). Non può sbagliare. Di fianco alla banca c'è il Museo d'Arte Moderna.

4 - Mi scusi, mi sa dire dov'è il cinema (5) "Capitol"?
- Sì, allora... all'incrocio dovete girare a sinistra. Vedrete subito un supermercato e dopo il supermercato c'è un semaforo. Al semaforo dovete andare a destra. Dopo circa 50 metri, troverete un complesso sportivo con una piscina (6) e altri impianti. Di fronte alla piscina c'è il cinema e un teatro.

5 - Mi scusi, per andare alla stazione?
- Mi dispiace, non sono di qui e non so dov'è.

3 Ascolta nuovamente e scrivi il nome dei luoghi segnati con il numero.

Oltre a un esercizio di comprensione orale, questo è una specie di dettato delle parole mancanti, quindi corregga sulla lavagna le parole, giusto per evitare possibili errori ortografici.

4 Tu e il tuo compagno siete in stazione. Fate dei dialoghi chiedendo informazioni stradali.

In questo momento gli studenti possono essere in difficoltà nell'affrontare l'attività perché non hanno ancora visto scritti i verbi e le espressioni che si usano in questi casi; glieli ridica, ma solo oralmente: girare, prendere la prima a destra, ecc., andare dritto. Dica anche di utilizzare le parole viste nell'attività 1 e i disegni della 3. Chieda anche di ricordare quanto sentito nell'ascolto, se crede può farlo riascoltare dopo aver invitato a utilizzare la memoria necessaria per l'attività che stanno per fare.
Ovviamente gli studenti non conoscono il congiuntivo per le forme dell'imperativo della forma di cortesia "lei", né l'imperativo per il "tu". Si può aggirare il problema dicendo agli studenti di usare il verbo "dovere", ad esempio "deve prendere la prima a destra".

 5 Ascolta il dialogo e cerchia la parola che senti.

Si consiglia di sfruttare il dialogo prima a libri chiusi con un paio di attività di comprensione.

> Chiavi: parcheggio; curva; ponte; a destra; dritto; girare; di fronte.

Appunti:

> Verifichi che il significato di "fino a" sia chiaro.

6 Insieme a un compagno, a turno…

Faccia fare l'attività in modo leggero, come un gioco, ma controlli in silenzio quanto dicono e alla fine faccia notare gli errori. Chieda poi a diversi studenti di rifare i dialoghi. Sia abbastanza pignolo in questo caso, richieda una certa accuratezza espressiva.

7 Un tuo compagno non sa dov'è la farmacia più vicina…

E' il momento della riflessione su quanto visto, attraverso la scrittura. Abbia cura di controllare i messaggi di tutti gli studenti e di correggerli.

lessico

1 Scrivi il nome sotto le figure.

Questo esercizio riprende parte del lessico visto nell'attività 2. E' importante che gli studenti cerchino di ricordare questi termini senza andare a leggere e guardare le figure dell'attività 2.

> Chiavi: 1 semaforo;
> 2 ponte;
> 3 incrocio;
> 4 rotonda;
> 5 curva;
> 6 piazza;
> 7 via/strada;
> 8 laterale.

2 Guarda la figura e scrivi le indicazioni di luogo.

Con queste espressioni, le parole dell'esercizio precedente, i termini e la cartina del primo esercizio di questa unità faccia scrivere tre frasi a ogni studente. Poi a campione ne legga qualcuna.

3 Scrivi una lista dei verbi che si usano nelle indicazioni stradali.

Controlli la lista con tutta la classe. Dica agli studenti di usare la memoria e di non guardare le varie attività precedenti.

4 Scrivi la definizione di tre luoghi pubblici.

In classi deboli o per cogliere l'occasione per riprendere e espandere le tecniche di utilizzo del dizionario, inviti a usare questo strumento.

5 Insieme a un compagno, a turno leggete le definizioni e cercate di indovinare i luoghi.

Se ha una classe relativamente piccola può fare quest'attività con tutta la classe, magari dividendo gli studenti in due squadre.

abilità

Cerchi di incoraggiare gli studenti a non preoccuparsi e a prendere quest'attività come una sfida. E soprattutto sia convincente quando ribadisce un concetto che in realtà è presente nelle unità di Rete! fin dall'inizio come metodo di lavoro, e cioè che non è necessario conoscere tutte le parole per poter comprendere un testo.

 1 Leggi il testo e metti in ordine i paragrafi.

Chiavi: 5; 2; 1; 4; 6; 3.

 3 Ascolta l'intervista e rispondi alle domande.

Chiavi: 1 difficile; 2 il trasporto; 3 girare sotto i ponti; 4 perché si muovono per fotografare; 5 0.75.

Sì, 'a vida del gondolier xe difisi'e. E' difficile la vita del gondoliere: vaporetti a destra, vaporetti a sinistra, tra poco vaporetti di sopra, le onde... el Canal Grande xe impossibi'e, è davvero impossibile; e poi finalmente si va nei canaletti, quelli piccoli... però: i fondali sono bassi e si tocca, girare nei ponti e sotto i ponti diventa difficile, ci sono i barconi con la verdura, i barconi col cemento per i restauri, xe 'na roba da mati, davvero è terribile. Anche perché poi il gondoliere c'ha il remo da una parte, deve guidare e girare dall'altra parte, davvero impossibile; i turisti, poi, in gondola che si spostano per far le fotografie e ti fanno perdere l'equilibrio... Tutto questo viene a costare tantissimo al turista; d'altra parte, una gondola ha bisogno di manutenzione continua, ma anche i vaporetti sono costosi. Vaporetto per il turista costa 3 euro mentre per noi veneziani costa neanche 1 euro, 0,75... e quindi anche i vaporetti han bisogno di manutenzione e c'è questo traffico tremendo! L'unica cosa sarebbe chiudere tutto e farci andare tutti quanti a piedi... e non a nuoto perché altrimenti sarebbe un disastro!

 4 Per ricordare delle parole nuove ci sono diverse tecniche...

Prima di iniziare queste attività chieda agli studenti se conoscono o se utilizzano tecniche particolari per memorizzare parole nuove. Faccia ancora una volta riflettere sul fatto che Rete! cerca di insegnare a imparare e che più si è consapevoli del proprio percorso d'apprendimento, migliori sono i risultati.

 5 Quali di queste tecniche utilizzi?

Può essere che gli studenti già utilizzino diverse di queste tecniche. Dica loro che tutte le tecniche qui riportate possono essere efficaci!

Due riflessioni metodologiche

Da un lato questi due esercizi possono essere utili per portare alla consapevolezza dei propri meccanismi di acquisizione lessicale, dall'altro possono avere una funzione nel dare qualche consiglio:

a la consapevolezza. Abbiamo detto più volte che questo manuale si inserisce nell'approccio "comunicativo-formativo" teorizzato negli anni novanta proprio in un volume di Balboni, Didattica dell'italiano a stranieri (Roma, Bonacci): insegnare non solo a comunicare in italiano, ma anche far crescere la persona, formare: quindi insegnare a imparare l'italiano e le altre lingue. Questo continuo ritorno sulla consapevolizzazione dei meccanismi di acquisizione, questo continuo invito all'insegnante affinché condivida con gli studenti delle riflessioni meta-cognitive, sono esempi di attività che giustificano il secondo aggettivo, "formativo";

b la memorizzazione del lessico. Una delle regole fondamentali è che non si memorizza un sistema incompleto: questo significa che per memorizzare grande, bello, alto, grasso servono anche i complementi, che chiudono il sistema e che per ciascuno di questi aggettivi è piccolo, brutto, basso, magro. Non è sempre possibile, per non appesantire inutilmente il volume, dare il contrario di ogni parola, ma quando un insegnante vuole essere certo che una parola venga acquisita può accoppiarla (con una battuta, un gioco di parole, uno schizzo alla lavagna) al suo contrario.

grammatica

 1 Riscrivi le frasi usando il si impersonale.

Chiavi: 2 se si guida troppo velocemente in città, si prende facilmente una multa.
3 In Italia si deve lavorare per almeno 35 anni per poter andare in pensione.
4 In Italia in caso di emergenza si ha sempre diritto all'assistenza sanitaria.
5 In Italia se si vuole entrare nei musei più importanti si deve spesso fare una lunga coda.
6 Quando si è al mare, ci si deve mettere molta crema per proteggersi dal sole.

 2 Trasforma le frasi usando la forma impersonale.

Chiavi: 2 in Italia si beve molto vino.
3 In Italia si lavora molto, al contrario di quanto a volte si pensi.
4 In Italia non si fa sciopero spesso.
5 In Italia non si parla bene l'inglese.
6 In Italia si risparmia molto.
7 In Italia si fa spesso colazione al bar.
8 In Italia si gioca spesso al totocalcio.

 3 Rispondi alle domande usando *ci*.

Chiavi: 2 no, non ci sono mai stato.
3 No, ci vado una o due volte all'anno.
4 Ci sto molto bene.
5 Ci sono circa 1500 chilometri.
6 Sì, ci sono andato due volte.

 4 Rispondi alle domande.

Chiavi: 2 ci vogliono 45 minuti.
3 Ci sono 120 chilometri.
4 Ci vuole un'ora.
5 Ci sono 250 chilometri.
6 Ci vogliono due ore e mezza.
7 Ci sono 450 chilometri.
8 Ci vogliono 4 ore.

 5 Abbina le frasi di destra a quelle di sinistra.

Chiavi: b con 3; c con 5; d con 6; e con 1; f con 2; g con 7.

fonologia • I suoni /kk/ a**cc**ordo, acqua;
/gg/ a**gg**ressivo; /dd/ a**dd**io
• Intonazione per esprimere:
accordo/disaccordo.

 1 Ascolta le coppie di parole. Fa' attenzione...

L'obiettivo di questa attività è la percezione e la discriminazione dei suoni. Faccia ascoltare una o due volte; sottolinei che le parole con asterisco non esistono e che servono a osservare la diversa pronuncia con i corrispondenti suoni brevi/intensi.

> Nel post-it viene fornita un'indicazione di massima per l'articolazione di questi suoni. Come nell'unità precedente, anche /kk/ /gg/ /dd/ sono classificabili come occlusivi. L'aria che deve produrre il suono, infatti, si trova temporaneamente bloccata dall'occlusione provocata dal dorso della lingua appoggiato sul palato per /kg/ e della lingua contro i denti superiori, per /d/ (cfr. Unità 3 e 5). Nell'impercettibile pausa che intercorre tra la preparazione e la produzione vera e propria del suono, l'aria spinge con forza contro gli ostacoli fino a forzarne l'apertura. Nei suoni occlusivi intensi l'accumulo di pressione contro l'ostacolo è maggiore; conseguentemente anche la pausa che precede il rilascio dell'aria sembra aumentare di durata.

 2 Ascolta le parole e scrivile nelle colonne corrispondenti.

L'obiettivo è verificare la resa ortografica dei suoni in esame. Faccia ascoltare tre volte. Come di solito, la prima volta non faccia scrivere, ma solo ascoltare e fra il secondo e il terzo ascolto faccia fare una verifica intermedia tra studenti.
Dica subito agli studenti che non devono preoccuparsi se non possono scrivere subito tutte le parole: ci saranno più ascolti.
Se lo ritiene necessario può fare un ulteriore ascolto per permettere la conclusione dell'attività. In ogni caso alla fine deve eventualmente fornire le parole mancanti.

Chiavi: /k/ /g/ /d/: **unghia; caduta; dolore; quale; regola; stanca; dialogo; amiche; produrre.**
/kk/ /gg/ /dd/ **macchina; acquisto; piccolo; agguato; suddividere; raffreddore; sogghigno; aggressivo; reddito.**

 3 Leggi le parole che hai scritto con un compagno.

Faccia leggere le parole in coppia, provando più di una volta, possibilmente con compagni diversi. Se ci fossero difficoltà nell'articolazione dei suoni intensi provi a esagerare le caratteristiche dei suoni intensi pronunciando parole come *a-cccordo, so-ggghigno, fre-dddo*. Faccia notare che prima di pronunciare questi suoni, l'aria si concentra dietro l'occlusione per essere poi improvvisamente rilasciata. Più il suono che pronunciamo è intenso, maggiore è la pressione dell'aria contro gli ostacoli provocati dalla lingua.

 4 Nell'unità precedente abbiamo visto ...

Faccia ascoltare i brevi dialoghi una o due volte e faccia notare come esprimendo accordo o disaccordo, oltre agli elementi lessicali *anche/neanche* ecc., si seguono delle intonazioni particolari per sottolineare il significato delle frasi.
Genericamente possiamo dire che l'accordo, si può sottolineare con un'intonazione di sorpresa (cfr. Unità 10) cioè con un'intonazione caratterizzata dall'innalzamento del tono che raggiunge il suo picco sui pronomi *io/me* (cfr. *anche io!/anche a me!*); inoltre, scarsa durata e scarsa intensità sonora. Invece, l'intonazione di disaccordo è generalmente più neutra, con un'intonazione di tipo discendente conclusivo (cfr. Unità 2 e 5).

 5 Leggi i dialoghi con un compagno.

Faccia leggere i dialoghi cercando di rispettare il modello intonativo ascoltato precedentemente.

civiltà
ITALIANI DI OGGI

 1 Sei un esperto conoscitore dell'Italia?

Si potrebbe continuare il quiz dividendo la classe in gruppi e chiedendo a ogni gruppo di preparare il profilo di un personaggio italiano famoso e di farlo indovinare al resto della classe.

> **Chiave: 1 Umberto Eco;**
> **2 Luciano Pavarotti;**
> **3 Bernardo Bertolucci;**
> **4 Renzo Piano;**
> **5 Sophia Loren;**
> **6 Dario Fo;**
> **7 Roberto Benigni.**

Purtroppo una pagina sui grandi italiani è destinata a diventare obsoleta con una inesorabile rapidità, quindi lei può anche variare i personaggi e le descrizioni che ha visto sopra.

Attività supplementare
Una attività che si può facilmente fare è quella dell'interrogatorio cui si può rispondere solo SI', NO e NON SO. Si può fare:

a **classe contro insegnante**: l'insegnante pensa un personaggio, può alla lavagna scrivere di quante lettere è composto il nome, o addirittura indicare quante consonanti e vocali ci sono e dove: ad esempio, CIAMPI diventerebbe: C+V+V+C+C+V. Gli studenti devono fare domande, secondo l'esempio sotto; vince lo studente che indovina

b **studente contro classe**: lo studente che ha vinto prende il nome dell'insegnante

c **studente contro gruppo**: si divide la classe in vari gruppi e ciascuno opera come sopra, usando un foglio di carta anziché la lavagna

d **studente contro studente**: è la forma più semplice.

Le domande devono essere semplici, e ciascuna domanda deve restringere il campo.
Ad esempio:
1 È donna?
2 È nel mondo dello spettacolo?
    Se sì: Se no:
    2.1 è una cantante?   2.2 è nel mondo politico?
Ecc.

Se vuole può anche disegnare alla lavagna questo elementare schema di cruciverba e vedere chi è più rapido nell'inserire i nomi dei personaggi a pagina 173:

> **Chiavi: in orizzontale, dall'alto, troviamo**
> **PIANO, FO, BERTOLUCCI e BENIGNI.**
> **In verticale, da sinistra,**
> **LOREN, PAVAROTTI, ECO.**

sommario

1 Abbina le frasi o espressioni alla descrizione sotto.

> Chiavi: b con 5; c con 6; d con 4; e con 3; f con 8; g con 10; h con 9; i con 7; l con 11; m con 1; n con 13; o con 12.

TEST

1 Leggi le seguenti frasi e...

Museo	Biblioteca
B	A
D	C
F	E
G	I
H	

2 Riscrivi le frasi.

> Chiavi: 1 Se si è stanchi è meglio non guidare.
> 2 Se si guida non si deve bere troppo.
> 3 Anche se si ha fretta è meglio rispettare i limiti di velocità.
> 4 Se si fa un viaggio lungo è meglio controllare la macchina.
> 5 Non ci si deve dimenticare di allacciare la cintura di sicurezza.
> 6 Se si è nervosi si può guidare ascoltando musica classica per rilassarsi.

3a Osserva la piantina della città e sulla base delle indicazioni trova i numeri corrispondenti.

> Chiavi: 3; 2; 4; 5; 1.

4 Metti in ordine le frasi.

> Chiavi: 1 Mi piace molto il teatro ma ci vado raramente.
> 2 In Italia ci si incontra spesso nei bar tra amici.
> 3 Le schede telefoniche si possono comprare dal tabaccaio.
> 4 Per cuocere gli spaghetti ci vogliono circa dieci minuti.

1 Ascolta la conversazione e rispondi alle domande

Chieda agli studenti cosa fanno di solito di sera, o al fine settimana. Senza soffermarsi troppo chieda loro quali posti frequentano, quali possibilità ci sono per uscire con gli amici.

Sandro: Pronto?
Maria: Pronto, vorrei parlare con Sandro per favore.
Sandro: Sono io; ciao Maria.
Maria: Ciao, come va?
Sandro: Bene e tu?
Maria: Sto bene, grazie. Sandro, ti va di uscire una di queste sere?
Sandro: Volentieri. Dove vorresti andare?
Maria: Hai voglia di andare a mangiare una pizza?
Sandro: Per me va bene. Però perché non andiamo a Spoleto?
Maria: Cosa c'è a Spoleto?
Sandro: In questo periodo c'è il Festival dei Due Mondi. Potremo mangiare lì e magari ci sarà qualcosa d'interessante.
Maria: Ok, quando ci vediamo? Domani sera?
Sandro: Domani sera?... Mi dispiace, ma non posso. Sarò impegnato fino a tardi con il lavoro.
Maria: Allora perché non usciamo dopodomani?
Sandro: Dopodomani... Non so...
Maria: Dai Sandro, non fare il difficile!
Sandro: D'accordo. Ti prometto che passerò a prenderti verso le 7.
Maria: Benissimo. Ti aspetto. Ciao.
Sandro: Ciao Maria e grazie dell'invito.

 2 Ascolta nuovamente la conversazione e completa il testo.

Faccia ascoltare il testo due volte se necessario. Nel testo ci sono varie forme di futuro. Se qualche studente chiede spiegazioni dica semplicemente che è il futuro, ma che per esprimere azioni future in italiano va bene spesso anche il presente. Il futuro viene presentato più avanti in quest'unità. Inviti invece a riflettere sulle forme che servono per invitare qualcuno. Chieda di sottolineare le frasi che presentano un invito e le risposte. Poi faccia rileggere ad alta voce la conversazione a coppie. Attenzione all'intonazione!

> Chiavi: 1 vorrei; 2 ti va; 3 hai voglia; 4 perché non; 5 magari; 6 ci vediamo; 7 mi dispiace; 8 d'accordo.

Appunti:

3 Quali altre cose si possono fare di sera con gli amici?

Riprendendo quanto accennato nell'attività 1, inviti gli studenti a completare la tabella.
Alla fine controlli alla lavagna i risultati con tutta la classe e corregga gli eventuali errori di lingua nella seconda colonna della tabella, quella delle attività.

 4 Ora a coppie fate una conversazione simile, usate le pagine dell'agenda riprodotte sotto.

Dica agli studenti di rileggere la conversazione delle attività 1 e 2 e soprattutto le espressioni sottolineate prima di cominciare a lavorare a coppie.

 5 Da molto tempo non vedi un tuo amico o una tua amica.

Dica agli studenti di scrivere una conversazione simile a quelle fatte, ma tenendo i libri chiusi.

 6 Credi nell'oroscopo?

Se ha a disposizione una connessione Internet, per rendere più motivante il lavoro, ammesso che gli studenti mostrino interesse, può collegarsi ai siti indicati attraverso il sito di Rete! dove troverà la possibilità di costruire oroscopi personalizzati e altro.
Altrimenti cerchi di rispondere alle domande introduttive.

DIAMO QUI I COMMENTI ANCHE PER LA PAGINA 177 PER LASCIARE SPAZIO AD UNA ATTIVITA' SUPPLEMENTARE NELLA PROSSIMA PAGINA.
SE RITIENE, PUO' FARE LA FOTOCOPIA E DARLA AGLI STUDENTI DA COMPILARE, CIASCUNO PER IL PROPRIO SEGNO; IL GIORNO DOPO SI PUÒ' LAVORARE UN'ORA INTERA SU QUELLO CHE HANNO SCRITTO.

 8 **Alla scoperta della lingua.** **Nell'oroscopo ci sono molti verbi al futuro.**

Controlli con tutta la classe la tabella creata e metta in luce il fatto che il futuro si forma partendo dall'infinito e che le forme complete le vedrete nella sezione della grammatica.

 9 Lavora con un compagno.

Chieda se qualcuno si è mai fatto predire il futuro, leggere le carte, i fondi di caffè, la mano, ecc. Chieda se a nessuno è stato mai predetto qualcosa che si è in seguito avverato.
Poi a coppie dica di fare l'attività. Attenzione: devono usare il futuro nel formulare le domande, ma non insista troppo a questo punto sulla correttezza delle forme.
Alla fine dica a tutti di leggere entrambe le proposte e di individuare eventuali parole sconosciute, e li aiuti a comprendere il testo in tutte le sue parti. Questo per poi parlare un po' su certe scelte di vita anche drastiche e forse poco realistiche, sempre che gli studenti siano motivati.

Un approfondimento culturale
L'Italia passa per una nazione cattolica e moderna. Eppure…
La chiesa condanna l'uso di oroscopi: sono delle contraddizioni alla nozione base del cristianesimo, il libero arbitrio: se le azioni di una persona sono guidate dalle forze degli astri, allora non c'è colpa nel male e non c'è merito nel bene…
La modernità condanna come superstizioso il ricorso agli oroscopi: pianeti e stelle non possono regolare, con le loro debolissime attrazioni, il carattere delle persone.
Eppure… Anche noi che scriviamo queste note, pur non credendo negli oroscopi, al mattino quando in TV ce lo propongono zittiamo gli altri al momento in cui arriva il nostro segno zodiacale!
In Italia ci sono migliaia di se-dicenti maghi e chiromanti, e ci sono centinaia di migliaia di persone che li frequentano. Basta aprire i giornali destinati a un pubblico vasto e non colto per trovare pagine di inserzioni pubblicitarie di maghi di ogni specie, spesso incredibilmente comiche, deliranti.
E' frequente leggere sui giornali di gente che si è rovinata per seguire le indicazioni degli astri o delle forze occulte, di gente truffata da maghi che erano tali solo nell'abilità di sfilare il portafogli.
Eppure gli italiani continuano ad andarci, o quanto meno a leggere quotidianamente l'oroscopo e a comprare Astra, il principale giornale di astrologia, a Capodanno per sapere come sarà per loro l'anno nuovo.
E' una di quelle contraddizioni dell'Italia di cui si può parlare con gli studenti.

Questo è il simbolo del mio segno:

MI CHIAMO _____

E IL MIO SEGNO E' _____

Le persone nate sotto questo segno

- amano persone nate sotto il segno
  _____
  _____

- detestano quelli nati sotto il segno
  _____
  _____

- hanno un carattere
  _____
  _____

- la nostra principale qualità:
  _____
  _____
  _____

- il nostro principale difetto:
  _____
  _____
  _____

- la nostra pietra portafortuna:
  _____
  _____
  _____

- quest'anno sarà per me:
  _____
  _____
  _____

- il bello degli oroscopi è che:
  _____
  _____
  _____

- il brutto degli oroscopi è che:
  _____
  _____
  _____

lessico

 1 ▶▶ Alla scoperta della lingua.

Questa volta la riflessione già avviata nell'attività 2 si arricchisce di una riflessione strutturale attraverso la tabella. Dica agli studenti di riguardare il testo dell'attività 2 e gli oroscopi.

TU	Lei	Noi	Voi
Ti va di...?	Le va di...?	Vi va di...?	
Perché non...?	Perché non...?	Perché non...?	Perché non...?
Hai voglia di...?	Ha voglia di...?	Avete voglia di...?	

 2 Guarda i disegni e da' dei consigli.

Non si deve usare la forma "dovresti/dovrebbe", utilizzate piuttosto "perché non..." o anche un più drastico "devi/deve".

 3 Costruisci una conversazione seguendo le indicazioni.

Dopo aver scritto la conversazione secondo lo schema inviti due persone a recitarla.
E' importante che sia chiaro agli studenti che non si tratta di un doppione degli esercizi 4 e 5; è un'attività che, grazie agli stimoli dello schema, serve per sistematizzare le conoscenze acquisite nella parte precedente da un punto di vista più lessicale e per riprendere molte funzioni incontrate in altre unità.

 4 Fa' una lista delle parole che hai incontrato in questa unità.

Si tratta delle tecniche di memorizzazione delle parole nuove, quelle che dovranno essere incluse nella lista. Cerchi di farle applicare nel momento in cui ad esempio trovano una parola facilmente rappresentabile con un disegno, li inviti a questo.

abilità

 1 Sei una guida turistica.

Può darsi che per quest'attività occorra abbastanza tempo, soprattutto se sa o pensa che i suoi studenti amano lavorare per progetti. In questo caso li faccia lavorare a coppie o a gruppi di tre per costruire il programma della gita a Verona. Può arricchire il tutto facendo cercare materiale sia testuale che fotografico su Internet o attraverso fotografie o materiale turistico che lei potrebbe portare in classe.

 Imparare parole nuove

Ancora sulle tecniche di memorizzazione di termini nuovi. Le tecniche viste nell'unità precedente sono state ripassate nell'attività 4 del lessico. Ora ne vengono introdotte delle nuove.

2 Completa la tabella con i participi passati dei verbi del riquadro.

Chiavi: preso; riso; sceso; scritto;
letto; tradotto; fatto; detto;
chiesto; rimasto;
morto; scoperto; aperto.

 3 Con le parole del riquadro forma delle coppie di aggettivi con significato contrario.

Chiavi: grasso – magro
brutto – bello
bagnato – asciutto
basso – alto
freddo – caldo

 4 Forma dei gruppi logici con le parole del riquadro.

Possono essere proposte varie soluzioni, l'importante è discuterne.

6 Ascolta l'intervista a Paolo...

Intervistatore: Paolo, tu sei insegnante d'italiano da tanti anni. Hai qualche tecnica particolare da suggerire per memorizzare parole nuove?
Paolo: Che domanda! E' un campo molto complesso che richiederebbe molto tempo...
Intervistatore: Qualcosa di semplice se possibile...
Paolo: Ti racconterò cosa mi è successo qualche anno fa quando stavo insegnando all'estero... Allora, ho conosciuto una persona molto interessante, un linguista, che faceva yoga da tantissimi anni e un giorno lui mi ha detto che voleva provare a ripetere una lista di parole in italiano... Ah, tieni presente che lui non conosceva l'italiano. Allora gli ho scritto su un foglio 20 parole... tra cui verbi, aggettivi, nomi, ma anche pronomi come ne, ci, ecc. Lui ha preso il foglietto e dopo alcuni minuti mi ha ripetuto le parole, nell'ordine in cui le avevo scritte.
Intervistatore: E c'è riuscito?
Paolo: Sì, di 20 parole ne ha ricordate 17.
Intervistatore: Ti ha detto come ha fatto?
Paolo: Sì, è una tecnica molto antica che ho poi ritrovato in vari testi... E' basata sulla visualizzazione, cioè l'aiuto alla memoria attraverso le immagini che uno si crea dentro, nella propria mente.
Intervistatore: Ci sono delle fasi, o dei momenti...?
Paolo: Per prima cosa devi pensare alle azioni che compi regolarmente, ad esempio tutti i giorni quando ti svegli e ti alzi, una dopo l'altra. Ad esempio, apro gli occhi, mi alzo, mi metto le ciabatte, vado in bagno...... E quando hai ben immaginato la sequenza, ad ogni azione associ, abbini una parola...
Intervistatore: Ma come si fa?
Paolo: Ad esempio apri gli occhi e davanti vedi... non so... un prosciutto e la parola prosciutto scritta, poi ti alzi e vedi le ciabatte che sono viola, se la parola da ricordare è "viola" e sopra hanno un cartellino con scritto viola. Se devi ricordare parole di cui non conosci il significato o delle sequenze di numeri, le visualizzi scritte su un foglietto ad esempio dentro al lavandino... Insomma crei, immagini internamente una specie di film...
Intervistatore: E poi?
Paolo: Poi si ripetono le parole e solitamente si hanno buoni risultati. Le parole associate in questo modo si ricordano meglio. Certo che se poi devi ricordare qualche altra parola e usi la stessa tecnica, la stessa sequenza di immagini interne... beh il primo film si cancella.
Intervistatore: Tu usi questa tecnica?
Paolo: A volte sì e mi accorgo che più la uso più diventa efficace...
Intervistatore: Beh, grazie mille, Paolo.

 7 Ascolta nuovamente l'intervista...

Chiavi: 5; 1; 4; 2; 3.

grammatica

Ricordiamo che il futuro, ancorché ben compreso da tutti gli italiani, è di fatto poco usato, perché si preferisce sempre di più la forma del presente più l'avverbio o l'espressione di tempo.

 2 Metti le frasi al futuro.

Chiavi: 2 Domani sera starò in casa a guardare un film.
3 Domani mattina spiegherò il passato prossimo ai miei studenti.
4 Questa sera berrò spesso vino rosso a cena.
5 Domenica pomeriggio mi mangerò un gelato enorme.
6 Il mese prossimo saprò la verità sul caso di Silvia.
7 Sabato pomeriggio farò 5 chilometri di corsa.
8 La settimana prossima finirò il mio primo romanzo.

 3 Lavora con un compagno

E' un'attività orale di grammatica comunicativa. Faccia attenzione alle forme del futuro usate nelle domande. Inviti gli studenti a correggersi a vicenda e a autocorreggersi.

 4 Fa' delle domande.

Chiavi: varie domande possibili.
2 Cosa farete sabato sera?
3 Cosa farai da grande?
4 Dove andrai in vacanza quest'estate?
5 Cosa farai questa sera?
6 Che classe frequenteranno i tuoi figli l'anno prossimo?
7 Come andrai a Parigi?
8 Che tempo farà domani?

Appunti:

5 Da alcuni anni esci con una persona e vuoi sposarla.

Faccia la correzione alla lavagna di alcune di queste frasi dopo aver letto le promesse di vari studenti. Può anche ritirare i fogli e mentre corregge le frasi le può leggere a tutta la classe chiedendo di individuare l'autore.

 6 Ora a coppie confrontate le vostre promesse. Vi lascereste convincere?

Inviti gli studenti a parlare insieme motivando le loro opinioni.

 7 Fa' delle ipotesi.

Chiavi: varie soluzioni possibili.

Appunti:

fonologia • I suoni /tts/ mo**zz**arella; /ddz/ a**zz**urri   • /ttʃ/ pasti**cc**eria; /ddʒ/ le**gg**ere

 1 Ascolta e scrivi le parole nella colonna corrispondente.

L'obiettivo dell'attività è far osservare allo studente la pronuncia dei suoni /tts/ e /dzz/ (o «zeta» sorda, sonora intensa). Le consigliamo tre ascolti, il primo dei quali da effettuare senza scrivere, fra il secondo e il terzo ascolto, come di consueto, faccia fare una verifica tra compagni. Data la natura di questi suoni è possibile che vi siano errori di ortografia nella trascrizione dei suoni. Prima della correzione collettiva richiami l'attenzione degli studenti sul post-it.

> **Chiavi:** «zeta» sorda /ts/ /tts/: indirizzo; azione; piazza; frequenza; negozio; prezzo.
> «Zeta» sonora /dz/ /ddz/: mezzanotte; zanzara; azzurro; zoo; utilizzare; mezzo.

Faccia leggere il post-it e commenti insieme alla classe. Si tratta ancora una volta di una caratteristica non registrata dall'ortografia; quindi vi sono oscillazioni nella sua applicazione, anche in italiano. A completamento della regola esposta, si può aggiungere che la «zeta» viene pronunciata doppia anche quando è tra due vocali di parole diverse come in *lo zio* /lo t'tsio/; *lo zoo* /lo ddzoo/ ecc. Si tratta, quindi, di una situazione molto frequente; in tutti questi casi l'opposizione sordo/sonoro viene praticamente annullata. Naturalmente, la pronuncia intensa non si realizza quando la «zeta» non è tra due vocali. Ad esempio, in *frequenza*, nella seconda «zeta» di *zanzara* ecc. Conseguentemente, potrebbero verificarsi tra gli studenti alcuni tipici errori di ortografia del tipo *azzione* ecc. che fanno parte del normale processo di apprendimento e vanno corretti cercando di dare dei punti di riferimento precisi. Ad esempio il suffisso *–zione* di *nazione* non è mai scritto con doppia «zeta» *-zzione* ecc. Al contrario, il suffisso *-izzare*, molto produttivo nell'italiano moderno, è sempre caratterizzato da «zeta» sonora intensa, come in *utilizzare, realizzare* ecc. Per quanto riguarda l'opposizione sordo/sonoro rimandiamo a quanto detto nell'Unità 9.

 2 Insieme a un compagno leggi le parole che hai scritto nell'esercizio precedente.

Dopo aver effettuato la verifica faccia leggere le parole dell'attività 1 in coppia. Se ci fossero difficoltà nell'articolazione dei suoni le consigliamo di non insistere eccessivamente: si tratta comunque di un tratto marginale che richiede tempo per essere applicato in tutti i contesti. Se invece ci fossero specifiche difficoltà nella realizzazione del suono intenso le consigliamo di far osservare che questi suoni, come si può dedurre dai simboli fonetici /ts/ /dz/, sono formati da due fasi diverse (cfr. Unità 9). Ad essere pronunciata intensamente è solo la prima fase (/t/ o /d/). L'aria preme contro l'occlusione provocata da lingua e denti fino a quando la lingua si ritrae: quando pronunciamo un suono intenso questa pressione è maggiore. Se ci fossero difficoltà, provi a esagerare queste caratteristiche pronunciando parole come **a-zzione* /a̱tttsione/; **me-zzzo* /me̱dddzo/. Come si potrà notare per accumulare più aria contro l'ostacolo è necessario allungare la pausa che precede l'articolazione del suono vero e proprio. (cfr. le Unità 5; 9 e 13 per ulteriori informazioni.)

 3 Ascolta le coppie di parole. Fa' attenzione...

L'attività ha il compito di far notare allo studente la differenza tra i suoni intensi /ttʃ/ /ddʒ/ e i corrispondenti suoni brevi. Faccia ascoltare le coppie di parole una o due volte. Poi richiami l'attenzione degli studenti sul post-it.

> Come per i suoni appena esaminati, anche i suoni /ttʃ/ e /ddʒ/ sono articolati intensi solo nella prima fase di occlusione, fra lingua e denti superiori (/t/ o /d/). Invece la fase seguente, in cui si pronuncia il suono /s/ o (o /z/ con vibrazione delle corde vocali) è uguale sia in un suono intenso sia in un suono breve.

 4 Ascolta le parole e scrivile nelle colonne

Faccia ascoltare le parole tre volte: la prima volta senza scrivere. Fra il secondo e terzo ascolto faccia controllare gli studenti tra di loro. Se ci fossero problemi di carattere ortografico può rimandare all'Unità 3 dove questi problemi sono trattati, in particolare all'attività 5.

> **Chiavi:** /tʃ/ /dʒ/ piacere; piangere; grigio; camicia; province; progetto.
> /ttʃ/ /ddʒ/ leggere; salsiccia; pomeriggio; spiaggia; pasticceria.

 5 Insieme a un compagno leggi le parole che hai scritto.

Dopo la correzione collettiva, faccia leggere le parole in coppia. Se ci fossero difficoltà nella pronuncia dei suoni intensi provi a esagerarne le caratteristiche articolatorie facendo pronunciare parole come **do-cccia* /do̱tttʃa/ **o-gggi* /o̱dddʒi/. Eventualmente, faccia concentrare l'attenzione degli studenti sulla fase di preparazione, quando la lingua si appoggia contro i denti superiori come per pronunciare i suoni /t/ o /d/ e l'aria comincia a premere contro l'occlusione che si è così formata. Più il suono che pronunciamo è intenso, maggiore è la pressione che l'aria deve esercitare e più lunga la durata della pausa che precede l'articolazione vera e propria del suono. Per ulteriori problemi nell'articolazione del suono cfr. Unità 3; 5 e 13.

civiltà

 1 Leggi le informazioni che seguono...

Chiavi: 1/Arezzo Wave Festival;
2/Festival del cinema di Venezia;
3/La Biennale di Venezia;
4/Arena di Verona;
5/Umbria Jazz;
6/Festival di Spoleto.

sommario

1 Abbina le frasi o espressioni alla descrizione sotto.

Chiavi: b con 5; c con 4; d con 1; e con 6; f con 3; g con 7; h con 8.

Appunti:

TEST

1 Trova i dieci verbi...

A	D	À	Ò	T	**S**	**A**	**P**	**R**	**E**	**T**	**E**	N	T	I	R	À
F	**A**	**R**	**Ò**	A	A	R	C	I	A	E	B	S	E	R	Ò	V
A	B	R	S	B	**P**	**A**	**R**	**T**	**I**	**R**	**E**	**T**	**E**	L	L	E
O	S	**V**	I	C	**R**	Ò	T	O	D	E	È	O	S	I	A	V
R	U	**E**	Z	A	**Ò**	N	N	R	R	L	L	A	S	B	A	R
R	I	**D**	R	C	H	I	Ù	N	S	T	T	R	O	F	R	N
A	V	**R**	À	R	L	O	E	E	M	C	O	N	P	U	T	R
M	E	**A**	U	N	E	R	É	R	M	T	**S**	**T**	**A**	**R**	**A**	**I**
S	T	**I**	M	A	D	I	L	A	F	G	**A**	U	S	T	I	R
T	L	E	N	U	D	R	**R**	**I**	**M**	**A**	**R**	**R**	**E**	**M**	**O**	V
N	A	P	E	M	A	D	A	R	E	N	**E**	I	O	B	A	R
S	N	O	C	H	I	R	T	U	L	L	**M**	A	S	S	T	U
T	**P**	**R**	**E**	**N**	**D**	**E**	**R**	**A**	**N**	**N**	**O**	N	A	T	O	N

3 Trova la funzione...

C	D	F	G	A	E	B
1	2	3	4	5	6	7

4 Trova i verbi al futuro...

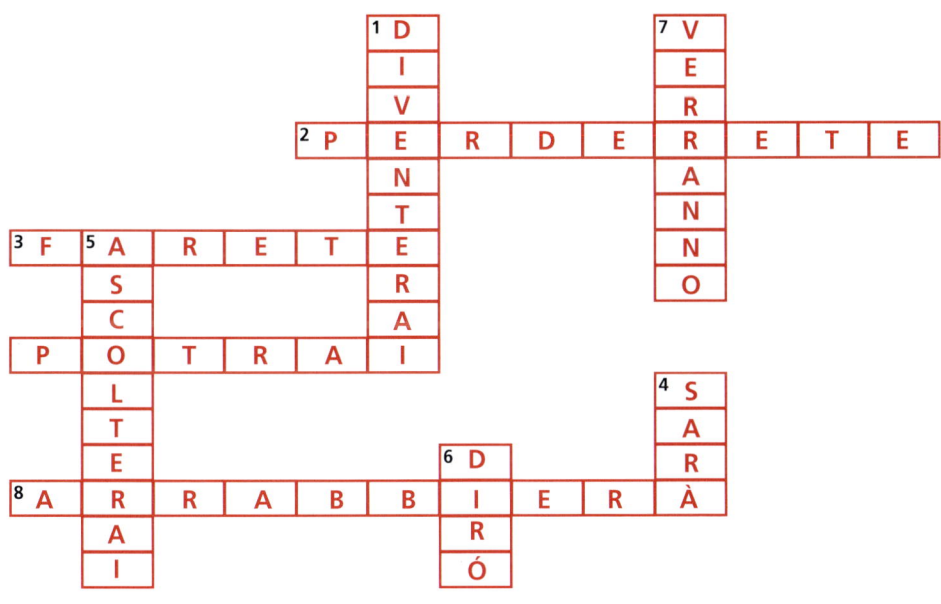

5 Leggi il testo e completalo...

Chiavi: passeremo; attraverseremo; proseguiremo; potrete; trasmetteremo; offrirà; servirà; incontreremo; spegnerà; avranno; sarà.

1 Completa il dialogo con i pronomi personali soggetto: *io, tu, lei, lui*.

- Scusi, ………… è il signor Ferri?
- Sì sono ………… , piacere.
- Piacere, mi chiamo Arreghini, Albert Arreghini
- Ah! ………… sei il ragazzo che ha prenotato una camera...
- Sì, sono …………
- Ma sei americano o italiano?
- ………… sono americano. Mio padre è italiano, ma ………… abita a New York da molti anni.

….. / 6

2 Due studenti si incontrano in un corso di italiano. Completa il dialogo seguente con le forme corrette dei verbi *essere, chiamarsi, studiare*.

Hugo: - Ciao, io *sono* Hugo, tu come ti ………………………… ?
Christian: - Piacere, mi ………………………… Christian. ………………………… portoghese?
Hugo: - No, ………………………… brasiliano, di Rio de Janeiro.
Christian: - Ah, bellissimo! Io invece abito a Vienna con la mia ragazza si ………………………… Irene.
 - Anche lei ………………………… italiano, ma lei parla molto bene, ………… molto intelligente.
Hugo: - Tu perché ………………………… italiano?
Christian: - Come scusa? Perché io ………………………… italiano? Per stare vicino a Irene!

….. / 9

3 Completa con le forme del verbo *essere* o *avere*.

1) Isabelle e Pierre ………………………… di nazionalità francese.
2) Gianni ………………………… una camera molto grande in un appartamento con altri studenti.
3) Voi perché ………………………… in Italia?
4) Noi non ………………………… turisti, ………………………… studenti.
5) Scusa, ………………………… l'indirizzo di Paola? Io non ce l' …………………………
6) Scusa, ………………………… tu Margit Shultz?
7) Dove ………………………… l'ufficio informazioni?

….. / 9

4 Trasforma al plurale.

1) Maria è una ragazza italiana
 Maria e Luisa …………………………………………………………………………
2) In classe c'è un ragazzo marocchino
 In classe …………………………………………………………………………………
3) Tu sei inglese o americano?
 …………………………………………………………………………………………

….. / 3

5 Abbina il nome con l'articolo indeterminativo *un, una, un, uno*.

Un — telefono
Uno   acqua minerale
Una   straniero
Un'   lettera
      agenzia
      indirizzo
      italiana
      numero
      amico
      studente

….. / 9

M. Mezzadri e P. E. Balboni, **Rete! 1** © Copyright 2001 Guerra Edizioni. Materiale fotocopiabile

6 Osserva nel riquadro alcune abbreviazioni di un dizionario italiano e abbinale nella tabella con la parola corrispondente.

abbreviazioni	
s.	sostantivo
m.	maschile
f.	femminile
agg.	aggettivo
pl.	plurale
sing.	singolare

Ristorante	s.	m.	sing.
Vecchio			
Agenzie			
Carta di credito			
Brutta			
Cartoline			
Francobolli			
Regalo			
Banche			
Bello			
Uscita			
Nuovi			
Biglietto			

..... /12

7 Completa le frasi con la forma corretta del verbo tra parentesi.

1) Anna e Franco (avere) .... un negozio di moda, (vendere) .... vestiti.
2) Maria (lavorare) .... a casa, (essere) .... casalinga.
3) Hans e Birgit (studiare) .... a Perugia, (imparare) .... l'italiano.
4) Voi (conoscere) .... il numero di telefono di Gianna?
5) Cosa (fare/voi) .... stasera?
6) (Sentire) .... , scusa come ti (chiamarsi) .... ?
7) Io e Carlo (fare) .... spesso viaggi insieme.

..... /11

NOME:
DATA:
CLASSE:

totale ..... / 59+1

(59 item più 1 punto bonus se tutto perfetto)

1 Osserva le vignette e completa i dialoghi con gli aggettivi dimostrativi o possessivi.

1) - Scusa Marta, è tuo .... libro?
   - No, forse è di .... fratello.

2) - .... quadri sono veramente molto belli!
   - Sì, gli impressionisti sono i .... pittori preferiti.

3) - Paolo, hai il numero di telefono di ragazza che lavora in un negozio di computer?
   - No, però forse ho il .... indirizzo E-mail.

4) - Chi sono .... ragazze insieme a .... sorella?
   - Sono due .... compagne di classe.

5) - Ciao Franca sono Lia, vieni a cena a casa .... sabato? Faccio una festa.
   - Mi dispiace, ma sabato sono a cena dai .... genitori.

6) - .... risotto è veramente ottimo!
   - Anche i .... spaghetti sono molto buoni.

7) - Francesca, abiti lontano?
   - No, abito in .... casa gialla in fondo alla strada, vicino a .... alberi.

..... / 15

M. Mezzadri e P. E. Balboni, **Rete! 1** © Copyright 2001 Guerra Edizioni. Materiale fotocopiabile

2 Completa il testo con le preposizioni articolate.

La biblioteca universitaria apre tutti i giorni **dal** lunedì **al** venerdì, **dalle** 8.30 **alle** 19. Il sabato, invece solo la mattina, fino **all'** una. Per ordinare **dei** libri o **delle** fotocopie chiedere **all'** ufficio prestiti **al** primo piano, in fondo **al** corridoio di fronte **alla** cabina telefonica.

..... / 11

3 In questa tabella si nascondono sette forme verbali. Trovale e scrivile nella tabella con il pronome personale e l'infinito. Osserva l'esempio.

A	N	G	R	S	G	L	P	I	O
L	E	T	R	B	V	A	O	B	D
L	E	G	G	I	U	E	S	C	I
N	B	A	B	C	R	V	S	A	T
U	M	A	V	I	D	T	O	N	E
N	A	N	I	G	D	V	N	R	A
A	V	E	N	I	A	M	O	B	I
C	A	G	C	U	E	I	R	L	O
E	N	B	E	D	A	V	U	N	S
R	N	T	G	V	E	N	G	O	P
B	O	G	S	F	V	R	A	V	O

PRONOME	VERBO	INFINITO
Io	Vengo	Venire
Tu	Leggi	Leggere
Tu	Esci	Uscire
Noi	Veniamo	Venire
Lui	Vince	Vincere
Loro	Vanno	Andare
Io	Sono	Essere

..... / 7

NOME:
DATA:
CLASSE:

totale ..... / 33

**1 Completa le frasi con i verbi nel riquadro con la forma *stare* + gerundio.
Osserva l'esempio.**

Esempio: - *Sei collegato a internet?*
- *Sì, sto scrivendo una E-mail a degli amici in Argentina.*

1) - Per favore Mario, puoi cucinare tu?
   - Io .... un film alla televisione.

2) - Come hai detto scusa? Puoi ripetere? Non ti sento, ... la doccia.

3) - Ciao Luisa, scusa il ritardo, ma c'è traffico .... ,
   siamo a un quarto d'ora da casa tua.

4) - Francesca vieni anche tu a bere qualcosa al bar?
   - Non posso, ... una telefonata importante.

5) - Dov'è la gatta?
   - Eccola, è dietro la poltrona, ... con una palla da tennis.

6) - Buongiorno, scusi. .... un buon ristorante qui vicino.
   - Qui avanti a destra c'è una trattoria, si mangia bene e costa poco.

7) - Ciao Anna, dove sei? Ti disturbo?
   - No, figurati! .... un caffè al bar di fronte alla scuola.

scrivere, giocare, arrivare, aspettare, guardare, telefonare, bere, cercare.

..... / 7

2 Completa le frasi come nell'esempio.

A Venezia d'estate c'è	molto	gente.
Quella ragazza è	molte	bella.
Oggi ho	troppa	cose da fare.
Andiamo a mangiare, ho	un po'	fame.
Questa sera non esco, sono	troppo	stanco.
Sto male, ho mangiato	pochi	frutta.
Vorrei	molta	di prosciutto.
Marta ha	troppa	amici.

..... / 7

3 Completa le frasi con il pronome diretto.

1) - Ti piace la televisione?
   - No, non .... guardo quasi mai.

2) - Leggi dei racconti in italiano?
   - Sì, ci provo, ma .... trovo un po' difficili.

3) - Hai una penna per favore?
   - Mi dispiace, non .... ho.

4) - A che ora torni questa sera?
   - Non .... so.

5) - Capisci le parole delle canzoni italiane?
   - Sì, se .... ascolto molte volte.

6) - Paola, vedi spesso i tuoi genitori?
   - Sì, ... vediamo a pranzo tutte le domeniche.

..... / 6

NOME:
DATA:
CLASSE:

totale ..... / 20

1 Completa i mini-dialoghi con i pronomi indiretti.

1) - Hai notizie di Luisa?
   - No, io .... ho scritto molte volte, ma lei non .... ha mai risposto.

2) - Se non hai la macchina .... accompagno volentieri io all'aeroporto.
   - Non importa Luisa, grazie.
   - Ormai sono d'accordo con Maurizio, ... ho detto di passare a prendermi alle sette.

3) - Allora, come .... trovate a Venezia?
   - Bene, e voi, quando .... venite a trovare?

4) - Hai telefonato a Francesca e Luigi per la cena di classe?
   - No, ... ho spedito una E-mail.

5) - Ciao ragazzi, ho dei biglietti per un concerto di jazz. .... interessa?
   - Certo, grazie. Il jazz .... piace molto. A casa abbiamo una collezione di dischi.

6) - Ciao Paola, senti, ... devo parlare. .... possiamo vedere stasera?
   - Purtroppo stasera non posso, ho un impegno con Sara e Martina, ... ho promesso di andare al cinema.

7) - Francesco senti, ... fai un favore? Quando vedi Gino .... dici se per cortesia ...... telefona in ufficio?
   - Certo, se lo vedo lo avviso.

8) - Signor Marini, ... chiamo un taxi?
   - No, grazie. L'albergo è vicino e .... piace andare a piedi.

..... / 15

2 Completa questa lettera con le forme del passato prossimo dei verbi nel riquadro. Osserva l'esempio.

Cara Marta, finalmente ..... *siamo arrivati* ..... a Venezia. Il viaggio .... molto lungo. Sulla strada .... molto traffico. .... subito il nostro albergo, ma .... la strada un sacco di volte. Qui è tutto un labirinto. Per fortuna .... informazioni a un signore gentile che ci .... fino alla porta. Ieri .... una pianta della città e .... a vedere i monumenti più importanti. .... palazzi e chiese meravigliosi, ma c'è tanto da vedere e con Franco .... di rimanere qualche giorno in più. Oggi .... un giro per la Giudecca, un'isola dove vive molta gente, ma molto tranquilla, senza troppi turisti. Adesso siamo in albergo perché siamo molto stanchi, ci .... molto presto e .... per tutta la città in lungo e in largo per vedere tutto il possibile.
Bene, scusa se non ti .... prima, se vuoi puoi rispondere a questo stesso indirizzo e-mail, è quello dell'albergo dove stiamo.
Gina e Franco

arrivare, fare, trovare, vedere, perdere, chiedere, alzarsi, cercare, accompagnare, essere, andare, decidere, scrivere, comprare, correre.

..... / 14

M. Mezzadri e P. E. Balboni, **Rete! 1** © Copyright 2001 Guerra Edizioni. Materiale fotocopiabile

3 Metti in ordine le seguenti frasi.

1) e sono fa Francesco anno Maria si un Roma a incontrati
....

2) senza uscita Marco è con Luisa niente perché si è dire arrabbiato
....

3) Dopo giardino la Marta e Carlo si sigaretta sono fumati una in cena
....

..... / 5

| NOME: |
| DATA: |
| CLASSE: |

totale ..... / 34

1 Leggi queste previsioni dell'oroscopo e completale con la forma corretta del futuro semplice. Osserva l'esempio.

a) Per il segno dello scorpione sarà finalmente una settimana positiva. Per i nati sotto questo segno, infatti, ben cinque pianeti (entrare) .... in aspetto favorevole. Ci (essere) .... grandi novità soprattutto in amore e forse, se siete soli, (potere) .... incontrare la vostra anima gemella. Nel lavoro i nati sotto questo segno (dovere) .... stare attenti.
Qualcuno (cercare) .... di ostacolare un vostro progetto. Tuttavia, con il vostro coraggio e la vostra costanza (superare) .... qualsiasi ostacolo. Tutto bene anche la salute, ma vi (sentire) .... meglio se (fare) .... un po' più attenzione alla dieta.

b) I nati sotto il segno del leone (avere) .... una settimana con alti e bassi. Anche se non (succedere) .... nulla di particolarmente importante. I primi giorni della settimana ci (potere) .... essere momenti di tensione e nervosismo in amore, ma, se (dare) .... fiducia al vostro compagno e se (sapere) .... mantenere la calma, verso il fine settimana tutto (tornare) .... al sereno e (avere) .... modo di rilassarvi un po'. Ottima la salute, ma (essere) .... meglio per i nostri amici del leone se (fare)................una vita più regolata.

..... / 17

2 In base al senso delle risposte formula delle domande usando il futuro semplice come nell'esempio.

1) - *In quanti saremo alla cena?* .... ?
   Non so di preciso, nove o dieci al massimo, comunque ti telefono per conferma.

2) - .... ?
   Ci verrò solo se ci sarà anche Paola. Senza di lei non vengo.

3) - .... ?
   No, credo di no. Ormai non ci saranno più posti e in questo periodo a Venezia non trovi nemmeno una stanza.

4) - .... ?
   Ti telefoneremo la prossima settimana. Se saremo liberi, ci farà molto piacere.

5) - .... ?
   Non lo so. È un esame molto difficile e non sono molto preparato.

6) - .... ?
   Sì, di sicuro. Un concerto come questo non lo voglio perdere per nessuna ragione al mondo.

..... / 5

M. Mezzadri e P. E. Balboni, **Rete! 1** © Copyright 2001 Guerra Edizioni. Materiale fotocopiabile

3 Osserva questi divieti e trasformali usando la forma impersonale come nell'esempio.

1) Vietato fumare

   In aereo non si può (non si deve) fumare.

2) Noi dobbiamo restare fuori

   ....

3) Non attraversare i binari

   ....

4) Vietato fotografare

   ....

5) Divieto di pesca

   ....

6) Spegnere i cellulari

   ....

..... / 5

| NOME: |
| DATA: |
| CLASSE: |

totale ..... / 27

1 Completa il dialogo con i pronomi personali soggetto *io, tu, lei, lui*.

Lei; io; tu; io; Io; lui.

2 Completa il dialogo seguente con le forme corrette dei verbi *essere, chiamarsi, studiare*.

Sono; chiami. Chiamo; sei. Sono. Chiama. Studia; è. Studi. Studio.

3 Completa con le forme del verbo *essere* o *avere*.

1) sono	2) ha
3) siete	4) siamo, siamo
5) hai, ho	6) sei
7) è	

4 Trasforma al plurale.

1) Maria è una ragazza italiana.	Maria e Luisa sono due ragazze italiane.
2) In classe c'è un ragazzo marocchino.	In classe ci sono due ragazzi marocchini.
3) Tu sei inglese o americano?	Voi siete inglesi o americani?

5 Abbina il nome con l'articolo indeterminativo *un, una, un, uno*.

un'acqua minerale	uno straniero	una lettera
un'agenzia	un indirizzo	un'italiana
un numero	un amico	uno studente

6 Osserva nel riquadro alcune abbreviazioni di un dizionario italiano e abbinale con la parola corrispondente.

ristorante	s.	m.	sing.
vecchio	agg.	sing.	m.
agenzie	s.	f.	pl.
carta di credito	s.	f.	sing.
brutta	agg.	f.	sing
cartoline	s.	f.	pl.
francobolli	s.	m.	pl.
regalo	s.	m.	sing.
banche	s.	f.	pl.
bello	agg.	sing.	m.
uscita	s.	f.	sing.
nuovi	agg.	pl.	m.
biglietto	s.	m.	sing.

7 Completa le frasi con la forma corretta del verbo tra parentesi.

1) hanno, vendono
2) lavora, è
3) studiano; imparano
4) sapete
5) fate
6) senti; chiami
7) facciamo

1 Osserva le vignette e completa i dialoghi con gli aggettivi dimostrativi o possessivi.

1) questo, mio
2) questi, miei
3) quella, suo
4) quelle, tua
5) mia, miei
6) questo, miei
7) quella, quegli

2 Completa il testo con le preposizioni articolate.

Dal; al; dalle; alle; all'; dei; delle; al; alla.

3 In questa tabella si nascondono sette forme verbali. Trovale e scrivile nela tabella con il pronome personale e l'infinito. Ossserva l'esempio.

PRONOME	VERBO	INFINITO
io	vengo	venire
tu	leggi	leggere
noi	veniamo	venire
loro	vanno	andare
lui/lei	vince	vincere
loro	possono	potere
tu	esci	uscire
voi	dite	dire

M. Mezzadri e P. E. Balboni, **Rete! 1** © Copyright 2001 Guerra Edizioni. Materiale fotocopiabile

1 Completa le frasi con i verbi.

1) sto scrivendo
2) sto guardando
3) sto facendo
4) stiamo arrivando
5) sto aspettando
6) sta giocando
7) stiamo cercando
8) sto bevendo

2 Completa le frasi come nell'esempio.

A Venezia d'estate c'è troppa gente.
Quella ragazza è molto bella.
Oggi ho molte cose da fare.
Andiamo a mangiare, ho molta fame.
Questa sera non esco, sono troppo stanco.
Sto male, ho mangiato troppa frutta.
Vorrei un po' di prosciutto.
Marta ha pochi amici.

3 Completa le frasi con il pronome diretto.

La; li; ce l'ho; lo; le; ci.

1 Completa i mini dialoghi con i pronomi indiretti.

1) le, mi
2) ti, gli
3) vi, ci
4) gli
5) vi, ci
6) ti, ci, gli
7) mi, gli, mi
8) le, mi

2 Completa questa lettera con le forme del passato prossimo dei verbi nel riquadro. Osserva l'esempio.

E' stato; abbiamo trovato; abbiamo cercato; abbiamo perso; abbiamo chiesto; ha accompagnato; abbiamo comprato; siamo andati; abbiamo visto; abbiamo deciso; abbiamo fatto; ci siamo alzati; abbiamo corso; abbiamo scritto.

3 Metti in ordine le seguenti frasi.

Francesco e Maria si sono incontrati a Roma un anno fa.
Marco si è arrabbiato con Luisa perchè è uscita senza dire niente.
Dopo la cena Marta e Carlo si sono fumati una sigaretta in giardino.

1 Leggi queste previsioni dell'oroscopo e completale con la forma corretta del futuro semplice. Osserva l'esempio.

a) Entreranno; saranno; potrete; dovranno; cercherà; supererete; sentirete; farete.
b) Avranno; succederà; potranno; darete; saprete; tornerà; avrete; sarà faranno.

3 Osserva questi divieti e trasformali usando la forma impersonale come nell'esempio.

Non si può entrare nel negozio con il cane.
Non si possono attraversare i binari.
Non si può fotografare dentro la chiesa.
Non si può pescare.
Durante la lezione si devono tenere i telefoni cellulari spenti.

Marco Mezzadri Paolo E. Balboni

Corso multimediale d'italiano per stranieri
[chiavi del libro di casa]

Guerra Edizioni

Chiavi del Libro di casa - unità 1

>ascoltare

1 Ascolta e scrivi le parole.

Chiavi: 1 grazie; 2 carina; 3 cognome; 4 università; 5 russo; 6 spagnolo.

2 Ascolta e rispondi alle domande con i tuoi dati.
(Le domande nella registrazione sono:)

Buongiorno.	E il cognome?
Alcune domande personali. [Breve pausa] Come si chiama?	Di dov'è?
Come scusi? Come si scrive il suo nome?	Lei studia in Italia?
	Grazie, molto gentile. Arrivederci.

>funzioni

1 Completa il dialogo.

Chiavi: varie possibili risposte.

>scrivere

1 Scrivi 3 frasi su di te.

Chiavi: varie possibili risposte.

2 Riscrivi il dialogo in registro formale.

Chiavi: a Buongiorno.
b Buongiorno.
a Questo è Graham Ford.
b Piacere. Scusi, come si chiama?
c Graham Ford.
b Come si scrive il nome?
c G.r.a.h.a.m.
b Graham, è un po' complicato!
c E Lei come si chiama?
b Paolo Sarti. E' inglese?
c No, irlandese.
b Studia in Italia o è qui per turismo?
c Sono qui per lavoro.
b Bene, forse ci vediamo in città. Arrivederci.

>lessico

1 Dividi le parole del riquadro in tre gruppi.

Chiavi:
tedesco	chiamarsi	ciao
italiano	essere	buongiorno
francese	studiare	arrivederci

2 Riordina le lettere per formare delle parole.

Chiavi: 1 nome; 2 come; 3 bene; 4 domande; 5 inglese; 6 piacere; 7 turismo.

>fonologia

1 Ascolta le parole e scrivile nella colonna corretta.

Chiavi: 1 /i/ sì, vini; 2 /e/ te, nel; 3 /ɛ/ beh, tè, bel; 4 /a/ ma, pappa; 5 /ɔ/ no, Po, do; 6 /o/ sotto, non; 7 /u/ su, tu.

3 Ascolta le parole dell'attività precedente...

> Chiavi: 1 pia<u>ce</u>re; 2 argent<u>i</u>na; 3 sc<u>u</u>sa; 4 giappon<u>e</u>se; 5 universit<u>à</u>; 6 tur<u>i</u>smo; 7 passegg<u>e</u>ri;
> 8 Gi<u>a</u>como; 9 citt<u>à</u>; 10 tel<u>e</u>fono.

>civiltà

1 Quali posti sono in Italia?

> Chiavi: in Italia le immagini 1, 5, 6 e 7.

>grammatica

1 Rispondi alle domande.

> Chiavi: 2 no, è americano; 3 No, è cinese; 4 No, sono portoghese.

2 Fa' delle domande formali, usa la forma *lei*.

> Chiavi: 2 come si chiama? 3 Studia italiano? 4 Di dov'è?

3 Trasforma le domande formali in informali, usa la forma *tu*.

> Chiavi: 2 come ti chiami? 3 Studi italiano? 4 Di dove sei?

4 E per finire... gioca!

> Chiavi: 1 palestinese; 2 giapponese; 3 brasiliano; 4 americano; 5 italiano; 6 portoghese; 7 inglese;
> 8 francese; 9 spagnolo; 10 irlandese; 11 cinese; 12 tedesco.

Chiavi del Libro di casa - unità 2

>ascoltare

2 Ascolta e rispondi alle domande con i dati di Roberta..

Intervistatore:	Buongiorno Signorina, mi scusi Signora, vedo. Allora, lei sta cercando un nuovo lavoro, vero? Ma andiamo con ordine. Come si chiama?
Roberta:	Mi chiamo Roberta Sanders.
Intervistatore:	Come scusi? Come si scrive il suo cognome?
Roberta:	Sanders. S.a.n.d.e.r.s.
Intervistatore:	Benissimo, ma lei non è italiana. Di dov'è?
Roberta:	Sono svizzera.
Intervistatore:	Svizzera. E perché è in Italia?
Roberta:	Perché lavoro a Milano, alla Pirelli.
Intervistatore:	E' sposata vero?
Roberta:	Sì, sono sposata.
Intervistatore:	Dove abita?
Roberta:	A San Donato Milanese.
Intervistatore:	Qual è il suo indirizzo?
Roberta:	Via Righi 2
Intervistatore:	E il suo numero di telefono?
Roberta:	02 9453696
Intervistatore:	Un'ultima domanda e poi parliamo della sua richiesta di lavoro. Mi scusi ma ci sono molti dati personali indispensabili. Quanti anni ha?
Roberta:	Ho 22 anni.
Intervistatore:	Perfetto, allora Signora Sanders, Lei vuole cambiare lavoro, mi può spiegare perché?

>leggere

1 Leggi gli annunci …

Chiavi: 3.

>lessico

1 Metti il nome del paese e della capitale.

Chiavi: 2 Inghilterra Londra; 3 Francia Parigi; 4 Spagna Madrid; 5 Turchia Ankara; 6 Giappone Tokyo; 7 Cina Pechino; 8 Brasile Brasilia.

2 Fai delle frasi con i paesi e le città dell'esercizio 1.

Chiavi: 2 Londra è in Inghilterra; 3 Parigi è in Francia; 4 Madrid è in Spagna; 5 Ankara è in Turchia, 6 Tokyo è in Giappone; 7 Pechino è in Cina; 8 Brasilia è in Brasile.

>fonologia

2 Ascolta le parole e scrivile...

Chiavi: /p/rapido; pulire; compiti; capo. /b/ basta; bambino; ambiente; biblioteca; erba.

4 Ascolta le frasi e fa' attenzione all'intonazione…

Chiavi: b !; c ?; d ?; e !; f !; g ?; h !; i !; l ?

>civiltà

L'Italia e le regioni

Chiavi:
a: 20

b:

c: Le regioni e i capoluoghi
Valle d'Aosta: Aosta; Piemonte: Torino; Lombardia: Milano; Trentino Alto Adige: Trento; Veneto: Venezia; Friuli Venezia Giulia: Trieste; Liguria: Genova; Emilia Romagna: Bologna; Toscana: Firenze; Umbria: Perugia; Marche: Ancona; Lazio: Roma; Abruzzo: L'Aquila; Molise: Campobasso; Campania: Napoli; Puglia: Bari; Basilicata: Potenza; Calabria: Catanzaro; Sicilia: Palermo; Sardegna: Cagliari.

> grammatica

1 Metti le frasi al plurale.

Chiavi: 2 Jim e Tom sono di Londra; 3 tu e Lucia siete belle; 4 all'aeroporto ci sono cinque ristoranti.

2 Trova l'errore.

Chiavi: 2 un ristorante italiano; 3 una ragazza portoghese; 4 un gelato grande; 5 una carta di credito americana; 6 un amico tedesco.

3 Ordina in gruppi le parole.

Chiavi: 1 mangiare e bere: gelato, pizza, vino.
2 Città: ristorante, banca, stazione ferroviaria, aeroporto.
3 Aggettivi: bello, brutto, vecchio, nuovo.
4 Altro: biglietto del treno, cartolina, francobollo, carta di credito.

4 Indica il plurale dei nomi.

Chiavi: biglietti del treno; gelati; vini; ristoranti; aeroporti; banche; stazioni ferroviarie; carte di credito; cartoline; pizze.

5 Indica il singolare e il plurale degli aggettivi.

Chiavi: nuovi, nuove; vecchia, vecchi, vecchie; bella, belli, belle; brutta, brutti, brutte.

6 Rendi più formali le domande.

Chiavi: 2 di dove è? 3 Come si chiama? 4 Dove abita? 5 Perché è in Italia?

Chiavi del Libro di casa - unità 3

> leggere

1 Leggi le offerte di lavoro e rispondi alle domande.

	1	2	3	4
1 Che tipo di lavoro è?	Responsabile sistemi informatici per ditta leader internazionale nel settore dei servizi on-line.	Rappresentante di prodotti di moda made in Italy.	Impiegata.	Non si sa. Cercano giovani per villaggi vacanze.
2 Com'è lo stipendio?	Molto interessante.	Interessante	Secondo le capacità.	1000 USD al mese.
3 Quanto dura il lavoro?	Non si sa.	E' a tempo indeterminato.	2 anni.	La stagione turistica da aprile a ottobre.
4 Quali caratteristiche richiedono?	Laurea, esperienza minima 3 anni per sistemi Unix e Windows NT, una buona conoscenza dei protocolli di TCP/IP e di reti LAN e WAN. Conoscenza dell'inglese e di un'altra lingua straniera (francese, spagnolo o tedesco). Età minima 30 anni.	La persona ideale ha tra i 30 e i 40 anni, è residente in Toscana e ama viaggiare in Italia e all'estero. Può vivere all'estero per almeno 4 mesi all'anno, parla l'inglese e il francese, ha minimo 5 anni di esperienza nel settore.	Perfetta conoscenza dell'inglese e di programmi informatici per la gestione dell'ufficio.	Età tra i 20 e i 30 anni; passione per i viaggi; essere sportivi; amore per la gente; desiderio di imparare una lingua straniera.
5 Come si chiama la ditta?	Non si sa.	Scarpa&Co.	Casamia import-export.	I villaggi vacanze La spiaggia dorata.
6 Qual è il numero di telefono?	Non si sa.	Non si sa.	067834209.	Non si sa.
7 Dov'è la ditta?		Firenze.	Roma.	Non si sa.

> lessico

1 Abbina le figure ai nomi dei lavori.

Chiavi: 1 cameriere; 2 insegnante; 3 poliziotto; 4 contadino; 5 meccanico; 6 barbiere.

2 Trova i lavori.

```
A M S K B C L O M A B T R H H I C Q H
B U A S A L I N G A E R C I I M I G I
A Y A R I C A S M I V A R A Z P S A A
I T O V C O M M E S S A V L L I H P P
S R E U S T E G C L I B D L L E L X U
C E A O O T I L C A S A L I N G A A P
F G R M A M E R A J U D I F F A F F T
U I E A A A P I N C E M U R A T O R E
C O N R I C O M I D R M I U U O R E S
E R N E M E D I C O E B V O R U U U I
U N O R T L Z Z O D G N O T L O V P O
P A C A T L R A O I A N O U Q U T T M
N L O S I A I L E R E R N O S T E K F
C A M E R I E R E I O Z U S C X O S I
A I T P T O H U A D F Z B L N E R I C
G O Q F B V I I C F G W M K P D T O A
```

3 Trova la definizione giusta.

Chiavi: 2\e; 3\d; 4\c; 5\a.

> ascoltare

1 Dettato. Ascolta e scrivi ciò che senti.

Chiavi:			
Direttore:	Buongiorno, mi chiamo Di Napoli. Sono il direttore di Video 2000.	Direttore:	E' sposato?
Sandro:	Buongiorno.	Sandro:	No.
Direttore:	Prego, si può sedere.	Direttore:	Dove abita?
Direttore:	Allora... Lei è il Signor?	Sandro:	A Perugia, in Via Imbriani 8.
Sandro:	Sandro Anelli.	Direttore:	Ha il telefono?
Direttore:	Quanti anni ha?	Sandro:	Sì, 0,7,5 - 5,2,2,6,3,0,5.
Sandro:	26.	Direttore:	Benissimo. Che lavoro fa?
		Sandro:	Al momento non lavoro.

> fonologia

1 Ascolta le parole e scrivile nella colonna corretta.

Chiavi: /k/ ascoltare, banca, chiamare, scusa; /g/ lingua, spaghetti, singolare, dialoghi;
/tʃ/ difficile, ciao, ufficio; /dʒ/ gelato, pagina, Gianni, Giuseppe.

3 Caccia all'errore. In ognuna di queste frasi c'è un errore, prova a individuarlo.

Chiavi: chiami; dialogo; ufficio; cameriere; giornale.

> grammatica

1 Da' il nome alle figure. Usa l'articolo determinativo.

Chiavi: 2 il gelato; 3 l'autobus; 4 il cliente; 5 l'acqua minerale; 6 lo studente; 7 la foto; 8 il biglietto del treno; 9 l'uomo; 10 il francobollo; 11 la donna; 12 l'indirizzo.

2 Una delle parole che hai appena scritto non ha trovato posto nello schema. Quale?

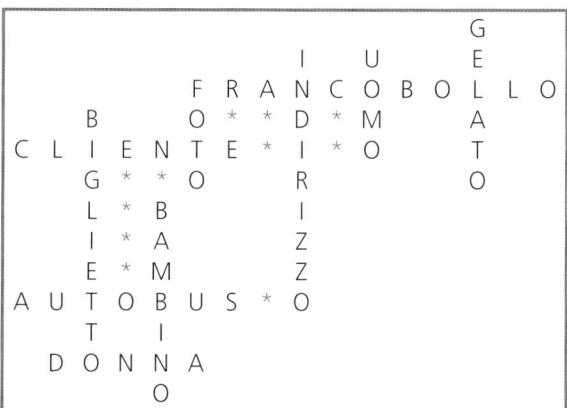

3 Forma delle frasi.

Chiavi: dove abitano Sara e Silvia? In Via Palermo a Napoli, hanno una nuova casa.
Quanti anni ha l'amica tedesca di Sandro? Secondo me ha 25 anni.

4 Metti la preposizione.

Chiavi: 2 il mio ufficio è in Via L. Da Vinci 3.   3 Alberto è in vacanza in Portogallo, a Lisbona.
4 Sono a casa in vacanza per 4 giorni.   5 In Piazza di Spagna a Roma c'è un piccolo bar molto carino.
6 Karl ha un nuovo lavoro in Pakistan per due anni.

5 Metti il verbo.

Chiavi: 2 Klaus fa il muratore, costruisce case,   3 (Io) ascolto spesso la musica, quando sono a casa,
4 Laura legge molto: libri, giornali, ecc.,   5 Parlate inglese? No, ma vogliamo fare un corso all'università per quattro mesi,
6 Il macellaio vende la carne.

6 Correggi gli errori.

Chiavi: 2 fa, 3 sono, 4 avete, sappiamo, 5 sono, 6 partono.

> civiltà

1 Nell'attività 1 della civiltà del libro di classe hai incontrato delle persone. Dove lavorano secondo te?

Chiavi: 1 Venezia gondoliere
2 Puglia agricoltore
3 Roma impiegata
4 Milano responsabile sistemi informatici
5 Napoli pizzaiolo
6 Firenze guida turistica
7 Torino operaio.

Chiavi del Libro di casa - unità 4

>ascoltare

1 Ascolta la descrizione delle persone e completa la tabella.

Chiavi: 1 Lino, padre, barbiere, 58 anni; 2 Emma, nonna, casalinga, 84 anni; 3 Sara, sorella, insegnante, 27 anni; 4 Teresa, moglie, infermiera, 33 anni; 5 Carlo, fratello, 20 anni, studente.

> lessico

1 Completa l'albero genealogico di Silvia con le parole del riquadro.

nonna, nonno; madre, padre, (genitori); zio, zia; sorella, fratello; marito; figlia, figlio.

2 Scrivi le operazioni in lettere.

Chiavi: 2 sessantadue meno quarantacinque uguale diciassette, 3 sette per otto uguale cinquantasei, 4 trentaquattro più sessanta uguale novantaquattro, 5 quindici per quattro uguale sessanta, 6 settantadue diviso otto uguale nove.

3 Elimina la parola che non va bene.

Chiavi: 1 andare; 2 casa; 3 zio (unica parola maschile); 4 certamente; 5 vai; 6 impiegato.

>funzioni

1 Fa' delle domande ai genitori di Sandro.

Chiavi: 2 dove abitate? 3 Quanti anni avete? 4 Che lavoro fate? 5 Avete dei figli?

2 Completa il dialogo.

Chiavi: varie possibilità.

>grammatica

1 Inserisci l'articolo determinativo dove necessario.

Chiavi: la mia famiglia è molto numerosa. Ho due fratelli e una sorella. Sono tutti sposati e hanno figli. Mia madre è in pensione e passa il suo tempo con Alice, la figlia di mio fratello Giovanni. Alice è una bambina molto carina, sempre felice: ha solo un anno e mezzo. Da quando c'è lei la vita della famiglia è diversa: è molto più bello andare a mangiare insieme in una pizzeria o andare a cena a casa di mia madre.

2 Forma delle frasi mettendo un verbo dal riquadro.

Chiavi: 2 puoi passarmi l'acqua per favore? 3 Michela non sa l'inglese molto bene. 4 Stasera vado a mangiare una pizza con mia moglie. 5 Voi andate a lavorare in macchina o in treno? 6 Tuo padre fa il medico?

>fonologia

1 Ascolta le parole e scrivile nella colonna corretta.

Chiavi: /m/ impiegato; impronunciabile; importante; un mese; /n/ in inverno; un cane; un negozio; casalinga; in bagno.

>civiltà

1 Genitori e figli.

Chiavi: 1\b; 2\c; 3\a.

Chiavi del libro di casa - unità 5

>lessico

2 Trovate l'oggetto.

Chiavi: 1 bidè; 2 porta; 3 radio; 4 quadro; 5 libreria; 6 forno; 7 tavolo; 8 poltrona.

>leggere

1 Leggi le descrizioni delle case e abbinale alle foto.

Chiavi: 1 c; 2 d; 3 b; 4 a.

>ascoltare

1 Ascolta la descrizione della stanza preferita di Fabrizia. Di che stanza si tratta?

Beh, la stanza che preferisco è la camera di mia figlia. Non so perché? Forse perché ci sono molti giochi e tanti colori. E' una stanza molto luminosa. Le pareti sono gialle, ma hanno un colore abbastanza chiaro, o meglio all'inizio era così, adesso mia figlia scrive e disegna sempre sulle pareti... Beh, certamente è molto creativo, ma forse preferivo la versione originale. Ah, e poi ci sono i poster dei personaggi delle sue favole preferite. Poi di fianco alla porta c'è un piccolo armadio, anche questo con i segni della piccola belva, e una sedia molto morbida, non saprei dire di che materiale, è come una poltrona, ci stiamo su tutte e due a leggere i libri insieme. Poi c'è il letto, piccolo e colorato. Sotto al letto ci sono tanti giochi. Ah, c'è anche una finestra e qualche poster alle pareti. E un lampadario fatto a mongolfiera con un orsetto dentro.

2 Ascolta nuovamente la descrizione...

Chiavi: 1 armadio di fianco alla finestra; 2 tavolo a destra della porta; 3 due letti; 4 sotto al letto le valigie; 5 nessun lampadario.

>grammatica

1 Quale preposizione va con questi nomi?

Chiavi:			
DI	A	IN	SU
Del pavimento			
Della stanza		Nella stanza	
Del macellaio	Al macellaio		
Dell'ingresso		Nell'ingresso	
Del soffitto			Sul soffitto
Del letto			
Dell'amico	All'amico		
Dello psicologo	Allo psicologo		
Della sedia			Sulla sedia
Del fratello	Al fratello		
Del marito	Al marito		

3 Completa con le preposizioni (articolate e non).

Chiavi: 2 a, della; 3 nel, di; 4 sulla; 5 di, di; 6 alla; 7 al, con; 8 all', di.

4 Completa le frasi con un verbo del riquadro.

Chiavi: 2 dice; 3 hanno; 4 vince; 5 andate; 6 potete; 7 offro; 8 finiscono; 9 leggete; 10 sai; 11 facciamo; 12 senti.

5 Correggi gli errori. C'è al massimo un errore per frase e riguardano tutti le preposizioni.

> Chiavi: 2 da New York; 3 in agosto; 4 di Venezia; 5 in Italia; 6 sul tavolo; 7 di mia madre; 8 a sinistra; 9 al letto; 10 di chi; 11 il 13 giugno.

>fonologia

1 Leggi le parole. Nelle frasi che ascolterai sono contenute queste parole. Scrivi il numero della frase in cui è pronunciata ogni parola.

> Chiavi: 1 sei un ragazzo d'oro!; 2 vado al lavoro in moto; 3 questo è un dato importante; 4 non mi piace il segno del toro!; 5 non mi piace in questo modo; 6 è un grande autore; 7 c'è un buon odore!; 8 mi piace giocare a dadi.

>civiltà

1 Stai cercando una casa o un appartamento da affittare...

Esercizio a risposta libera. Si suggerisce, se c'è tempo, di far correggere gli esercizi a gruppi in modo che gli studenti descrivano agli altri le possibilità e spieghino le loro scelte. Possono anche passare poi a correggere in gruppo quello che hanno scritto.

Chiavi del Libro di casa - unità 6

>grammatica

2 Pronome o aggettivo possessivo?

> Chiavi: 1 aggettivo; 2 pronome; 3 aggettivo; 4 aggettivo; 5 aggettivo; 6 pronome.

3 Questa è la giornata tipica di Giuseppe.

> Chiavi: 2 mi alzo; 3 mi lavo; 4 preparo; 5 usciamo; 6 torno/torniamo; 7 pranziamo; 8 vado; 9 finisco; 10 ceno/ceniamo; 11 guardo/guardiamo; 12 vado/andiamo.

>lessico

1 Scrivi gli orari in lettere.

> Chiavi: si danno le possibilità più frequenti. 2 L'una e cinque; 3 le cinque meno un quarto; 4 l'una; 5 mezzogiorno; 6 le undici e mezza; 7 le dieci e venti; 8 mezzanotte e mezza.

2 CRUCINUMERO

Questa volta non devi inserire parole ma numeri, e più precisamente le ore.

> Chiavi:
> 2 1 1 0
> 0 3 4 5
> 1 1 4 5
> 0 5 0 5

3 LABIRINTO DI FREQUENZE

> Chiavi: mai; quasi mai; raramente; a volte; spesso; di solito; quasi sempre; sempre 3.

>ascoltare

1 Ascolta Gloria che parla delle sue giornate e rispondi alle domande.

> Chiavi: 1 Il lunedì e il mercoledì.
> 2 Venerdì. Perché precede il fine settimana.
> 3 No, perché è il primo giorno della settimana.
> 4 Lo dedica ai viaggi e a se stessa, a leggere libri, a divertirsi.

Mi chiamo Gloria, lavoro in Comune, lavoro tutta la settimana fino al venerdì. E' un lavoro che mi piace molto devo dir la verità perché mi consente di conoscere comunque gente anche interessante e anche perché mi lascia libero il fine settimana.
Il fine settimana io di solito, lo dedico ai viaggi se posso o comunque sia le... dedico le mie giornate a me stessa o a leggere dei libri, mi diverto moltissimo. Queste giornate passate così all'aria aperta mi consentono poi di riaffrontare una nuova settimana di lavoro con un certo ottimismo. Certo il lunedì è comunque una giornata dura da affrontare non è molto gradevole, perché, sai, se non altro perché sai che hai di fronte tutta la settimana di lavoro. Il giorno che preferisco in effetti è il venerdì, il motivo è semplice da capire anche perché è l'ultimo mio giorno di lavoro della settimana. Oltre a lavorare in Comune, cerco di coltivare degli hobby che è per esempio quello di studiare le lingue e vado a lezione di inglese infatti, il lunedì e il mercoledì.

>leggere

1 Leggi la scheda del film e completa la tabella che segue.

Chiavi: 2 REGISTA
Antonio Pietrangeli
3 ANNO
1965
4 NAZIONALITA'
Italia\Francia
5 ATTRICE PROTAGONISTA
Stefania Sandrelli
6 GIUDIZIO SUL FILM
Ottimo

2 Adesso rispondi alle domande.

Chiavi: 1 una giovane ragazza (che lascia la famiglia).
2 A Roma
3 Per cercare fortuna.
4 No.
5 Gli anni '60.
6 Il mondo della pubblicità e del cinema.
7 No, è un film triste, un ritratto cattivo dell'Italia degli anni '60.

>fonologia

1 Ascolta le parole e scrivile nella colonna corretta.

Chiavi: /r/ barca; prego; verde; turno; scarpa.
/l/ lingua; isola; alfabeto; calcio.

3 Ascolta le frasi e prova a sottolineare le parole che sono messe in risalto.

Chiavi: 2 quelli sono i <u>loro</u> amici! 3 <u>quelli</u> sono i miei! 4 <u>questi</u> sono i vostri! 5 Lei è <u>la cugina</u> di Teresa! 6 Pietro è <u>proprio</u> antipatico!

>civiltà

1 Osserva queste foto.

Chiavi: 1\b; 2\g; 3\f; 4\d, 5\i, 6 \h.

2 Adesso abbina le foto alle denominazioni giuste.

Chiavi: 1\5; 2\3; 3\2; 4\4; 5\1.

Chiavi del Libro di casa - unità 7

>lessico

1 Completa...

UNA TECNICA DIDATTICA UTILE PER IL LESSICO

L'uso di questi diagrammi a ragno, detti di solito con parola inglese "spidergrams", è molto utile per fare fiorire idee; qui viene presentato solo raramente, ma lei può farvi ricorso spesso quando si tratta di elicitare il lessico, cioè di far emergere dalla classe quello che gli studenti già sanno su un dato tema. E' anche un modo per far sì che le conoscenze vengano condivise tra i compagni.

Inoltre è molto facile da fare alla lavagna: si scrive la parola chiave e da lì, dal corpo del ragno, si parte con le "zampe", che spesso possono generare a loro volta altre zampe per associazione di idee.

Si attiva ancora una volta quella attività globale, non analitica, che abbiamo visto nella pagina di giuda didattica a fronte di pagina 86.

3 Cruciverba in cucina

> ORIZZONTALI
> 3 Formaggio; 6 cipolle; 7 burro; 11 vino; 12 sale; 13 insalata.
> VERTICALI
> 1 Pomodoro; 2 aglio; 4 mela; 5 birra; 8 uova; 9 patate; 10 pera.

4 Correggi gli errori.

> Chiavi: 2 una bottiglia di birra; 3 un chilo di zucchero; 4 una bottiglia di vino; 5 un chilo di pasta; 6 un litro di latte.

>leggere

1 Leggi il testo e pensa alla tua dieta. E' sana?

L'attività va ripresa in classe discutendo non solo sul fatto che la dieta sia sana o non, ma anche sulle ragioni. Ricordiamo che una delle maggiori attrattive dell'italiano per stranieri è legata alla cucina, al senso di mangiar bene e sano che viene associato con la dieta mediterranea... ma ricordiamo anche che la dieta mediterranea riguarda la penisola, non la pianura padana, dove spesso i piatti sono concentrati di colesterolo e trigliceridi!

2 Abbina a ogni immagine il termine giusto.

> Chiavi: prima fila: a cereali; d frutta; h carne; c legumi.
> Seconda fila: f olio; b ortaggi; g pesce; e latticini.

3 Leggi il brano e indica se le affermazioni sono vere o false.

> Chiavi: a\F; b\F; c\V; d\V; e\F; f\V; g\V; h\F.

>ascoltare

1 Ascolta le 3 interviste e scrivi i nomi dei cibi che senti.

> Chiavi: 1 Carne; pasta; verdura; bistecca (ai ferri) (fiorentina); carne (arrosto); carni (bianche), coniglio, porchetta; piccione (arrosto e ripieno); prosciutto; (fettine, roast beef, vitel tonné).
> 2 Verdure; (parmigiana di) melanzane; (risotto) funghi; zucchine; tonno; carni (bianche); cardi (al forno).
> 3 Pasta (asciutta); pomodoro; pesce; carne; coniglio; pollo; insalata; patate.

– Buongiorno cari radioascoltatori ed eccoci arrivati ora al consueto appuntamento con il momento dedicato a voi e alle vostre opinioni. Quest'oggi parleremo di diete e di alimentazione. Passiamo subito la parola al primo radioascoltatore che ha telefonato e è Umberto.

– La mia dieta è basata prevalentemente sulla carne. A me piace tantissimo la carne. Mangerei carne dalla mattina alla sera. Praticamente nella mia alimentazione... sì ci metto un po' di pasta e anche un po' di verdura, però non deve mai mancare la carne. Una bella bistecca ai ferri, quello che chiamano "la fornitura" oppure mi piace anche moltissimo la carne arrosto. La domenica in particolar modo mi piace mangiare carni bianche, coniglio in porchetta oppure piccione arrosto, ripieno possibilmente e se trovo qualche posto, qualche bel ristorantino dove si può mangiare bene queste specialità, ci vado molto volentieri. Una volta mi sono trovato ad un buffet, self-service dove ho riempito il mio vassoio solamente con tutti i piatti di carne che c'erano a partire dal prosciutto fino a tutti… fettine, pezzi di arrosto, rosbif, vitel-tonné tutto ciò che era carne perché l'importante, secondo me, è fare sangue!

– Bene ringraziamo Umberto e passiamo subito la parola a Valentina.

– La mia è una dieta essenzialmente vegetariana. Non sono vegetariana per convinzione, ma per gusto. Mi piacciono proprio le verdure. Adoro la parmigiana di melanzane, mi nutro di risotti con funghi, zucchine,… a volte anche il tonno, sì mi concedo il tonno qualche volta. Per quanto riguarda le carni bianche che sarebbero anche ammesse, beh, va beh, forse solo al domenica. Ad ogni modo i cardi, i cardi fatti al forno sono una cosa sublime, secondo me. Chi non li ha mai mangiati non sa di… che cosa si perde, veramente, quindi ricominciando…

– Grazie Valentina, sei molto gentile… e adesso passeremo la parola ad una persona e… che ci rilascerà un'intervista un po' particolare. Ascoltatelo, è Silvio.

– Buongiorno. Io adoro le diete mediterranee, soprattutto quella italiana. In Italia è molto conosciuta la pasta asciutta, chiaramente i vari tipi di pasta tipo puttanesca, norcina, è buona la matriciana, semplice al pomodoro e anche il pesce e la carne tipo coniglio, pollo, arrosti vari e insalata, le patate, i contorni vegetali, purtroppo qui in carcere ci danno solo pane e acqua!

> scrivere

Per questa attività vale quanto detto a pagina 86 e per il primo esercizio del libro di casa: si tratta di lasciare la massima libertà, spingendo a comunicare comunque, con quello che si sa…

> grammatica

1 Completa il dialogo.

Chiavi: ci sono varie possibilità. Eccone una.	
Cameriere:	Buonasera. E' solo?
Cliente:	Buonasera. Sì. Dove posso sedermi?
Cameriere:	Dove vuole, di fianco alla finestra, va bene?
Cliente:	Sì, benissimo. Allora… vorrei il menu, per favore?
Cameriere:	Il menù? E' sul tavolo.
Cliente:	Allora vorrei cominciare con un antipasto.
Cameriere:	Benissimo. Cosa vorrebbe come antipasto?
Cliente:	Un piatto di salumi misti e penne all'arrabbiata come primo.
Cameriere:	Salumi misti e penne all'arrabbiata come primo. E da bere? Cosa vorrebbe?
Cliente:	Vorrei dell'acqua minerale.
Cameriere:	Naturale o gasata?
Cliente:	Naturale, grazie.
Cameriere:	Desidera un secondo?
Cliente:	Sì, allora, vorrei della carne alla griglia.
Cameriere:	Carne alla griglia… e di contorno?
Cliente:	Dell'insalata mista, per favore.
Cameriere:	Carne alla griglia e insalata mista. Nient'altro?
Cliente:	No, è tutto. Grazie.

2 Completa le espressioni…

Chiavi: 2 degli spaghetti; 3 dell'acqua minerale; 4 una cipolla; 5 un pomodoro; 6 del formaggio; 7 dei carciofi; 8 del gelato; 9 una pizza; 10 una mela; 11 dell'olio; 12 delle patate fritte.

>fonologia

1 Ascolta le parole e scrivile nella colonna corretta.

Chiavi: 2 gnocchi; 3 asciutto; 4 ragno; 5 lasciare; 6 disegni; 7 svegliare; 8 sciarpa; 9 assomigliare; 10 insegnare; 11 moglie; 12 sci.

3 Ora fa' attenzione a come questi suoni si scrivono…

Chiavi: Suono /ɲ/			Suono /ʎ/			Suono /ʃ/		
gn +	u	= /ɲu/	sc +	i + u	= /ʎu/	sc +	i + u	= /ʃu/
gn +	o	= /ɲo/	sc +	i + o	= /ʎo/	sc +	i + o	= /ʃo/
gn +	a	= /ɲa/	sc +	i + a	= /ʎa/	sc +	i + a	= /ʃa/
gn +	e	= /ɲe/	sc +	i + e	= /ʎe/	sc +	e	= /ʃe/
gn +	i	= /ɲi/	sc +	i	= /ʎi/	sc +	i	= /ʃi/

4 Ascolta le parole e scrivile nella colonna corretta.

Chiavi: accentate sull'ultima sillaba: università; però; papà.
Accentate sulla penultima: doccia; svegliare; francobollo; finestra.
Accentate sulla terzultima: edicola; fabbrica; codice; addormentarsi.

>civiltà

1 Osserva le foto…

Chiave: a ristorante
b pizzeria
c spaghetterie, paninoteche
d trattoria
e osteria.

Chiavi del Libro di casa - unità 8

>ascoltare

1 Ascolta le conversazioni. In che negozi sono i clienti?

Chiavi: 1 salumeria, 2 cartoleria.

2 Ascolta nuovamente le conversazioni e completa gli scontrini.

Chiavi: un etto di prosciutto (2,30 euro), una bottiglia di olio d'oliva (4,45 euro), mezzo chilo di pane (1,15 euro). Totale 7,90 euro.
Penne blu (1,40 euro), 20 fogli di carta da lettere e 20 buste (6 euro), una matita (40 centesimi) e una gomma (35 centesimi), quaderno a righe (1,5 euro). Totale 9,65.

Prima conversazione – Buongiorno
– Buongiorno
– Desidera?
– Vorrei gentilmente un etto di prosciutto crudo, quanto costa?
– Viene 2 euro e 30 all'etto.
– Sì, grazie un etto va bene.
– Benissimo.
– Poi vorrei quella bottiglia di olio d'oliva, per favore.
– Bene.
– Il costo della bottiglia?

– E' 4 euro e 45.
– E poi vorrei anche mezzo chilo di pane, quant'è che costa?
– 1 euro e 15.
– La ringrazio.
– Vuole nient'altro?
– No, grazie, quanto spendo?
– Benissimo. In tutto è 7 euro e 90.
– Ecco a Lei 10 euro.
– Grazie Le do il resto. Arrivederci.
– Arrivederci, grazie.

Seconda conversazione
– Buongiorno.
– Buongiorno, desidera?
– Dunque… quelle due penne blu.
– Sì…
– Quanto vengono?
– 1 euro e 40 centesimi.
– Ah, bene, poi senta cercavo dei fogli di carta da lettere, magari con le buste.
– Sì…
– Tipo una ventina.
– Venti fogli di carta da lettere e venti buste?
– Sì, e venti buste.
– Ce ne sono di due tipi, c'è questa da 6 euro…
– Sì…
– … E questa da 4 e 50, quale preferisce?
– Uhmm, penso questa da 6.
– Va bene.
– Poi, uhmm. Vediamo un po'. Ah, sì, e una matita.
– Questa matita viene 40 centesimi.
– 40 centesimi, perfetto, sì… dunque, la gomma, quanto costa?
– 35 centesimi.
– Sì, e già che ci siamo prendo, anzi no,… sì, un quaderno a righe. Quant'è?
– 1 euro e 50.
– Grazie e dica Lei quant'è.
– Il totale è 9 euro e 65.
– Perfetto, la ringrazio.

> lessico

1 CRUCIVERBA IN NEGOZIO

ORIZZONTALI
2 Quattordici; 4 nove; 6 quindici; 7 centosei.
VERTICALI
1 Otto; 2 quindici; 3 dodici; 5 venti.

2 Che cosa è?

Chiavi: 2 macelleria; 3 informatico; 4 formaggio; 5 bicchiere; 6 un etto; 7 mittente; 8 piani.

> scrivere

2 Prepara un questionario con domande sul costo della vita.

Dica alla classe, quando assegna il compito a casa o se decide di farlo in classe, che i questionari verranno poi utilizzati come attività in classe.

>grammatica

1 Scrivi le domande.

Chiavi: a volte varie risposte possibili.
2 Quant'è?
3 Quanto costa questo….?
4 Vorresti un piatto di spaghetti al tonnò?
5 Nient'altro?

2 Completa la conversazione…

Chiavi: 2 sto leggendo; 3 sto lavorando; 4 sta comprando; 5 stanno spendendo; 6 sto partendo; 7 sto decidendo; 8 sta chiamando.

>fonologia

1 Ascolta e scrivi le parole nella colonna corretta.

Chiavi: /f/ befana; inferno; Africa; fai. /v/ riva; curva; vai; inverno. /s/ analisi; isola; sai; lista.

2 Ascolta e sottolinea le parole che contengono una esse "z" sonora.

Chiavi: /s/ (sorda) pesca; chiese; aspirina; considero; mese; alzarsi.
[z] sonora: pausa; spesa; risotto; basilica; gelosia; deserto.

>civiltà

1 Prova ad abbinare i termini che seguono con il luogo giusto:

h vendite on-line
e negozio di dischi
b alimentari
g negozio di abbigliamento
a ipermercato

f grande magazzino
c negozio di calzature
d libreria

2 Tu dove preferisci comprare?

Questo questionario non prevede una soluzione, ma può rappresentare un'occasione di confronto in classe tra diversi gruppi e alla fine dare lo spunto per creare una classifica sulle preferenze della classe.

3 Come paghi?

Chiave: 1\d; 2\a; 3\c; 4\b.

Chiavi del Libro di casa - unità 9

> lessico

1 Abbina le parole alle definizioni.

Chiavi: 2 con e; 3 con b; 4 con f; 5 con h; 6 con a; 7 con d; 8 con g.

2 Una grammatica dimenticata.

Chiavi: 1 parlare; 2 lettura; 3 grammatica; 4 scrittura; 5 lessico; 6 cultura; 7 parlare; 8 fonetica.
La parola in blu è REGISTRO.

3 Cruci-grammatica

Chiavi: ORIZZONTALI
5 Pronome; 7 aggettivo; 9 avverbio; 10 congiunzione; 11 aggettivo.
VERTICALI
1 Aggettivo; 2 soggetto; 3 nome; 4 complemento; 6 preposizione; 7 verbo.

> leggere

1 Leggi il testo...

Chiavi: 1F; 2F; 3V; 4F; 5V.

2 Vuoi partecipare...

Chiavi: un corso individuale o un corso full immersion di 3 settimane.

> ascoltare

1 Ascolta e segui le istruzioni.

Insegnante: Allora ragazzi, adesso facciamo un piccolo dettato. Prendete il quaderno e una penna. Siete pronti? Ascoltatemi e scrivete. Fate attenzione. Dunque, partiamo:

La nostra scuola non è molto grande, virgola,
ma è un posto pieno di studenti
che sono soprattutto amici. Punto.
Ci sono mediamente dagli 80 ai 100 studenti
di molte nazionalità diverse. Punto.
I corsi sono al mattino dalle 8 alle 12
e al pomeriggio dalle 14.30 alle 18.30. Punto.
Le lezioni durano 50 minuti ognuna
e ogni due lezioni c'è una pausa. Punto.
Al primo piano ci sono le aule
al pianoterra il bar, virgola, la biblioteca, virgola,
il soggiorno per gli studenti e la segreteria. Punto.
Abbiamo corsi di vario tipo: due punti.
di italiano generale, virgola,
di italiano commerciale, virgola,
di storia dell'arte, virgola,
di musica, virgola,
di storia, virgola,
di civiltà. Punto.
Abbiamo anche corsi di preparazione per insegnanti. Punto.

Benissimo il dettato è finito, ve lo rileggo...

>grammatica

1 Sostituisci i nomi in corsivo con i pronomi.

Chiavi: 2 per Natale li chiamo sempre per telefono.
3 La guardo tutte le sere.
4 L'ascolto spesso.
5 Vi voglio invitare al ristorante.
6 Mario, ci chiami per andare al cinema?

2 Fa' delle frasi.

Chiavi: 2 questa è la mia bicicletta e quella è la tua.
3 Signora, questo è il suo tavolo e quello è il mio.
4 Di chi sono quei maglioni? E questi?
5 Mi piacciono i libri gialli ma preferisco quelli d'avventura.
6 Chi sono quei bambini vicino a Sandro?

3 Abbina le frasi di sinistra a quelle di destra.

Chiavi: 2 con f; 3 con b; 4 con e; 5 con a; 6 con d.

>fonologia

1 Ascolta le parole e fa' un segno nella colonna corretta.

Chiavi: 2 /ts/; 3 /dz/; 4 /dz/; 5 /ts/; 6 /ts/; 7 /dz/; 8 /ts/.

2 Ascolta di nuovo le parole dell'attività precedente e scrivile nella colonna corretta.

Chiavi: /ts/ grazie; esercizio; azione; poliziotto. /dz/ mezzanotte; zoo; romanzo; zip.

>civiltà

All'università
Le attività proposte sono a risposta aperta ma gli schemi e le tabelle possono comunque anche costituire materiale da usare in classe per discussioni, informazioni aggiuntive, soprattutto per il sistema universitario.

Chiavi del Libro di casa - unità 10

>lessico

1 Indovina i colori.

Chiavi: 2 verde; 3 nero; 4 rosso; 5 giallo; 6 marrone; 7 bianco; 8 blu.

>ascoltare

1 Ascolta le due persone che parlano dei vestiti che portano al lavoro e completa la tabella.

	Tipi di vestiti	Colori	Cosa le piace portare	Cosa non le piace portare
Persona 1	tuta scarpe di pelle maglietta	blu marrone bianca	magliette	roba tecnologica
Persona 2	tailleur gonna scarpe comode	blu nero principe di galles	pulloverino t-shirt maglietta jeans	

1 *Beh, il lavoro mio è un lavoro semplice, faccio il corniciaio, sì, sì. De solito me metto na tuta blu ch'è comoda, ce lavoro bene. Le scarpe però quelle vecchie quelle de pelle, quelle marroni te ricordi che le portava mi nonno uguali, quelle coi laccettini, sì, sì, quelle traforate. Beh', 'l lavoro me piace, abbastanza. Sì. L'estate sotto ce porto la magliettuccia bianca candida candida, sì, sì. No 'sta robba tecnologica de gomma non me piace, portalla, per carità, costa troppo, poi sudi, per carità me sudano l'ascelle, non ce voglio proprio pensà. Guarda. Va beh, per ora è tutto, si ve saluto, arrivederci.*

2 *– Dunque, cosa indosso sul lavoro... allora diciamo subito che io faccio la bancaria per cui è un lavoro abbastanza... che ha bisogno di essere abbastanza classici... rapporto con il pubblico, niente di troppo vistoso in un certo senso, quindi ci sono delle direttive dai superiori per cui si preferisce che noi donne si vada in tailleur, tailleur possibilmente in gonna, non in pantaloni con dei colori sobri, qualcosa come il blu ad esempio, anche il nero anche il principe di Galles a volte viene accettato. Poi per quanto riguarda le scarpe... ma io lavoro spesso seduta quindi diciamo scarpe comode, ma a volte anche con i tacchi alti, dipende ecco. Mmmh, raramente quando abbiamo il rientro il pomeriggio riesco a cambiarmi e allora che so... pulloverino, magliettina, t-shirt dipende dall'est... dalle stagioni, insomma e comunque jeans, ecco.*

> leggere

1 Prova a riscrivere...

Chiavi: a giovane moglie lascia il marito e spiega: "è al verde".
b La principessa è decisa: "lo sposo anche se non ha sangue blu".
c Impiegato milanese passa le notti in bianco a causa dei vicini.
d Gli italiani al cinema preferiscono i gialli.

> grammatica

1 Rispondi alle domande con il verbo piacere.

Chiavi: risposte libere.

2 Rispondi alle domande con i pronomi.

Chiavi: 2 vi invito al cinema; 3 le scrivo; 4 le; 5 gli faccio; 6 gli prendo/compro.

> fonologia

2 Ascolta queste coppie di parole. Ti sembrano uguali o diverse? Fa' un segno nella colonna corretta.

Chiavi: uguali: b; e; f; h. Diverse: a; c; d; g.

4 Scrivi le parole dell'attività precedente

Chiavi: a) voi, vuoi; b) poi, poi; c) mie, miei; d) suoi, sui; e) vuoi, vuoi; f) tuo, tuoi; g) puoi, può; h) suo, suo.

> civiltà

Lo sai?

Chiave: 1 i biglietti si possono acquistare presso quasi tutte le edicole di giornali e in tabaccheria.
2 Il prezzo non è uguale in tutte le città italiane ma si aggira intorno alle 1.500, 2.000 mila lire (euro?).
3 Di solito, almeno nelle grandi città, il biglietto dura 60 minuti ed è lo stesso sia per autobus, tram e metropolitana, in alcuni centri più piccoli dura una sola corsa.

Chiavi del Libro di casa - unità 11

>ascoltare

2 Ascolta le interviste. Scrivi quello che fanno le tre persone nel tempo libero.

Giovanna
Eh... salve, sono... Giovanna e ho 72 anni. Eh... Che posso dirvi. Io ho sempre temuto la vecchiaia in un certo modo e sebbene abbia sempre sperato di arrivare a questa tenera età. Forse è anche per questo, ho sempre fatto molto sport e ho sempre cercato di tenere la mia mente allenata. "Mens sana in corpore sano" è internazionale questo, penso, penso di sì, no? Ed è seguendo un po' questa idea, questa... questo precetto di vita, diciamo, che ho cercato gli amici, gli amici di una vita.
Con un gruppo di ragazze della mia età, per dir così, abbiamo fondato, ci piace chiamarlo il circolo del bridge, poi però in realtà giochiamo a tresette, scopone scientifico, insomma queste cose qui. Quando ero giovane, oddio anche adesso, faccio, faccio nuoto, lo faccio due volte alla settimana e tra l'altro da 3 mesi mi hanno convinta a fare lo step in acqua che pare faccia molto bene alle giunture tra l'altro. Per quanto riguarda la mia gioventù... ricordo benissimo quel tempo in cui sono stata anche campionessa regionale e se ci ripenso, ripenso a quei, a quei costumi, non so se avete visto le foto d'epoca, quei costumi orrendi che ci facevano mettere con quelle calottine, adesso son molto più belli effettivamente. Poi vediamo un po'. Come occupo il mio tempo? Ah, beh la cosa più bella di tutte no? perché oltre al gruppo del bridge sono, sono membro di una associazione che fa... non lo so dire bene, eh, ve lo dico così... birdwatching, avete un'idea di che cosa siano quelle... osservazione degli uccelli, no, eh quella cosa là. Birdwatching, è questa in realtà la mia vera passione, proprio eh sì la passione di una vita, forse anche questa. Le giornate trascorse nei boschi ad osservare gli uccelli, a fare lunghe passeggiate, a sentire la vita che si muove intorno a me è forse il modo migliore di... beh... insomma ci siamo capiti, no? Di fare il lungo giro intorno al mondo per dir così.

Marta
Mi chiamo Marta e ho vent'anni, sono di Arezzo, ma vivo a Firenze da due anni dove sto frequentando un corso di architettura. Anche se studio intensamente ho molto tempo libero e lo sfrutto coltivando i miei hobby. Il più importante tra tutti è la speleologia infatti sono iscritta al gruppo speleologico nazionale e almeno una volta al mese, spesso due, noi della sede di Arezzo organizziamo delle uscite nelle varie grotte presenti sia in Toscana, in Umbria e nelle Marche. Due o tre volte all'anno, all'incirca, facciamo delle escursioni in grotte un po' più lontane, ad esempio l'ultima volta sono stata in Slovenia, un paese molto bello però data la natura essenzialmente calcarea del terreno ci sono delle grotte bellissime e allo stesso tempo anche molto profonde...

Andrea
Mi chiamo Andrea, ho 35 anni, vivo a Vasto che per quei pochi che non lo sanno è una splendida città abruzzese sul mare.
Ho molti interessi, ma il più forte è sicuramente la cucina. Adoro soprattutto cucinare per i miei molti amici. Coltivo questa passione da anni, è praticamente da sempre che provo a rubare i segreti culinari delle persone che conosco e devo dire che così facendo sono riuscito ad imparare veramente tanto. Sicuramente i miei piatti più riusciti sono quelli a base di pesce, specialmente i primi con i molluschi e i frutti di mare. Comunque a mio modesto parere il miglior modo per assaporare il pesce rimane il brodetto. Oltre alla cucina, un'altra mia forte passione è il viaggiare. Sin da ragazzo ho speso praticamente tutti i soldi che sono riuscito a guadagnare viaggiando; così facendo sono riuscito a visitare quasi tutta l'Europa, però sono riuscito anche ad andare in Argentina, in Tunisia, ai Caraibi e in Malesia. Poi ho anche altri interessi come il calcio, da buon italiano, la lettura, la mountain-bike, la musica, ma i primi amori rimarranno sempre la cucina e il viaggiare.

> Chiavi: Giovanna: gioca a carte, nuota, fa birdwatching.
> Marta: si dedica alla speleologia.
> Andrea: cucina, viaggia, gli interessa il calcio, la lettura, la mountain bike, la musica.

>lessico

1 Indovina di che luogo si tratta.

> Chiavi: 2 discoteca; 3 stadio; 4 birreria; 5 palestra; 6 piscina; 7 biblioteca; 8 cinema.

>leggere

IL TEMPO LIBERO NON E' SOLO DIVERTIMENTO

1 Leggi l'articolo poi rispondi alle domande.

> Chiavi: 1 Nell'Italia del Nord.
> 2 La maggioranza dei volontari, oltre il 60%, hanno dai 30 ai 65 anni, hanno lavoro e un grado di istruzione medio alta, le donne sono in leggera maggioranza.
> 3 Il 36,4% delle persone dedica al volontariato fino a tre ore settimanali, il 25,6 da 6 a 8 la settimana.
> 4 Le associazione non cattoliche e "aconfessionali" stanno aumentando rispetto a quelle cattoliche o legate ad altre religioni.

>scrivere

1 Abbinare le frasi di destra a quelle di sinistra.

> Chiavi: 2 non vado mai in vacanza dove c'è molta gente.
> 3 Stasera sto a casa o esco a bere una birra con alcuni amici.
> 4 Sono uscito dal teatro deluso perché non mi è piaciuto lo spettacolo.
> 5 Ieri sera sono andato in discoteca e prima sono andato a mangiare una pizza.
> 6 Mi piace molto viaggiare, ma odio l'aereo.

>grammatica

1 Trasforma le frasi al plurale.

> Chiavi: 2 domenica abbiamo visto un bel film al cinema.
> 3 Abbiamo accompagnato Giovanni in stazione.
> 4 Quando siete tornati dalle vacanze?
> 5 Quando avete cominciato il nuovo lavoro?
> 6 Fabrizia e sua sorella sono nate in dicembre.
> 7 Avete cambiato numero di telefono?
> 8 Abbiamo preparato un ottimo risotto ai funghi.

2 Forma delle frasi.

> Chiavi: 2 l'estate scorsa Paco ha fatto un corso d'italiano a Venezia.
> 3 Quest'anno molti turisti hanno visitato Parma.
> 4 Ci è piaciuta molto la tua festa di compleanno.
> 5 A che ora hai/avete fatto colazione questa mattina?
> 6 Ieri sera Claudia e Giacomo sono usciti insieme.

Ripasso: le date.

Rispondi alle domande che seguono. Scrivi le date in lettere.

> Chiavi: 2 venticinque dicembre; 3 ventun marzo; 4 primo maggio; 5 ventinove febbraio; 6 trentun dicembre; 7 sei gennaio; 8 quindici agosto.

>fonologia

1 Ascolta le parole e scrivile nella colonna corretta.

> Chiavi: pelli; invano; dammi; pera; canne; del; verrò; dame; venne; raro; meli; coma; cane; vanno; arrivato

Giochiamo un po'...
Si ascoltano le seguenti parole: annoiare; ore; domani; pollo; amori; sogno; terra; aprire; sommato; aria.

4 Ora trova le parole dell'esercizio precedente...

> Chiavi: ORIZZONTALI sogno; domani; pollo; amori; aria; terra.
> VERTICALI sommato; ore; aprire; annoiare.

> civiltà

1 Com'è cambiato l'impiego del tempo libero ...

Come sempre si tratta di attività libere che possono essere continuate e ampliate in classe anche a gruppi.

Chiavi del Libro di casa - unità 12

1 Guarda e leggi attentamente il dépliant...

> Chiave: 1 F; 2 V; 3 V; 4 V; 5 F; 6 V; 7 F; 8 V.

> grammatica

3 Trova l'errore e correggilo.

> Chiavi: 2 per Natale mi hanno regalato un portafoglio, ma io l'ho perso subito.
> 3 Ho parlato con il mio capo e gli ho detto cosa penso del suo modo di lavorare.
> 4 Sto rileggendo la lettera per David, l'ho appena finita.
> 5 Amiamo molto il mare: ci siamo stati ieri.
> 6 Susan è arrivata, ma non l'ho ancora vista.

4 Inserisci i participi passati dei verbi.

> Chiavi: ORIZZONTALI 3 Letto; 5 chiuso; 7 svegliato; 10 rimasto; 12 vincere; 13 dire.
> VERTICALI 1 Fatto; 2 bevuto; 4 chiesto; 6 salito; 8 lavato; 9 pianto; 11 avuto.

> ascoltare

1 Dettato. Ascolta il dialogo e scrivi quello che senti.

> - Ti piace?
> - Si è bellissima!
> - E' la prima volta che vieni ad Assisi?
> - Si, non ci sono stata mai prima. E' una città molto affascinante!
> - Dove hai passato le vacanze l'estate scorsa?
> - Le ho passate a casa. Ho dovuto lavorare per poter venire in Italia. E tu?
> - Sono stato negli Stati Uniti. Ti ho detto che ho fatto un corso… e poi è venuta mia cugina Ilaria e l'ho portata in California.
> - Vi siete divertiti?
> - Un sacco!

> lessico

1 Trova le parole. Ce ne sono 14.

> Compaiono, nelle varie righe: tenda, campeggio;
> pensione;
> sabbia, spiaggia;
> barca, ombrellone, albero;
> neve, monumento, sole;
> mare, lago, montagna.

2 Scrivi 10 frasi con coppie di parole prese dal riquadro.

> fonologia

1 Scrivi le parole nella colonna corretta.

> Chiavi: /f/ infatti; difetto; mese; influenza. /v/ tivù (tv=televisione); vicino; invitare. /s/ casa; mese; casetta. /ff/ differenza; affatto; effetto. /vv/ tivvù (tv=televisione); avvenire; avvitare. /ss/ cassetta; messe; cassa.

3 Giochiamo un po'. Quanti verbi...

> Chiavi: ci sono almeno tre verbi: innaffiare; avvenire; passare.

Chiavi del Libro di casa - unità 13

> leggere

Chiavi: c1; b2; a3.

> lessico

3 HAI BUONA MEMORIA?

Chiavi: 6 orizz. italiana; 3 vert. chilometri; 9 orizz. mediterraneo; 7 orizz. temperato; 4 vert. clima; 2 vert. latitudine; 8 vert. presenza; 5 vert. padana; 10 orizz. mentre; 1 vert. estate.

> ascoltare

2 Ascolta e rispondi alle domande.

Chiavi: 1 contadino; 2 coltivare la terra; 3 che è fondamentale per il lavoro; 4 il raccolto è scarso; 5 era una bella giornata, ma poi è cominciato a piovere e a grandinare molto forte, 6 di Milano; 7 l'inverno; 8 vicino allo zero; 9 lo sci; 10 secondo lui il carattere è dovuto molto all'inverno di quella regione.

Trascrizioni:
Rocco.
Mi chiamo Rocco Procopio e ho un'azienda agricola. Io discendo da una famiglia di contadini. Mio padre aveva anche un allevamento di bovini, ma io ho preferito vendere, troppe cose insieme non si possono fare e poi a me piace di più coltivare la terra. Io sono cresciuto nell'infanzia considerando il tempo un elemento fondamentale per il lavoro, cioè se grandina o se gela il raccolto viene distrutto se l'estate invece non piove, il raccolto è poco è scarso. A proposito del brutto tempo, mi ricordo quando ero piccolo avevo circa 8 anni, mio padre mi chiese di andare a pascolare le oche, erano le oche guardiane quelle lì grandi. Io andavo spesso in un campo vicino casa, era un grande prato verde dove in mezzo c'erano due fichi, io mi sdraiavo all'ombra di questi alberi e mi mangiavo la colazione che mi preparava mia nonna a me piaceva tanto mangiare due fette di pane con dentro la frittata agli asparagi, era molto buona. Era una bellissima giornata, ma all'improvviso cominciò prima a piovere e poi a grandinare sempre più forte. La grandine veniva giù tanto grossa che sembravano le uova delle mie oche. Sono passati tanti anni e non ho mai visto una cosa simile.

Fabrizio.
Mi chiamo Fabrizio Melsi, ho 37 anni e sono di Milano. Il tempo dalle nostre parti devo dire che non è molto clemente e per chi non è abituato è particolarmente difficile viverci soprattutto a causa della nebbia intensa. La stagione più difficile è ovviamente l'inverno, il lungo e freddo inverno della Lombardia. Durante questa stagione la temperatura media si avvicina molto allo 0, oscillando tra un massimo di 10 durante il giorno ed un minimo di -10, -15 durante la notte il ché rende la vita stessa abbastanza complessa, soprattutto per chi come me utilizza l'automobile per lavoro tutti i giorni.

In anni particolarmente freddi addirittura si sono raggiunti delle punte di -35 gradi ma per fortuna sono state solamente delle eccezioni.
La neve scende copiosa in inverno e raggiunge anche il metro e mezzo d'altezza, per fortuna quasi tutti dalle nostre parti praticano lo sci, per cui possiamo goderci a pieno le nostre magnifiche montagne scendendo per i molti chilometri di piste, almeno questo. Direi che il carattere di noi lombardi è dovuto molto al nostro inverno.

> grammatica

2 Completa le frasi con un pronome.

Chiavi: 1 lei; 2 lui; 3 me; 4 me; 5 lei; 6 te.

3 Metti le frasi dell'esercizio 2 al plurale.

> Chiavi: 2 Giovanni e Filippo sono insopportabili. Non parliamo mai con loro.
> 3 Dobbiamo ancora fare 6 esami prima di laurearci; abbiamo davanti a noi un anno molto duro.
> 4 Ricordate che domani siete a pranzo da noi. Vi aspettiamo all'una.
> 5 Lara e Gigi partono domani per le Seychelles. Beati loro!
> 6 Oggi avete un appuntamento dal dentista. Dobbiamo venire con voi?

> fonologia

1 Scrivi le parole nella colonna corretta.

> Chiavi: /p/ capire; cipolla; lampadario; /pp/ apprezzare; giapponese; sappia. /b/ debole; globale; cambio. /bb/ abbiano; sabbia; abbracciare. /t/ nuotare; cantato arrivato. /tt/ lettura; lotteria; soffitta.

> civiltà

1 Ascolta l'intervista e un esperto...

Giornalista: Potrebbe farci un quadro sintetico delle principali caratteristiche climatiche dell'Italia?
Esperto: Bene, devo senz'altro cominciare col dire che il nostro paese presenta condizioni climatiche notevolmente diversificate. Possiamo cominciare col dividere l'Italia in sei grandi regioni climatiche. Cominciamo dal Nord in cui la regione alpina sopra è caratterizzata in inverno da temperature medie inferiori allo 0 che possono scendere anche a –20° C e da precipitazioni nevose. Col crescere dell'altitudine gli inverni sono sempre più lunghi e freddi, le estati più brevi e fresche. Oltre i 3.000 metri le cime sono ricoperte dai ghiacciai. Per quanto riguarda la pianura padana e l'area collinare vicina le escursioni termiche annuali sono piuttosto forti, con temperature medie vicine allo 0 in inverno e superiori ai 20 gradi in estate. In autunno e in inverno si ha molto spesso formazione di nebbie. In estate il tempo è bello anche se umido e afoso. Nella regione appenninica il clima è continentale nelle zone interne, inverni rigidi ed estati calde mentre diventa più mite verso le coste. La regione adriatica che va dall'Istria a Ancona è caratterizzata da inverni piuttosto freddi con temperature medie intorno ai 5 gradi. Le estati sono calde e afose con frequenti temporali. Dalla Liguria alla Calabria abbiamo la regione tirrenica con un clima mediterraneo caratterizzato da inverni miti ed estati calde. Nell'Italia del Sud e nelle isole il clima è tipicamente mediterraneo con inverni molto miti ed estati calde e secche. Nell'interno e sulle montagne gli inverni sono decisamente più freddi che sulle coste. Devo aggiungere riguardo le precipitazioni...

> Chiavi: area alpina.
> Inverno temperature sotto lo 0 che possono scendere fino a –20° con frequenti nevicate. Con l'aumento dell'altitudine gli inverni sono sempre più lunghi e freddi e le estati brevi e fresche. Oltre i 3.000 m presenza di ghiacciai.
>
> Pianura padana.
> Forti escursione termiche con temperature medie vicino allo 0 in inverno e superiori ai 20° in estate. Nebbie in inverno e autunno. Bel tempo in estate anche se umido e afoso.
>
> Regione appenninica.
> Clima continentale con inverni freddi ed estati calde nelle zone interne, clima più mite verso le coste.
>
> Regione adriatica:
> inverni freddi e temperature intorno ai 5°, estati calde e afose con frequenti temporali.
>
> Regione tirrenica.
> Clima mediterraneo con inverni miti ed estati calde.
>
> Estremo sud e isole.
> Clima mediterraneo con inverni tiepidi ed estati calde e secche. Nell'interno e sulle montagne gli inverni sono però molto più freddi.

Chiavi del Libro di casa - unità 14

> grammatica

1 Fa' delle domande.

Chiavi: varie risposte possibili.
2 Quando ci vuole per arrivare in centro?
3 Sai che ci vogliono 3 ore per andare da Bologna a Perugia?
4 Sei mai stato in Austria?
5 Quanti chilometri ci sono da Roma a Firenze.
6 Dove si compra la carne?
7 Cosa ci vuole per fare la pasta della pizza?

2 Fa' delle frasi alla forma impersonale.

Chiavi: 2 si va a letto tardi quando si è in vacanza.
3 Sbagliando si impara.
4 In Italia si guida a destra.
5 In Italia quando si torna dal lavoro si cena spesso insieme.
6 In estate si va spesso in piscina.

3 Quali altri pronomi ci hai incontrato fino a ora?

Chiavi:

PRONOME INDIRETTO	PRONOME DIRETTO	RIFLESSIVO	INDICAZIONE DI LUOGO
Ci piace molto andare al cinema.	Perché ci guardate con tanta insistenza?	Di solito la mattina ci alziamo alle 7,30.	A Roma? Ci sono andato l'anno scorso.
Vuoi una penna? Mi dispiace, non ce l'ho.	Quando ci venite a trovare?	Scusate, ci siamo sbagliati.	Dal dentista, ci sei già andato?
	Mia madre ci ha telefonato la scorsa settimana.	Con Luisa ci siamo incontrati al bar la settimana scorsa.	
		Ci siamo comprati una macchina nuova.	

> lessico

1 Indica un posto dove...

Chiavi: 2 birreria; 3 stazione; 4 fermata dell'autobus; 5 piscina; 6 parcheggio; 7 museo; 8 farmacia.

2 Cruciverba.

Chiavi: 3 orizz. ponte; 4 orizz. destra; 2 vert. semaforo; 5 orizz. girare; 1 vert. sinistra.

>scrivere

2 Completa il dialogo.

Chiavi: a volte più soluzioni possibili.
Automobilista: Senta scusi?
Passante: Mi dica.
Automobilista: Mi sa dire dov'è l'Hotel Astoria, per favore?
Passante: Mi faccia pensare… sì, so dov'è l'Hotel Astoria.
Automobilista: E' lontano da qui?
Passante: No non molto, ma non è facile trovarlo.
Automobilista: Quanto tempo ci vuole?
Passante: Dipende, in macchina saranno 5 minuti, a piedi almeno un quarto d'ora.
Automobilista: Io ci vorrei arrivare in macchina se possibile.
Passante: Allora guardi, per arrivarci in macchina deve seguire questa strada, al primo… al terzo semaforo voltare a sinistra, poi ancora a sinistra subito dopo la piazza…
Automobilista: Come si chiama questa piazza?
Passante: Piazza del Risorgimento, non può sbagliare. C'è una grossa statua di Garibaldi in mezzo.
Automobilista: C'è un parcheggio lì vicino?
Passante: No, lì parcheggi non ce ne sono e poi è ancora un po' lontano…
Automobilista: Quanto manca?
Passante: Un paio di chilometri più o meno.
Automobilista: Ci sono delle strade a senso unico?
Passante: No, non ci sono divieti o sensi unici… dopo aver voltato a sinistra dopo la piazza, deve andare sempre dritto per un chilometro poco più e subito dopo il ponte a destra vedrà l'hotel, è proprio davanti a uno splendido parco.
Automobilista: Grazie, spero di trovarlo.
Passante: Sì, vedrà che lo troverà. Arrivederci.
Automobilista: Arrivederci.

>ascoltare

1 Ascolta le indicazioni stradali e completa il testo.

Arrivare a casa mia è estremamente semplice, naturalmente vieni in macchina, quindi ti conviene uscire con la macchina all'ultima uscita che ha scritto Ferro di Cavallo. Presa quella uscita troverai sulla direzione obbligatoria un semaforo; a quel semaforo vai dritto, prosegui alla prima traversa, non puoi girare, perché è senso unico, giri alla seconda, vai a sinistra, sali, sulla destra ti trovi una scuola, prosegui finché c'è una fermata di autobus, continui e prosegui sulla strada principale; proseguendo sulla strada principale arrivi all'altezza di un supermercato. Di fronte c'è casa mia.

Chiavi: 1 macchina; 2 uscita; 3 semaforo; 4 dritto; 5 girare; 6 sinistra; 7 fermata dell'autobus; 8 principale; 9 di fronte.

>fonologia

1 Scrivi le parole nella colonna corrispondente.

Chiavi: /k/ antiquario; schifo; liriche. /g/ prego; spaghetti; sigaro. /d/ indossare; desiderio; caldo; /kk/ pacchetto; acqua; zucchero. /gg/ agguerrito; aggressivo. /dd/ soddisfazione; addormentato; freddoloso.

>civiltà

1 Abbina a ogni personaggio la sua biografia.

Chiavi: a G. Garibaldi	b G. Mazzini	
c G. Marconi	d G. Verdi	e M. Buonarroti
f C. Colombo	g D. Alighieri	
h S. Francesco d'Assisi		

Chiavi del Libro di casa - unità 15

>ascoltare

1 Ascolta l'oroscopo e rispondi alle domande.

Venerdì 16 giugno
Ariete. Seguite le vostre intuizioni e approfittate del momento favorevole per fare nuove proposte.
Toro. Dovete resistere alla tentazione. Niente spese impreviste. Rinunciate a progetti dispendiosi.
Gemelli. Desiderate avere il potere nella coppia e non accettate più l'intolleranza del partner.
Cancro. Sistemate le situazioni più urgenti e concedetevi un attimo di riflessione. Ne avete bisogno.
Leone. Mantenete il vostro ritmo di lavoro che ha dato ottimi risultati ora che avete conquistato molto terreno.
Vergine. Avete cambiato i vostri progetti negli ultimi tempi, ed ora, dovrete programmare di nuovo ogni cosa.
Bilancia. Le collaborazioni sono favorite. Riuscirete in breve tempo a rinnovare le vostre amicizie.
Scorpione. Sarete tentati dall'effettuare l'acquisto di un oggetto piuttosto costoso. Riflettete prima di procedere.
Sagittario. Una notizia giungerà improvvisamente e questo vi conferirà un notevole vantaggio.
Capricorno. Una spesa va considerata necessaria. Affrontatela con serenità senza preoccuparvi eccessivamente.
Acquario. Siete in ottima forma. Rinnovate il vostro look e farete sensazione. Vi attendono nuove conquiste.
Pesci. I progetti degli altri non fanno per voi. Non lasciatevi coinvolgere da chi vuole sfruttarvi.

> Chiavi: 1 Cancro; 2 Acquario; 3 Toro; 4 Bilancia; 5 Ariete; 6 Sagittario.

>leggere

1 Trova la definizione per i termini sottolineati nel testo.

> Chiavi: 1 truffa; 2 verdetto; 3 magia; 4 irrazionale; 5 cartomanti; 6 mago; 7 consultazione; 8 spiritismo 9 bacchetta magica; 10 scettici.

2 Trova per ogni numero e percentuale il riferimento giusto.

Chiavi:	
soldi spesi in Italia per oroscopi, cartomanzia e magia	1.000.000.000.000
italiani che credono all'oroscopo alla cartomanzia e ai maghi	10.000.000
italiani che credono all'oroscopo	35%
italiani che chiedono il giudizio alle carte	13,4 %
italiani attirati dallo spiritismo	10, 5 %
italiani che ricorrono alla magia	6,9%
spesa media per una consultazione	100.000
italiani che dichiarano che la loro via è migliorata per merito di un mago o di una cartomante	2,5%
italiani vittime di truffe	2,5%
italiani che non credono a carte, oroscopi e spiritismo	57,8%

>lessico

1 Oroscopo incrociato

> Chiavi: ORIZZONTALI
> Capricorno; Pesci; Cancro; Gemelli; Ariete; Acquario; Vergine.
> VERTICALI
> Toro; Scorpione; Bilancia; Sagittario; Leone.

2 Completa il cruciverba.

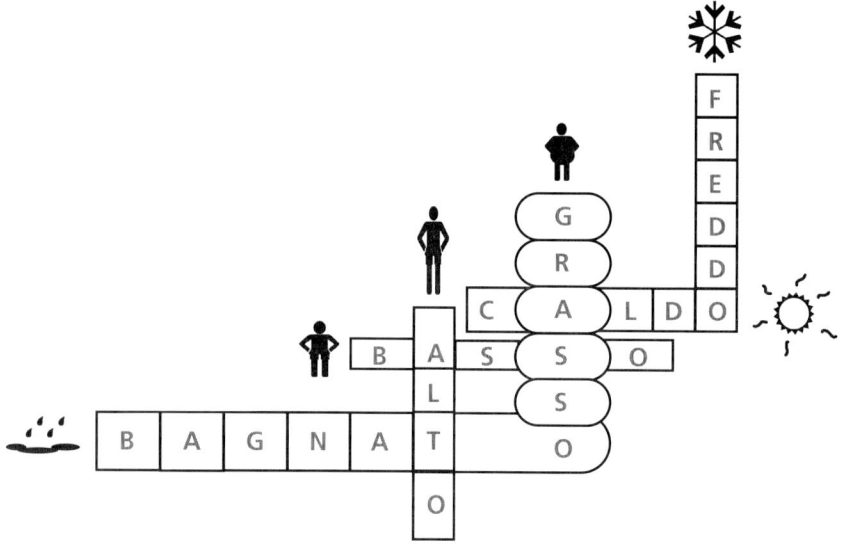

>grammatica

1 Completa le frasi con un verbo del riquadro.

Chiavi: 2 vivrò; 3 partiranno; 4 dovrà; 5 sarà; 6 andranno; 7 spiegheranno; 8 daranno.

2 Guarda le previsioni del tempo nelle varie parti del mondo e fa' delle frasi.

Chiavi: domani ad Amsterdam nevicherà e farà freddo. Ci saranno al massimo 6°.
Domani ad Atene pioverà, ma farà abbastanza caldo. Ci saranno al massimo 17°.
Domani a Berlino nevicherà e farà freddo. Ci saranno al massimo 4°.
Domani a Bruxelles ci sarà tempo variabile, ma farà freddo. Ci saranno al massimo 6°.
Domani a Copenaghen ci sarà tempo variabile, ma farà freddo. Ci saranno al massimo 5°.
Domani a Helsinki il tempo sarà nuvoloso e farà molto freddo. Ci saranno al massimo -15°.
Domani a Lisbona il tempo sarà sereno e farà piuttosto caldo. Ci saranno al massimo 15°.
Domani a Londra ci sarà nebbia e farà piuttosto freddo. Ci saranno al massimo 9°.
Domani a Madrid il tempo sarà poco nuvoloso e farà piuttosto caldo. Ci saranno al massimo 15°.
Domani a Parigi ci sarà vento, ma non farà molto freddo. Ci saranno al massimo 9°.
Domani a Stoccolma nevicherà e farà molto freddo. Ci saranno al massimo -7°.

>fonologia

1 Giochiamo un po'.

Chiavi: ORIZZONTALI		VERTICALI	
2	disegna	1	qua
5	bagnato	3	iscrizione
8	scia	4	abbigliamento
9	chiavi	6	noi
13	cui	7	trattoria
14	agli	10	ha
16	indirizzo	11	al
17	carro	12	vi
18	quel	15	gocce
19	pesce	20	che
21	peggio		

>civiltà

1 Leggi la storia del Festival...

Chiave: a/F; b/V; c/V; d/F; e/F; f/V.

Finito di stampare nel mese di settembre 2004
da Guerra guru s.r.l. - Via A. Manna, 25 - 06132 Perugia
Tel. +39 075 5289090 - Fax +39 075 5288244
E-mail: geinfo@guerra-edizioni.com